Exquisit Sachbuch

Günther Hunold

SEXU-ALITÄT
in der Sprache

Lexikon des obszönen Wortschatzes

Wilhelm Heyne Verlag
München

EXQUISIT SACHBUCH
im Wilhelm Heyne Verlag, München
Nr. 152

Copyright © 1978 by Wilhelm Heyne Verlag, München
Printed in Germany 1978
Umschlaggestaltung: Atelier Heinrichs, München
Gesamtherstellung: Presse-Druck Augsburg

ISBN 3-453-50121-7

Vorbemerkungen

Die Anfänge dieses Buches liegen weit zurück. Seit ich mich mit sexualwissenschaftlichen Themen beschäftige, besonders, seit ich auch darüber schreibe, fand ich immer wieder Ausdrücke, die nicht zum offiziellen Sprachgebrauch gehören und nicht in der wissenschaftlichen Terminologie verwendet werden, aber trotzdem existieren, gewissermaßen im Underground.

Der Volksmund hat die Angewohnheit, Dinge des täglichen Lebens, zu denen unzweifelhaft zu allen Zeiten die Sexualität gehörte, oft recht drastisch und bildkräftig zu benennen. Aus meiner privaten Sammlung »inoffizieller« Sex-Ausdrücke wurde bald eine umfangreiche Mappe. Sie bildet den Kern des vorliegenden Werkes. Es ist nach folgenden Gesichtspunkten geordnet: Die erste große Gruppe bilden Wörter des hochdeutschen Sprachgebrauchs, die jedoch im obszönen Vokabular eine andere Bedeutung haben. Beispiel: Muschel oder Schnecke für das weibliche Geschlechtsteil. Die zweite Gruppe bilden umgangssprachliche und mundartliche Wörter, die nicht zum hochdeutschen Sprachschatz gehören. Beispiel: Fotze, pissen, brunzen.

Diese beiden Gruppen werden ergänzt durch zahlreiche Ausdrücke aus dem Rotwelschen. »Rotwelsch« ist die deutsche Gaunersprache; es setzt sich vor allem aus dem Jiddischen, der Zigeunersprache und mundartlichen Ausdrücken zusammen. Ein Hauptmerkmal des Rotwelschen ist – wie auch im obszönen Sprachschatz – das Bestreben, nur dem »Eingeweihten« verständlich zu sein, sich also mit Hilfe bestimmter Ausdrücke zu »tarnen«. Vor allem aus diesem Grunde besteht zwischen obszönen Ausdrücken und Rotwelsch-Vokabular ein enger Zusammenhang.

Kein Lexikon kann ohne die Zuhilfenahme entsprechender Fachliteratur erarbeitet werden. Immer steht der Nachfolger auf den Schultern des Vorgängers. Das ist auch hier der Fall. Die wichtigsten Werke, die zur Ausarbeitung herangezogen wurden und die auch sprachgeschichtlich weiterführen, sind im Anhang zu finden. Einem Werk soll jedoch an dieser Stelle besondere Anerkennung gezollt werden: Ernest Bornemans »Der obszöne Wortschatz der Deutschen«, 1971 im Rowohlt-Verlag, Hamburg, erschienen.

Aus der Zusammenarbeit mit dem »Institut für Sexualwissenschaft München«, das freundlicherweise sein Archiv zur Verfügung stellte, ergab sich eine wesentliche Erweiterung des Textes. So wurden zahlreiche Begriffe aufgenommen, die bei Borneman nicht erscheinen. Auch habe ich, im Gegensatz zu Bornemann, sexualkundliche Begriffserklärungen einbezogen und etymologische, also sprachgeschichtliche, Gesichtspunkte berücksichtigt. Eine Einschränkung und Vereinfachung der philologischen Erläuterungen war jedoch geboten, weil sonst die Benutzung des Buches für den Laien erschwert worden wäre. Eine ausführliche etymologische Darstellung muß daher ebenso einem späteren Zeitpunkt vorbehalten bleiben wie die Erklärung grammatischer Besonderheiten.

Der reguläre deutsche Wortschatz – zum Beispiel Liebe, Ehe, Treue – wurde nicht berücksichtigt, weil diese Begriffe überall nachgeschlagen werden können. Auch sexualwissenschaftliche Ausdrücke, wie Cunnilingus oder Fellatio und medizinische, wie Schwangerschaft oder Geburt, wurden nicht aufgenommen. Hierfür gibt es zahlreiche empfehlenswerte Veröffentlichungen.

Wer die austauschbaren Wörter für einen bestimmten Begriff sucht, wird sich des 2. Teils dieses Buches bedienen. Hier wurden die jeweils wichtigsten Ausdrücke für einen bestimmten Begriff zusammengestellt. Dabei wurden die Stichworte des 1. Teils zu Grunde gelegt. Aus Umfangsgründen war auch hier eine Auswahl notwendig.

Der Soziologe Günter Pössiger, mein Mitarbeiter beim vorliegenden Werk, hat sich ganz besonders mit den etymologischen Problemen des Textes beschäftigt.

Das vorliegende Buch soll nicht nur der Belehrung dienen, sondern auch Vergnügen machen. Der Leser sollte sich ohne falsche Scham an den bildkräftigen, deftigen Ausdrücken erfreuen, die der Volksmund und die Volksphantasie für »die schönste Sache der Welt« erfunden hat.

Günther Hunold

Etymologisches Lexikon

A

A–a
Volkstümlich familiärer Ausdruck für Kot. Lautmalerei. Auch: *A-a machen* für Notdurft verrichten.

Aal oder auch **warmer Aal**
Eine der zahlreichen volkstümlichen Umschreibungen für das männliche Glied, den Penis.

Aasgeier oder auch **Aasvogel**
Witwe. Auch Bezeichnung für Frauen und Männer, die den Partner während des Geschlechtsverkehrs bestehlen, sogenannten Beischlafdiebstahl begehen. Außerdem Männer oder Frauen, häufig Lustmörder, die Leichenfleisch beißen, kauen oder essen.

ab
Wird oft im Sinne von erschöpft, fix und fertig sein gebraucht. *Ich bin ab:* soviel wie verausgabt, nicht zum Geschlechtsverkehr fähig, vorübergehend impotent.

abblasen
Eine der vielen volkstümlichen Bezeichnungen für Cunnilingus oder Fellatio.

Abbläser oder **Abbläserin**
Hetero- und auch homosexuelle Männer und Frauen, die Cunnilingus oder Fellatio ausüben.

abblitzen
Seit etwa 1840 nachweisbar für ergebnislose Bemühungen, Verweigerung, Ablehnung einer Bitte. Man blitzt ab, wird abgeblitzt oder läßt jemanden abblitzen. Wird heute meistens im Sinne einer erfolglosen sexuellen Werbung gebraucht.

abfertigen, auch **Abfertigung**
Prostituierten-Ausdruck für die Bedienung eines Kunden.

abbürsten
Sich selbst oder einen anderen durch Masturbation zum Orgasmus

bringen. Dieser Ausdruck gehört zu den zahlreichen, meistens landschaftlich verschiedenen Synonymen für Selbstbefriedigung oder masturbationsähnliche Handlungen an einem männlichen oder weiblichen Partner.

abern
Rotwelsch-Ausdruck für schlafen oder mit jemandem schlafen: Geschlechtsverkehr ausüben.

Abessinien
Volkstümliche Bezeichnung für Freikörperkultur-Gebiet und Nacktbadestrände. Dementsprechend sind *Abessinier* Anhänger der FKK-Bewegung.

abfahren lassen
Einen Annäherungsversuch ablehnen. Vulgär-Ausdruck für abblitzen lassen.

abfetzen
Mehrdeutige Bezeichnung 1. Selbstbefriedigung oder masturbationsähnliche Handlung an einem männlichen oder weiblichen Partner. Man kann sich auch *abfetzen lassen*. 2. Prostituierten-Ausdruck für die Bedienung eines Kunden, im engeren Sinn für die Befriedigung eines masochistischen Kunden durch Hieb-, Stich- oder Schnittwunden.

Abgang
Vulgär-Ausdruck für den Orgasmus, speziell für die Ejakulation des Mannes. Auch: *einen abgehen lassen* oder *jemandem ist einer abgegangen*.

abgebrannt
Im Sinne von besitzlos, verarmt, im 30jährigen Krieg in die Soldatensprache übergegangen. Wird heute auch auf impotente, leistungsunfähige Männer und Frauen angewandt. Die gleiche Bedeutung hat *abgenutzt*.

abgemustert
Prostituierten-Ausdruck für eine alternde oder verwahrloste, heruntergekommene Hure. Sie ist abgemustert. Wird auch auf entsprechende männliche Prostituierte angewandt. Im ähnlichen Sinn wird auch *abgemeldet* und *abgestoßen* gebraucht.

abgewetzt
Gehört ähnlich wie *abgebrannt, abgemeldet, abgemustert, abgenutzt* und *abgestoßen* zu den zahlreichen landschaftlich verschiedenen Synonymen für impotente, alternde, heruntergekommene und verbrauchte Männer und Frauen.

abgewichst
Vulgär-Ausdruck für Männer und Frauen, die durch sexuelle Ausschweifung, besonders durch Masturbation, entkräftet und verbraucht sind.

abgrasen, auch abklappern
Redewendung unter weiblichen und männlichen Prostituierten, wenn sie entsprechende Gebiete oder Lokale nach Kunden absuchen. Wird auch angewandt, wenn der Kunde übervorteilt, betrogen, finanziell ausgenutzt wird.

abhusten
Vulgärbezeichnung für Fellatio bis zur Ejakulation.

abkauen
Einer der zahlreichen Ausdrücke für Cunnilingus oder Fellatio. Wird ähnlich wie → abblasen auch unter Homosexuellen gebraucht.

Abkauer
Männliche und weibliche Homosexuelle, die vorwiegend Oralverkehr ausüben. Im weiteren Sinne auch Heterosexuelle mit besonderer Neigung zum Mundverkehr.

abklavieren
Masturbation. Sich einen abklavieren, ebenso wie sich einen → herunterholen: sich bis zum Orgasmus selbst befriedigen. Es kann auch jemandem einer abklaviert werden.

abknudeln
Umarmen, betasten, die Geschlechtsteile berühren. Im Sächsisch-Thüringischen auch *abknuddeln*.

abkochen
Erpressen, betrügen, übervorteilen, belügen. Im engeren Sinne Prostituierten-Ausdruck für Betrug und finanzielle Ausnutzung des Kunden. In ähnlicher Bedeutung ist auch *absahnen*, *abstauben* und *ausnehmen* weit verbreitet.

abladen
Im Bedeutungssinn von: das sexuelle Verlangen abreagieren, den Samen loswerden, also Geschlechtsverkehr ausüben.

ablutschen
Cunnilingus oder Fellatio ausüben. Auch: ablutschen lassen. Siehe → abblasen und → abkauen.

Ablutscher
Siehe → Abkauer.

abmarachen
Rotwelsch-Ausdruck für sich abmühen, anstrengen, abquälen. Im Westfälischen: sik afmarakeln, im Altmärkischen: sik afmarach'n. Die hebräisch-aramäische Form meragem für steinigen und das jiddische Wort rach für schwach, zart, furchtsam ergaben zusammen mundartlich sich *abmarachen* im Sinne einer besonders großen Anstrengung, um den Partner sexuell zu befriedigen und zum Orgasmus zu bringen.

abnuckeln
Mundartlicher Ausdruck für Fellatio, gebietsweise manchmal auch für Cunnilingus. Im Sächsisch-Thüringischen auch *abnuggeln*. Ähnliche Bedeutung hat *abpfeifen* und *abpusten*.

Abrahams-Haut
Volkstümliche Bezeichnung für die Vorhaut des männlichen Gliedes. Geht auf den biblischen Stammvater Abraham zurück, der als Begründer der Beschneidung gilt. Seine Vorhaut wurde im Mittelalter als Reliquie verehrt.

abrammen oder sich abrammen
Prostituierten-Ausdruck für den Geschlechtsverkehr des Mannes bis zur Ejakulation.

abrebeln oder **abrebbeln**
Hat mehrfache Bedeutung. 1. Selbstbefriedigung oder Partnermasturbation. Auch: sich einen abrebeln oder abrebeln lassen. 2. Befriedigung eines männlichen oder weiblichen Masochisten durch Schmerzzufügung. 3. Betrug, Erpressung eines Kunden durch eine weibliche Prostituierte oder einen männlichen Prostituierten.

abregnen
Durch Urinieren sexuelle Befriedigung finden. Es regnet sich jemand ab. Dieser Terminus der Uromanie ist nicht von abregen, abreagieren abgeleitet, sondern von Regen im Sinne von Wasserlassen = urinieren.

abreißen oder **sich einen abreißen**
Selbstbefriedigung oder Befriedigung eines männlichen oder weiblichen Partners durch masturbationsähnliche Handlungen. Es kann sich auch jemand *einen abreißen lassen*, indem er sich mit der Hand zum Orgasmus bringen läßt. Vergleiche → abbürsten.

abringeln
Prostituierten-Ausdruck für sadistisch-masochistische Praktiken. Damit kann sowohl die Befriedigung eines sadistischen Kunden gemeint sein, von dem sich die oder der Prostituierte schlagen läßt, als auch eines Masochisten, dem Schmerzen zugefügt werden.

absahnen
Siehe → abkochen.

absaugen
Fellatio ausüben und das Ejakulat in den Mund nehmen.

abschießen
Der Samenausstoß des Mannes. Vergleiche → abspritzen.

abschlaffen
Nach erfolgtem Orgasmus das Kleinerwerden und Zusammenfallen des männlichen Gliedes. Es ist jemand *abgeschlafft*: sexuell befriedigt. Dieser Ausdruck wird nur auf Männer angewandt.

abschleppen
Prostituierten-Ausdruck für das Mitnehmen eines Kunden. Im weiteren Sinne auch das unentgeltliche Mitnehmen eines mehr oder weniger unbekannten männlichen oder weiblichen Sexualpartners.

Abschleppschuppen
Ein Lokal, wo weibliche und männliche Prostituierte Kunden suchen und → abschleppen oder homosexuelle Männer und Frauen flüchtige Bekanntschaften machen oder sich Heterosexuelle treffen, die unentgeltlich einen Sexualpartner suchen.

abschleudern
Siehe → abreißen und → abbürsten.

abschlürfen
Cunnilingus ausüben. In manchen Gegenden auch für Fellatio, wobei das Ejakulat in den Mund genommen wird.

abschmoren
Fellatio oder auch Cunnilingus aus-

üben. In einigen Gebieten auch Bezeichnung für Selbstbefriedigung oder Partnermasturbation.

Abschmorer
Mann oder Frau mit Vorliebe für Oralverkehr. Im engeren Sinne homosexueller Mann, der Fellatio ausübt.

abschöpfen
Siehe → abschmoren.

Abschöpfer
Siehe → Abschmorer.

abschütteln
Siehe → abreißen und → abbürsten.

abschwarten
Prostituierten-Ausdruck für die Befriedigung eines masochistischen Kunden durch Schmerzzufügung, besonders durch Schläge. Von dem mittelhochdeutschen Wort swarte für behaarte Menschen- und Tierhaut abgeleitet.

abservieren
Ein Verhältnis beenden, einem Sexualpartner den Laufpaß geben.

abspringen
Unterbrechung des Geschlechtsverkehrs durch den Mann. Coitus interruptus.

abspritzen
Umgangssprachlich für den Samenerguß des Mannes. Hat jemand im Verlaufe eines sexuellen Beisammenseins mehrere Ejakulationen, dann hat er mehrmals abgespritzt.

abstauben
Siehe → abkochen. Außerdem hat es die Bedeutung von Fellatio oder Cunnilingus und von Flagellation. Auch sich abstauben lassen.

Abstauber
Ein Mann, der Fellatio oder Flagellation ausübt. Im engeren Sinne ein Prostituierter für homosexuelle und masochistische Kunden. Seltener wird *Abstauberin* verwandt. Das ist eine Frau oder auch eine Prostituierte, die Fellatio oder Flagellation ausübt.

Absteige
Volkstümliche Bezeichnung für Stundenhotel oder Zimmer, in welchem die oder der Prostituierte das Gewerbe ausübt.

abstoßen
Im weiteren Sinne der Geschlechtsverkehr bis zum Orgasmus. Im engeren Sinne der Samenausstoß des Mannes: Sich einen abstoßen. Hat ein Mann im Verlaufe eines sexuellen Beisammenseins mehrere Höhepunkte, dann hat er sich mehrmals einen abgestoßen. Ebenso wie → abspritzen wird auch abstoßen bei fast jeder partnergebundenen Orgasmustechnik angewandt. Es kann sich um Geschlechtsverkehr, aber auch um Oral- oder Analverkehr handeln. Abgestoßen hat außerdem die Bedeutung von abgenutzt. Vergleiche → abgewetzt.

abtatschen oder auch **abtätscheln**
Mundartlich für abtasten, Geschlechtsteile berühren. Vergleiche → abknuddeln.

abwackeln oder auch **abweiden**.
Siehe → abgrasen.

abwetzen
Siehe → abgewetzt. Außerdem hat
es die Bedeutung von Selbstbefriedigung oder Partnermasturbation.
Sich einen abwetzen oder abwetzen
lassen.

abwichsen
Sich einen abwichsen oder abwichsen lassen oder jemandem einen
abwichsen: Selbstbefriedigung oder
Partnermasturbation bis zum Orgasmus. Im engeren Sinne ist die
Befriedigung des Mannes gemeint.
Vergleiche → abbürsten und → abreißen.

Abzupfer
Umgangssprachlich für Männer, die
bevorzugt Selbstbefriedigung ausüben oder sich von der Partnerin
masturbieren lassen. Im engeren
Sinne homosexuelle Männer. Auch
männliche Prostituierte, die auf
Partnermasturbation spezialisiert
sind.

abzupfen
Siehe → abklavieren.

abzwitschern
Siehe → abschmoren.

Acherponim
Aus dem Jiddischen achor ponim
gebildete Rotwelsch-Form für hinte-
res Gesicht, Hintern, Gesäß.

Achse
Synonym für das männliche Glied.

Acht
Bezeichnung für die unter Sadisten
und Masochisten beliebten Doppel-
handschellen. Gehört zum Werkzeug der Prostituierten, die masochistische oder auch sadistische Kunden bedienen.

Achterfick
Aus dem Mundartlichen abgeleiteter Vulgär-Ausdruck für Geschlechtsverkehr von hinten und für
Analverkehr. Das Wort achter ist
aus der norddeutschen Seemannssprache übernommen und entspricht dem hochdeutschen *After* für
hinten.

Achtgroschenjunge
Eigentlich Polizeispitzel, Zuträger.
Vermutlich aus den Rotwelsch-
Formen Aschbrosch für Gauner und
Aschbroschigkeit für Gaunerei gebildet. Nach anderen Quellen soll
früher die Tagesentlohnung für Polizeispitzel acht Groschen betragen
haben. Heute wird die Bezeichnung
im wesentlichen auf billige männliche Prostituierte angewandt.

Acker
Eine der zahlreichen volkstümlichen Umschreibungen für die weibliche Scheide, Vagina. Den *Acker
pflügen* oder *ackern* bedeutet dementsprechend die Einführung des
männlichen Gliedes: Geschlechtsverkehr.

After
Ein aus verschiedenen germanischen und altdeutschen Formen gebildetes Wort, das heute nur noch in
der Bedeutung von Anus und anal

gebraucht wird. In verschiedenen Zusammensetzungen ist es ins Rotwelsch und in die Umgangssprache eingegangen.

Afterbrause
Vulgär-Bezeichnung für Analverkehr. Auch urinieren in den After des weiblichen oder männlichen Partners.

Aftergeige
In der Analerotik Vulgär-Ausdruck für Penis. *Aftergeigen* ist dementsprechend Analverkehr. *Aftergeiger* ist ein Mann, der vorwiegend Analverkehr ausübt. Im engeren Sinne ist damit der aktive männliche Homosexuelle gemeint.

Afterhobel und **afterhobeln**
Siehe → Aftergeige und → aftergeigen.

Afterhobler
Wird in gleicher Bedeutung wie → Aftergeiger gebraucht. Im engen Sinne männlicher Homosexueller. Im weiteren Sinne ein Mann, der mit Vorliebe Analverkehr ausübt.

Afterkönig
Rotwelsch-Ausdruck für männlichen Homosexuellen. Wird heute auch auf männliche Prostituierte angewandt, die ihre Kunden in aktiver oder auch passiver Form mit Analverkehr befriedigen.

Aftermiete
Prostituierten-Ausdruck für den Preis des Analverkehrs in aktiver oder passiver Form. *Aftermieter* ist dabei der aktive, *Aftervermieter* der passive Partner, meistens der oder die Prostituierte.

Aftermuse
Umgangssprachlich ironisch für die Geliebte oder den Geliebten eines Künstlers, der vorwiegend Analverkehr ausübt.

Afterperlen oder **Afterrasseln**
Vulgärbezeichnung für Hämorrhoiden. Auch für verhärtete Kotreste an den Haaren im Analbereich.

Afterschmalz
Kot. Auch die Samenflüssigkeit, die beim Analverkehr in den After ausgestoßen wird. Außerdem Prostituierten-Ausdruck für das zum Analverkehr notwenige Gleitmittel.

Afterspülung
Siehe → Afterbrause.

Aftzger
Rotwelsch-Ausdruck für eine triebhafte Frau oder Halbprostituierte.

Ahle
Volkstümliche Umschreibung für das männliche Glied.

Aiwo
Aus dem Jiddischen ahawa gebildetes Rotwelsch-Wort für Liebe und Freundschaft.

Alimentenkabel
Umgangssprachlich ironisch für Penis.

Alleinunterhalter
Volksmund-Ausdruck für Männer und auch Frauen, die sich vorwie-

gend selbst befriedigen. Manchmal auch Prostituierten-Ausdruck für eine Hure, die ihr Gewerbe ohne Zuhälter ausübt.

Allerwerteste(r)
Scherzhaft volkstümliche Bezeichnung für Gesäß.

Alphons
Einer der zahlreichen Namen für den Zuhälter, den Beschützer und Kuppler der Prostituierten.

Amateuse
Von Amateur abgeleitete Bezeichnung für eine nicht registrierte Prostituierte oder auch für eine Halbprostituierte oder → Gelegenheitshure.

Amazone
Volkstümliche Bezeichnung für eine aggressive, maskuline Frau. Im engeren Sinne ist die aktive, männliche Lesbierin gemeint.

Ammenmacher
Rotwelsch für Mädchenjäger, der bedenkenlos seine Sexualpartnerinnen schwängert.

Amor oder auch Amur
Mundartlich für Penis. Auch für Messer oder Dolch im sadistisch-masochistischen Sprachgebrauch.

Amsel
Volkstümliche Umschreibung für eine Prostituierte.

Analvioline
In der Analerotik Bezeichnung für Geräte zur männlichen oder weiblichen analen Masturbation. Vergleiche → Arschgeige.

anbandeln oder auch anbändeln
Mundartlich aus dem Österreichischen und Bayerischen für Bekanntschaft machen, jemanden ansprechen, ein Verhältnis beginnen.

anbeißen
Aus dem Anglervokabular übernommener Begriff. Wenn der Fisch nach einem Köder schnappt, also anbeißt, dann hängt er an der Angel fest und ist gefangen. Demgemäß beißt jemand an, wenn er einer Verlockung nachgibt, Interesse zeigt, auf ein sexuelles Beisammensein eingeht, sich verliebt.

anbeulen
Von Beule abgeleitete Rotwelschform für jemandem einen Streich spielen, eine Beule oder Geschwulst anwünschen. Das bedeutet im engeren Sinne, jemanden mit einer Geschlechtskrankheit, besonders mit Syphilis, anstecken.

anbrunzen
Mundartlich aus dem Österreichischen für Geschlechtsverkehr ausüben. Auch im Sinne von urinieren, jemanden mit Urin besudeln. Das kann sowohl sexuelle Praktik wie auch Beschimpfung und Verächtlichmachung sein.

anbuffen
Ein Mädchen oder eine Frau schwängern. In manchen Gegenden wird es auch als mundartliche Umschreibung für Defloration gebraucht.

anbumsen
Schwängerung oder auch Defloration. Vergleiche → anbuffen.

andere Fachschaft oder **andere Fakultät**
Wird in der Umgangssprache meist in der Form: der oder die ist von der anderen Fachschaft oder von der anderen Fakultät als Umschreibung für männliche und weibliche Homosexualität gebraucht. Die gleiche Bedeutung hat: vom *anderen Bahnsteig* oder *anderen Ufer*.

andere Umstände
Volkstümliche Redewendung für Schwangerschaft. Jemand ist in anderen Umständen: schwanger.

anders, andersrum oder auch **ganz anders**
Umgangssprache für männliche und weibliche Homosexualität. Der oder die ist andersrum.

angebändelt
Siehe → anbandeln.

angebeult
Siehe → anbeulen.

angebissen
Siehe → anbeißen.

angebohrt
Siehe → anbohren.

angebrunzt
Siehe → anbrunzen.

angebufft
Siehe → anbuffen.

angebumst
Siehe → anbumsen.

angegeigt, angeigen
Umgangssprachlich für Schwängerung oder auch Defloration. Vergleiche → Aftergeige. In einigen Gebieten auch Prostituierten-Ausdruck für die Bedienung eines masochistischen Kunden.

angeknallt
Siehe → anknallen.

Angel
Synonym für Penis. An die Angel beißen oder gehen: einem Mann an die Geschlechtsteile fassen, ihn durch Masturbation befriedigen oder Fellatio ausüben.

Angelhaken
Bedeutungsgleich mit → Angel.

angeln
Geschlechtsverkehr ausüben. Auch die Suche nach einem Sexualpartner. Unter Prostituierten auch die Suche nach Kunden. In diesem Sinne wird auch *angeln gehen* gebraucht. Vergleiche → fischen.

Angelplatz
Bestimmte Bezirke und Lokale, wo Prostituierte und Männer und Frauen mit besonderen sexuellen Neigungen Kunden oder geeignete Partner finden.

Angelsteg
Prostituierten-Ausdruck für den → Strich.

angepempert oder auch **angepimpert**
Mundartlich für geschwängert oder auch defloriert. Vergleiche pimpern.

angestochen
Geschwängert oder auch defloriert. Außerdem hat es die Bedeutung einer heimlichen oder auch unbewußten Neigung zu besonderen sexuellen Verhaltensweisen.

angetan
Es ist jemand von ihr oder ihm angetan oder sie oder er hat es jemandem angetan. Alte volkstümliche Redewendung für Interessiertsein, Zuneigung haben, Verliebtsein.

angezapft
Defloriert oder auch geschwängert.

Anglersgare
Von gari, Penis, aus der alten schwäbischen Händlersprache abgeleitetes Rotwelsch-Wort für das männliche Glied.

Angstpartie
Volkstümliche Bezeichnung für ein sexuelles Zusammensein mit Furcht vor Entdeckung oder irgendwelchen anderen Angstgefühlen.

Anhalterstrich
Siehe → Autobahnstrich.

Anhang
Volkstümlicher Begriff für Familie, Verwandtschaft, Freundin, Freund, eheliche und uneheliche Kinder.

Anhängsel
Der Ehemann oder die Ehefrau, der Freund oder die Freundin, das außereheliche männliche oder weibliche Verhältnis, die oder der Geliebte. Seltener auch die ehelichen oder unehelichen Kinder.

anhängen oder auch **aufhängen**
Jemanden mit einer Geschlechtskrankheit anstecken. Auch eine Freundin oder einen Freund an eine andere Person weitergeben, vermitteln, verkuppeln. In manchen Gegenden hängt auch die Mutter ihre Tochter einem Mann an oder auf.

anheizen
Jemanden stimulieren, in Stimmung bringen, sexuell erregen.

anhimmeln
Volkstümlicher Ausdruck für jemanden übermäßig verehren, anbeten, vergöttern.

anhübschen oder auch **anhusen**
Mundartlich ironisch für sich hübsch machen, schminken und gut anziehen. Wenn sich jemand anhust oder angehust hat, dann ist das im Sinne auffälliger, geschmackloser Übertreibung zu verstehen. Vergleiche → aufdonnern.

Animierbude, Animierkeller, Animierschuppen
Diese und ähnliche Wortzusammensetzungen bezeichnen ein Animierlokal, eine zweitklassige Nachtbar. Das dazugehörige *Animiermädchen*, *Animierbiene*, *Animiermotte* oder ähnlich genannt, ermuntert die Gäste zum Trinken.

ankern oder auch **vor Anker gehen**
Aus dem Seemannsvokabular übernommene Umschreibung für Heirat oder eine ähnliche feste Bindung.

anklitschen
Bezeichnung der sadistisch-masochistischen Praktik für anketten oder auch fesseln.

Anklitscher
Männlicher oder weiblicher Sadist oder Masochist, der Ketten oder Fesseln bevorzugt. Auch Prostituierten-Ausdruck für Dirnen, die ihre masochistischen Kunden mit Hilfe von Ketten und Fesseln bedienen.

anknallen
Ein Mädchen oder eine Frau schwängern. In manchen Gegenden auch in der Bedeutung von deflorieren gebraucht.

ankobern
Prostituierten-Ausdruck für das Anlocken und Ansprechen eines Kunden, dem dann ein Angebot gemacht und der sogenannte → Koberpreis genannt wird. Außerdem ist damit das Anlocken eines Mädchens durch einen Zuhälter gemeint, der das Mädchen zur Prostitution überreden und in das Gewerbe einführen will.

ankurbeln
Siehe → anheizen.

anlachen
Umgangssprache: sich jemanden anlachen, eine Bekanntschaft einleiten, ein sexuelles Verhältnis beginnen. Damit ist gleichzeitig gesagt, daß es dem Betreffenden nicht schwerfällt, Eroberungen zu machen. Er oder sie braucht nur zu lachen und schon ist das Ziel erreicht.

an Land ziehen
Umgangssprachlich für etwas gewinnen, in Sicherheit bringen, für sich beanspruchen. Einen Sexualpartner, einen Freund, eine Freundin oder einen zahlungskräftigen Kunden an Land ziehen.

anlassen
Siehe → anheizen.

anlehnen
Mundartlich vorwiegend in Österreich und in Süddeutschland für Geschlechts- oder Analverkehr im Stehen. Auch ein flüchtiger homosexueller Verkehr. Außerdem kann es bedeuten, ein Verhältnis zu beenden, jemanden im Stich lassen. *Jemanden anlehnen* oder *an die Mauer lehnen*: kalt stellen, nicht mehr beachten.

Anlehner
Ein Mann oder eine Frau mit Vorliebe für Geschlechts- oder Analverkehr im Stehen. Vergleiche → anlehnen.

anlinsen
Umgangssprachlich für äugeln, schauen, beobachten. In der voyeuristischen Praktik ist damit die heimliche Beobachtung einer Entkleidungsszene oder eines sexuellen Vorgangs gemeint. Das Wort ist von

der Linse, dem geschliffenen Glas für optische Geräte, abgeleitet. Wegen der Ähnlichkeit dieses Glases mit der Linsenfrucht wurde die Bezeichnung im 18. Jahrhundert in die technische Terminologie übernommen.

Anmache
Prostituierten-Ausdruck für sich an eine Dirne heranmachen oder auch sich in eine Prostituierte verlieben.

anmauerln oder anmäuerln
Siehe → anlehnen.

anmessen
Fesseln, Ketten, Handschellen anlegen. Prostituierten-Ausdruck für sadistisch-masochistische Praktiken.

anpeilen
Umgangssprachlich für jemanden ins Auge fassen, als Sexualpartner abschätzen und in Erwägung ziehen. Das Wort peilen ist aus der niederdeutschen Seemannssprache ins Hochdeutsche eingegangen und bedeutet Bestimmung der Wassertiefen oder Himmelsrichtung. Es geht auf die mittelniederdeutsche Form pegeln zurück, die sich heute noch in Pegel und Pegelhöhe findet.

anpellen
Umgangssprachlich für ankleiden, nach dem Geschlechtsverkehr wieder anziehen. Vergleiche → auspellen. Ableitung vom ursprünglich niederländisch-niederdeutschen Wort Pelle für dünne, zarte Haut, Schale. Es ist mit dem lateinischen Pellis für Pelz, Fell, Haut verwandt.

anpempern oder anpimpern
Schwängern oder auch *deflorieren*.

anpumpen
Im sadistisch-masochistischen Vokabular Bezeichnung für kleinere Wunden, die dem Masochisten beigebracht werden.

anreißen
Prostituierten-Ausdruck für das Anlocken, Ansprechen und Mitnehmen eines Kunden.

Anreißer
Portier, sogenannter → Schlepper, der auf der Straße Kunden für Bordelle oder Vergnügungslokale mit Animiermädchen anlockt.

ansandeln
Prostituierten-Ausdruck für die Ansteckung mit einer Geschlechtskrankheit. Es ist jemand angesandelt worden. Von sandeln, mit Sand streuen, abgeleitet. In der Redewendung Sand ins Getriebe streuen, also etwas verlangsamen, verhindern, zerstören, jemandem einen Schaden zufügen, bis heute erhalten.

Anschaffe
Auf Anschaffe oder anschaffen gehen: einen Sexualpartner suchen. Wird heute meistens von weiblichen und männlichen Prostituierten und Halbprostituierten für Kundensuche gebraucht.

Anschleiche
Auf Anschleiche oder auch *anschleichen* gehen: Tanzen gehen. Dabei wird das Tanzen als Vorspiel zum

Geschlechtsverkehr aufgefaßt, als Gelegenheit, einen geeigneten Sexualpartner zu finden.

Anschluß
Eine Bekanntschaft machen, einen männlichen oder weiblichen Sexualpartner oder Ehekandidaten kennenlernen. Auch: *Anschluß finden*, *Anschluß suchen* und *Anschluß verpassen*.

Anschmeiße, anschmeißen
Siehe → Anschleiche. Außerdem hat es die Bedeutung von sich beliebt machen, einschmeicheln, zärtlich sein.

anschwärmen
Jemanden verehren, anbeten. Vergleiche → anhimmeln.

anspritzen
Schwängern oder auch deflorieren. Auch Prostituierten-Ausdruck für die Befriedigung eines Masochisten durch Stichwunden.

anstechen
Bedeutungsgleich mit → anspritzen. Dementsprechend ist *Anstich* Schwängerung oder Defloration. Ein angestochenes Mädchen ist ein entjungfertes oder geschwängertes Mädchen.

anstoßen
Schwängern oder auch deflorieren.

Antenne
Synonym für Penis.

anzapfen
Deflorieren. Auch Prostituierten-Ausdruck für die Anlockung und finanzielle Ausbeutung eines Kunden.

Apache
Nordamerikanischer Indianer, der etwa ab Mitte des 19. Jahrhunderts in Europa als besonders wild und grausam verketzert wurde. Über Paris kam der Name als Bezeichnung für Zuhälter und gewalttätige Verbrecher nach Deutschland.

Äpfel oder auch **Apfelsinen**
Volkstümliche Umschreibung für die weiblichen Brüste: *Apfeltasche* oder *Apfelsinenkorb* oder ähnliche Wortzusammensetzungen: Büstenhalter.

Apparat
Die weiblichen Brüste oder auch die Scheide. In der Analerotik das Gesäß eines Mannes oder einer Frau. Im homosexuellen Vokabular die männlichen Geschlechtsteile, der Penis.

Araber
Ein Mann, der vorwiegend Analverkehr ausübt. Im engeren Sinne ein homosexueller Mann.

arabische Möse oder **arabische Fotze**
Der After einer Frau oder auch eines Mannes. Im übertragenen Sinne verächtliche Bezeichnung eines männlichen Prostituierten.

Arbeit
Prostituierten-Ausdruck für jede Form der sexuellen Kundenbedienung. Dementsprechend ist das

Bordell das *Arbeitshaus* und die oder der Prostituierte ist eine *Arbeitsbiene*, *Arbeitsmotte* oder ähnlich. Das Bett ist das *Arbeitslager*, das Schlafzimmer die *Arbeitsstube* oder das *Arbeitszimmer*.

Arche Noah
Volkstümlich spöttische Bezeichnung für eine jugendlich zurechtgemachte ältere Frau oder auch für eine alte, ausgediente Prostituierte.

Arm
Das Wort dient als Umschreibung für 1. das männliche Glied, 2. → Arsch. Einen langen oder dicken oder kurzen oder dünnen oder krummen Arm haben bezieht sich auf den Penis. Einem Mann unter den Arm greifen: ihm an die Hoden fassen. Die Aufforderung: Leck mich am Arm oder: Du kannst mich mal am Arm küssen oder lecken oder ähnlich ist eine Beschimpfung und bezieht sich auf den Arsch.

Armatur
Volkstümlich für die weiblichen Brüste, in manchen Gebieten auch für die Scheide. Das Wort kommt aus dem Lateinischen und bedeutet Ausrüstung. Ein *Armaturficker*, *Armaturhobler*, *Armaturputzer* oder ähnlich ist demnach, wenn es nicht auf die weibliche Scheide bezogen ist, ein Mann mit sexueller Fixierung auf die Brüste.

Armband
Bei sadistisch-masochistischen Praktiken die Handfessel oder Handkette.

Armeematratze
Im Soldatenvokabular die zur Armee gehörende Prostituierte. Auch ein Mädchen oder eine Frau, die Soldaten als Sexualpartner bevorzugt. Vergleiche → Offiziersmatratze.

Armspange
Bei sadistisch-masochistischen Praktiken die eiserne Handfessel.

Armzuzzler
Mundartlich österreichische Umschreibung für Männer und auch für Frauen, die den After des Sexualpartners mit dem Munde reizen. Arm ist eine volkstümliche Umschreibung für → Arsch. Zuzzeln ist eine mit dem Wort Zunge verwandte Lautmalerei für lecken, saugen.

Armlecker, Armleuchter, Armloch
Volkstümliche Umschreibungen für → Arsch, die in verschiedenen Wortzusammensetzungen mit Arm möglich sind und insgesamt meistens als Schimpfwörter gebraucht werden.

Arsch
Vulgärbezeichnung für Hintern, Gesäß, die auf das altgermanische Wort ars, ers, aers und ähnlich für Hinterer zurückgeht. Es besteht eine enge Verwandtschaft zu den in anderen indogermanischen Sprachen vorkommenden orso-s für Erhebung, hervorragenden Körperteil, Hinterer. Mit zahlreichen Ableitungen und Zusammensetzungen wird das Wort Arsch in der Vulgär-

sprache sehr häufig gebraucht. Meistens handelt es sich um Verächtlichmachungen und Schimpfwörter. Manche Ausdrücke haben zugleich eine unmittelbare sexuelle Bedeutung oder sind im übertragenen Sinne sexuell zu verstehen. So umschreiben zum Beispiel die Wendungen am Arsch *abfingern, befingern, betasten, schlecken* oder jemandem den Arsch *anreißen, aufreißen, bügeln, bürsten, geigen* und ähnlich zugleich oder ausschließlich Analverkehr, anal-orale Kontakte oder auch anale Masturbation.

Arschäologie oder auch **Arscheologie**
Männliche Homosexualität. *Arschäologe* ist dementsprechend ein homosexueller Mann.

arschblasen, Arschbläser
Anal-oraler Kontakt. Ein Mann oder eine Frau mit Vorliebe für anal-orale Praktiken. Schimpfwort für einen homosexuellen Mann.

arschbohren
Analverkehr oder auch anale Masturbation. *Arschbohrer* für Penis oder einen Mann, der vorwiegend aktiv Analverkehr ausübt oder sich anal masturbiert. Im engeren Sinne ein homosexueller Mann.

arschbrunzen, Arschbrunzer
In den After eines Sexualpartners urinieren.

arschbügeln, Arschbügler
Siehe → arschbohren. Schimpfwort für einen homosexuellen Mann.

arschbürsten, Arschbürster
Siehe → arschbohren.

Arschfick
Analverkehr. Auch *arschficken* für Analverkehr ausüben. *Arschficker* ist ein Mann, der auf Analverkehr fixiert ist. Schimpfwort für einen homosexuellen Mann.

Arschfiedel
Siehe → Arschgeige und → Analvioline

Arschfotze
After. Vergleiche → Arschmöse.

Arschfutteral
Hauteng Damen- oder Männerhose. Futteral ist eine germanisch-mittellateinische Wortbildung für eine gefütterte Schutzhülle, einen Überzug oder Schutzbehälter.

Arschgeige
In der Analerotik Bezeichnung für das männliche Glied. Dementsprechend bedeutet *arschgeigen* Analverkehr ausüben. *Arschgeiger* ist ein auf Analverkehr fixierter Mann, im engen Sinne ein Homosexueller. Außerdem hat arschgeigen die Bedeutung von Analmasturbation. Arschgeiger ist dann ein Mann oder eine Frau mit Vorliebe für anale Selbstbefriedigung. Seltener hat Arschgeige auch die Bedeutung von → Analvioline.

arschhusten, Arschhuster
Anal-oral Kontakt. Ein Mann oder eine Frau mit Vorliebe für anal-orale Praktiken oder ein homosexueller Mann.

arschkitzeln, Arschkitzler
Anale Masturbation oder analoraler Kontakt. Arschkitzler ist ein Mann oder eine Frau mit Vorliebe für anale Selbstbefriedigung oder anal-orale Kontakte. Auch Schimpfwort für einen homosexuellen Mann.

Arschkletten
Vulgärbezeichnung für Hämorrhoiden oder auch für verhärtete Kotreste in der Behaarung des Analbezirks.

arschkraulen, Arschkrauler
Siehe → arschkitzeln.

arschküssen, Arschküsser
Siehe → arschblasen.

arschlecken, Arschlecker
Anal-oraler Kontakt. Ein Mann oder eine Frau mit Vorliebe für anal-orale Praktiken. Im engeren Sinne Schimpfwort für einen homosexuellen Mann.

Arschloch
Schimpfwort. Ins Arschloch *blasen, husten, pusten*, oder ähnlich: anal-oraler Kontakt. *Arschlochbläser, -huster, -puster* oder ähnlich: ein Mann, der vorwiegend anal-oralen Kontakt ausübt, oder ein Homosexueller.

Arschmöse
After. In der Analerotik werden viele Bezeichnungen für die weibliche Scheide auf den → After bezogen. So zum Beispiel → – *Arschfotze, Arschmusch* oder ähnlich. Vergleiche → arabische Möse.

arschpauken, Arschpauker
Eigentlich ein Lehrer, der seinen Schülern den Lehrstoff mit Schlägen einpaukt. Im übertragenen Sinne Analverkehr, ein Mann, der vorwiegend Analverkehr ausübt, oder auch ein Homosexueller.

arschpusten, Arschpuster
Siehe → arschblasen.

arschpieseln, Arschpiesler
Siehe → arschbrunzen.

arschpissen, Arschpisser
Siehe → arschbrunzen.

Arschpuder
Gleitmittel für den Analverkehr.

arschpudern, Arschpuderer
Siehe → Arschfick.

Arschspieß
In der Analerotik Bezeichnung für das männliche Glied.

arschspießen, Arschspießer
Siehe → Arschfick.

arschstechen, Arschstecher
Analverkehr. In manchen Gebieten auch anale Masturbation. Ein Mann, der bei Frauen Analverkehr ausübt oder ein Homosexueller. Seltener auch eine Frau oder ein Mann mit Vorliebe für anale Selbstbefriedigung.

arschzupfen, Arschzupfer
Siehe → arschstechen.

arschzuzzeln, Arschzuzzler
Siehe → arschblasen.

arschwichsen, Arschwichser
Anale Masturbation. Eine Frau oder ein Mann, die sich vorwiegend anal selbst befriedigen. Auch Schimpfwort für einen homosexuellen Mann.

Aschanti
Anhänger der Freikörperkultur. Die volkstümliche Bezeichnung ist von den Angehörigen des gleichnamigen westafrikanischen Negerstammes abgeleitet.

Asphaltantilope
Volkstümliche Bezeichnung für eine Prostituierte oder Halbprostituierte. Bedeutungsgleich sind zahlreiche ähnliche Wortverbindungen wie: *Asphaltbiene, -blume, -lilie, -motte, -pflanze, -schwalbe* und *-wanze*.

Aspik
Das Ejakulat des Mannes. Demgemäß bedeutet Aspik schlucken, schlürfen, essen oder ähnlich: Fellatio ausüben und das Ejakulat in den Mund nehmen.

Ast
Synonym für Penis. Auch krummer, dünner, dicker Ast oder ähnlich. Ein dürrer, morscher, abgebrochener Ast oder ähnlich bedeutet ungenügende Erektionsfähigkeit, Impotenz. Das indogermanische Wort für das davon abgeleitete altgermanische Ast bedeutet: was am Stamm ansitzt.

Astlochastronom
Volkstümlich spöttische Umschreibung für einen Voyeur mit Anspielung auf die typisch voyeuristische Praktik des heimlichen und meistens nächtlichen Beobachtens sexueller Vorgänge durch das Schlüsselloch oder durch Türritzen. *Astlochastronomie* ist der Voyeurismus ganz allgemein oder auch eine voyeuristische Verhaltensweise.

Atelier
Das französische Wort für Künstlerwerkstatt dient als ironische Umschreibung für Bordell oder auch für das Zimmer, in dem die oder auch der Prostituierte das Gewerbe ausübt.

Atze
Alte umgangssprachliche Bezeichnung für den Zuhälter. Vermutlich eine Ableitung von dem mittelhochdeutschen atzen für essen, speisen, nähren, füttern, das heute nur noch in der Weidmannssprache als atzen und Atzung erhalten ist. Raubvögel atzen ihre Jungen oder bringen ihnen Atzung. Demnach ist der Atze der von der Prostituierten gefütterte, ernährte Zuhälter.

Auerhahn
Mit auffälligen Balzspielen und Balzrufen wirbt der Auerhahn um das Weibchen. Dabei läßt seine Wachsamkeit so stark nach, daß er während dieser Paarungsspiele besonders gefährdet ist. Deshalb wird umgangssprachlich ein Mann, der übertrieben auffällig und hartnäckig um einen Sexualpartner wirbt, Auerhahn oder auch Balzhahn genannt. *Auern:* sich wie ein balzender Auerhahn benehmen. Vergleiche → balzen.

aufbügeln

Mit einem Mädchen oder einer Frau Geschlechtsverkehr ausüben. Im Rotwelschen auch eine Frau mißhandeln, sexuell mißbrauchen, ihr Gewalt antun.

aufdonnern

Umgangssprachlich aus dem Lateinisch-Italienischen von Donna für Herrin abgeleitet.
Eine Frau, die sich schön macht und herrichtet wie eine Dame, Herrin, dabei aber wenig Geschmack besitzt, sich zu auffällig kleidet und schminkt und daher das Gegenteil erreicht. Wenn sich jemand aufdonnert, dann glaubt er nur, sich schön gemacht zu haben, während die anderen darüber lächeln. Das Wort wird also immer mit ironischem Beiklang gebraucht. Vergleiche → anhübschen.

aufgabeln

Einen Sexualpartner, einen Freund oder eine Freundin suchen. Prostituierte gabeln Kunden auf. Ist das Ziel erreicht, dann hat man jemanden aufgegabelt. Wird meistens in einem geringschätzigen Sinne gebraucht. Wo hat er die denn aufgegabelt? Damit wird Zweifel an der Solidität der Bekanntschaft zum Ausdruck gebracht. Vergleiche → angeln und → an Land ziehen.

aufganseln

Mundartlich für jemanden sexuell erregen.

aufgeilen

Jemanden sexuell erregen. Vergleiche → geil.

Aufgeilerin

Animiermädchen, Strip-tease-Tänzerin oder auch Prostituierte.

aufhupfen oder aufhüpfen

Der mundartliche Ausdruck hat mehrere Bedeutungen. 1. Geschlechtsverkehr ausüben. 2. Sich auf einen Partner legen. 3. Verhaltensweise des aktiven Partners bei homosexuellem Analverkehr.

aufklären, Aufklärung

Umschreibung für deflorieren und Defloration.

aufknöpfen

Deflorieren. Ein *Aufknöpfer* ist ein Mann, der auf Defloration fixiert ist. Außerdem Bezeichnung für einen Exhibitionisten.

auflesen

Siehe → aufgabeln.

aufmachen

Deflorieren. Außerdem wird es in der Bedeutung von schönmachen, sich herrichten, gut anziehen und schminken gebraucht. Ein *Aufmacher* ist ein Mann mit Vorliebe für Defloration. Auch Bezeichnung für einen Exhibitionisten.

aufreißen

Deflorieren. Auch einen Sexualpartner suchen und finden. Außerdem Prostituierten-Ausdruck für Kundenbeschaffung. Eine *Aufreißbude* ist im Vokabular der männlichen homosexuellen Prostitution und Halbprostitution eine öffentliche Toilette. *Aufreißschuppen* oder ähnliche Wortzusammenstellungen: Lokale, in denen man Bekanntschaften machen und geeignete Sexualpartner finden kann.

aufschließen
Deflorieren.

aufschlitzen, Aufschlitzer
Einem Masochisten starke Wunden zufügen. Aufschlitzer ist ein Sadist, im engeren Sinne ein Lustmörder.

aufs Kreuz legen
Eine Frau auf den Rücken legen und Geschlechtsverkehr ausüben. Auch: *aufs Kreuz nageln*. Vergleiche → Nagel.

aufspießen
Deflorieren. Auch Geschlechtsverkehr eines Mannes mit einer Frau. Außerdem ist damit die Situation des aktiven Partners beim Analverkehr gemeint. Der passive weibliche oder männliche Partner wird aufgespießt. Dementsprechend ist der aktive männliche Homosexuelle ein *Aufspießer*.

auftakeln
Aus der Seemannssprache übernommenes Wort für sich schönmachen, herrichten. Siehe → aufdonnern.

auftun
Einen männlichen oder weiblichen Sexualpartner suchen. Auch die Kundenbeschaffung einer oder eines Prostituierten. Wenn man jemanden aufgetan hat, dann ist damit zugleich das sexuelle Erlebnis ausgedrückt. Sie oder er hat jemanden aufgetan: sie oder er hat jemanden gefunden und ist mit ihm oder ihr sexuell intim.

aufzäumen
Sexuell erregen. Ableitung vom altgermanischen Zaum für das Kopflederzeug für Zug- und Reittiere. Wenn man ein Pferd reiten will, muß man es mit Zaumzeug versehen, aufzäumen.

aufzimbeln
Jemanden durch Schläge stimulieren, in sexuelle Erregung bringen. Vermutlich von Zimbal oder Zimbel abgeleitet. Zimbal ist ein Musikinstrument, Hackbrett, das mit Hämmerchen geschlagen wird. Zimbeln sind kleine Becken, die in der Antike aus Silberbronze gegossen wurden, heute oft aus Blech hergestellt und aneinander gestreift oder geschlagen oder auch mit kleinen Schlägeln gespielt werden.

Augenmachen
Volkstümliche Redewendung: jemandem Augen machen, jemandem verliebte Blicke zuwerfen, jemanden auf sich aufmerksam machen, mit jemandem flirten, mit Blicken eine Bekanntschaft eröffnen. Wenn man auf jemanden ein *Auge wirft*, dann ist man an dieser Person interessiert, möchte sie kennenlernen, zieht man sie als möglichen Sexualpartner in Betracht. Jemanden mit den Augen *verschlingen* hat die Bedeutung von verliebt anstarren, sehr starkes sexuelles Interesse haben und zeigen. Außerdem sind Augen eine Umschreibung für die weiblichen Brüste. Sie hat große oder kleine Augen oder ähnlich für

große oder kleine Brüste. Jemand hat ihr die Augen poliert für Liebkosungen der Brust. Offene Augen sind nackte Brüste.

Augustflinte
Umschreibung in der sadistisch-masochistischen Praktik für den Stock.

Auheff
Rotwelsch-Ausdruck für Freund, Liebhaber. Vermutlich eine Ableitung vom jiddischen auhow für Freund.

ausblasen
Cunnilingus oder auch Fellatio ausüben. Außerdem oral-analer Kontakt.

Ausbläser
Ein Mann, der vorwiegend oral-genitale oder auch oral-anale Praktiken ausübt. Im engeren Sinne ein homosexueller Mann. Schimpfwort für einen männlichen Prostituierten.

auseinandergehen
Umgangssprachlich für dick werden, schwanger sein. Sie geht auseinander: Sie wird dick oder sie ist schwanger.

ausfegen
Mit einer Frau Geschlechtsverkehr ausüben oder sie mit Cunnilingus befriedigen. Im Vokabular des Sadismus-Masochismus hat es die Bedeutung von auspeitschen.

ausfetzen
Prostituierten-Ausdruck für auspeitschen.

ausgebrannt
Verbraucht, alt, impotent, abgenutzt.

ausgedörrt
Verbraucht, alt, impotent, abgenutzt.

ausgeleiert, ausgelutscht
Verbraucht, alt, impotent, abgenutzt.

ausgemaust
Verbraucht, alt, impotent, abgenutzt.

ausgequetscht
Verbraucht, alt, impotent, abgenutzt.

ausg'schamt
Mundartlich in Österreich und Süddeutschland für unverschämt, schamlos.

auskauen
Siehe → ausblasen.

Auskauer
Siehe → Ausbläser.

auskluften
Umgangssprachlich für ausziehen, auskleiden. Ableitung von dem im 18. Jahrhundert in die Studenten- und Soldatensprache eingegangenen Rotwelsch-Wort Kluft, Schale, für Kleidung, Uniform.

auskratzen oder auch **ausschaben**
Abtreiben, eine Schwangerschaft durch Abtreibung der Leibesfrucht unterbrechen.

Auskratzung oder auch **Ausschabung**
Abtreibung, Schwangerschaftsunterbrechung.

auslecken
Siehe → ausblasen.

ausloten
Geschlechts- oder auch Analverkehr ausüben. Ableitung von dem westgermanischen Wort Lot für Bleiklumpen, Senkblei. Loten bedeutet, eine senkrechte Richtung bestimmen.

auslutschen
Siehe → ausblasen.

auspellen
Ausziehen, entkleiden. Vergleiche → anpellen und → auskluften.

auspowern
Jemanden ausnutzen, finanziell ausbeuten, erpressen, arm machen. Umgangssprachlich und mundartlich von dem lateinisch-französischen power, armselig, dürftig abgeleitet.

Auspuff
Eine moderne Umschreibung für After. Den Auspuff blasen, lackieren, lecken und ähnliche Redewendungen bezeichnen entsprechende anale Praktiken.

Auspuffzahn
Motorradfreundin oder -braut.

ausrangieren
Ein sexuelles Verhältnis beenden, einem Sexualpartner den → Laufpaß geben.

aussaugen
Cunnilingus oder Fellatio ausüben. Auch oral-analer Kontakt.

ausschälen
Ausziehen, entkleiden. Vergleiche → auskluften und → auspellen.

ausschleifen
Geschlechtsverkehr oder auch Analverkehr ausüben.

ausspannen
Einem anderen die Freundin oder den Freund oder einer anderen den Freund oder die Freundin wegnehmen.

ausspritzen
Ejakulieren. Wird häufig in der Bedeutung von außerhalb der Scheide, des Mundes oder des Afters ejakulieren, gebraucht.

aussteigen
Eine sexuelle Beziehung lösen, ein Verhältnis oder ein Verlöbnis beenden. *Vorher aussteigen* bedeutet Coitus interruptus.

auszuzzeln
Siehe → ausblasen.

Autobahnsirene
Anhalterin, die zum Sexualverkehr bereit ist. Auch Autobahnprostituierte oder Halbprostituierte. Die gleiche Bedeutung haben *Autobahnbiene, -motte, -pflanze* und ähnliche Zusammenstellungen. Auch *Autobahnstrich* oder ähnlich.

Autofick
Geschlechtsverkehr im Auto. Auch ähnliche Wortzusammenstellungen bezeichnen entsprechende sexuelle Praktiken im Auto.

Autohure
Eine Prostituierte mit Auto oder auch eine Prostituierte, die den Kunden in dessen Auto bedient. Bedeutungsgleich sind ähnliche Wortzusammenstellungen wie: *Autoliebchen, Autonutte, Autoschlampe*. Auch *Autostrich* oder ähnlich.

B

Baby-Strich
Bestimmte Straßen oder Bezirke, in denen sehr junge, oft auch minderjährige Prostituierte ihrem Gewerbe nachgehen.

bacheln oder auch **bächeln**
Von dem altgermanischen Wort Bach für fließendes Wasser abgeleiteter Ausdruck für urinieren. Im Rotwelschen hat er die Bedeutung von zechen, trinken, betrinken. Beide Bedeutungen ergeben zusammen im Vokabular der Uromanie: Urintrinken.

Bach machen
Volkstümlich familiärer Ausdruck für urinieren. In der Schweiz: Brünnli machen.

Bachstelze
Volkstümlich für eine Prostituierte. Außerdem Bezeichnung für eine Uromanin.

Bachwalm
Rotwelsche-Umschreibung für das männliche Glied und für Geschlechtsverkehr. Vermutlich eine Ableitung von Bach = fließendes Wasser und von dem germanischen Wort Walm für Gewölbe, Wölbung. Der Penis als Wölbung, aus dem das Ejakulat fließt. Im Elsässischen ist Walm noch heute das Wallen, Wölben der Flut. Ein Walmdach ist ein gewölbtes Dach.

Backenzahn
Im Vokabular der Analerotik Bezeichnung für Penis. Von Gesäßbacke abgeleitet.

Backfisch
Volkstümliche Bezeichnung für junges Mädchen. Junge Fische, die schon zu groß sind, um wieder ins Wasser geworfen zu werden, sind besonders zart und zum Backen geeigneter als ausgewachsene Fische. Deshalb wurden ursprünglich die

Studenten Backfische genannt. Außerdem hat Baccalaurus, ein niedriger akademischer Grad, einen verwandten Klang. Erst später wurde der Begriff auf junge Mädchen übertragen. Heute ist der Ausdruck Teenager weitgehend an dessen Stelle getreten.

Backfischangler
Ein Mann, der auf junge Mädchen fixiert ist und mit Vorliebe defloriert.

Backfischaquarium
Mädchengymnasium, Mädcheninternat.

Backhendl
Mundartlich in Österreich und Süddeutschland für ein knuspriges junges Mädchen.

Backobst
Volkstümliche Umschreibung für alte Jungfern.

Backpflaume
Alte Jungfer, auch eine verbrauchte Scheide.

Badenixe
Badeschönheit, Urlaubsbekanntschaft.

Bahnhofshure
Auch ähnliche Wortzusammenstellungen wie *Bahnhofsmieze, -motte, -nutte, -pflanze* für eine heruntergekommene billige Prostituierte. *Keinen Bahnhof kennen*: ohne Hemmungen sein. *Bahnhofssperre*: Menstruation oder Hämorrhoiden. *Vom anderen Bahnhof* oder *vom anderen Bahnsteig*: männlich oder weiblich homosexuell.

Bajadere
Indische Tempeltänzerin, Tempelprostituierte. Im übertragenen Sinne: elegante, gepflegte Prostituierte. Das Wort hat sich aus griechisch-lateinischen, portugiesischen, niederländischen und französischen Einflüssen gebildet.

Bajonett
Aus der Soldatensprache übernommene Bezeichnung für Penis. Das Wort ist von der französischen Stadt Bayonne abgeleitet, die schon im 16. Jahrhundert stählerne Stoßwaffen lieferte.

Balaleika
Umschreibung für die weibliche Scheide. In der Analerotik der After. Die Balaleika ist ein russisches Zupfinstrument, das schon ab 1700 nachweisbar ist. *Balaleika spielen*: Geschlechts- oder Analverkehr ausüben. *Balaleika zupfen*: genitale oder anale Selbstbefriedigung oder auch genitale oder anale Partnermasturbation ausüben. *Balaleikazupfer*: auf Analverkehr oder anale Selbstbefriedigung oder anale Partnermasturbation fixierter Mann. Im engeren Sinne ein homosexueller Mann. *Balaleikazupferin*: eine Frau, die vorwiegend anale Selbstbefriedigung ausübt.

Balg
Eigentlich lärmendes, unerzogenes, lästiges, unerwünschtes Kind. Im übertragenen Sinne ein uneheliches Kind. Das germanische Wort be-

zeichnet ursprünglich eine kleinere Tierhaut, die im ganzen abgezogen wird und zur Aufbewahrung von Flüssigkeiten oder als Luftsack diente. Dabei tritt eine Schwellung ein. Über anschwellen, auf die geschwollene Haut bezogen, erhielt diese ursprüngliche Bedeutung einen verächtlichen Akzent. Eine geschwollene Haut gehört zu einem Leib, der nichts wert ist. Damit wurde Balg zur Bezeichnung für einen wertlosen kleineren Leib, für ein nichtsnutziges Kind. Ein Wechselbalg ist ein unterschobenes oder mißgebildetes Kind. Den *Balg gerben* bedeutet demgemäß schlagen, im engeren Sinne: flagellieren.

Balhe

Österreichischer Rotwelsch-Ausdruck für Lärm, Ärger, Überraschtwerden. Bahöll oder Pachöll bedeutet in steirischer und Alt-Wiener Mundart Geschrei, Tumult, Verdruß. Auch das jiddische beholo für Schrecken, Lärm, Bestürzung klingt an. Im engeren Sinne ist damit das Überraschtwerden bei einem sexuellen Beisammensein gemeint.

Balhei

Rotwelsch-Bezeichnung für einen Mann, der zu fürchten ist, vor dem man sich in acht nehmen muß. Bei einem sexuellen Zusammensein zum Beispiel, der Vater oder Verlobte des Mädchens oder der Ehemann der treulosen Ehefrau. Ableitung vom jiddischen baal für Mann und hocho für hier. Also eine Art Warnruf: Der Mann ist hier! Hei ist dabei eine abgekürzte Form von hocho.

Balkenvater

Wirt einer Dirnenherberge, Bordellwirt. Der Begriff hat nichts mit dem germanischen Wort balke für Träger oder Stütze aus Holz zu tun, sondern ist im Rotwelschen eine entstellte Ableitung vom jiddischen baal chenwene: der Mann, Herr oder Vater des Landes, des Geschäfts.

Balkenloge

Volkstümliche Umschreibung für Latrine. Es handelt sich nicht um eine Rotwelschform wie bei → Balkenvater, sondern um die Rotwelschform für Holz, Balken als Querstütze, womit zugleich die primitive Bauweise gekennzeichnet ist.

Balkon

Die weiblichen Brüste. Den Balkon bügeln, fegen, hobeln, zupfen oder ähnlich: Die Brüste bis zum Orgasmus der Frau liebkosen. Den Balkon blau, gelb oder rot anstreichen: Die Brüste kneifen, saugen oder kratzen. Den *Balkon waschen* oder *Balkonwäsche*: in der Uromanie Umschreibung für das Urinieren auf die weiblichen Brüste. Der Ausdruck für das Urinieren auf die männliche Brust: siehe → Vatertaufe. Das mit dem germanischen Wort Balkon verwandte italienische balcone kam über das französische balcon im 18. Jahrhundert als Bezeichnung für einen nicht überdachten Gebäudevorbau, Erker, ins Deutsche und ging bald als Synonym für die weiblichen Brüste in die Umgangssprache ein.

Balkonfahrt oder auch **Balkontour**
Eine sexuelle Technik, bei der das männliche Glied zwischen die beiden Brüste der Frau gelegt wird. Durch entsprechende koitusähnliche Bewegungen wird der Orgasmus erreicht.

Balkongeländer oder auch **Balkonstütze**
Umgangssprachliche Umschreibung für Büstenhalter. Das *Balkongeländer einreißen*: den Büstenhalter ausziehen, die Brüste freilegen, entblößen.

Ballettratte
Volkstümliche Bezeichnung für eine junge Ballett-Tänzerin, Anfängerin, die leicht zu verführen ist.

Ballon
Umgangssprachlich für Kopf. Einen roten Ballon kriegen: aus Verlegenheit, Scham oder Wut erröten. Außerdem ist Ballon oder Ballons auch Synonym für die weiblichen Brüste. Den Ballon oder die Ballons steigen lassen: die weiblichen Brüste erregen, die Brustwarzen zur Erektion bringen. Die *Ballonhaut* oder *Ballonhülle* ist der Büstenhalter. *Ballonfahrt*: siehe → Balkonfahrt. Einen Ballon an- oder aufstechen bedeutet in der sadistisch-masochistischen Praktik, der weiblichen Brust Kratz-, Biß- oder Stichwunden beibringen. Das Wort stammt aus dem Germanischen. Über das italienische pallone für großer Ball kam es als Ballon ins Französische und im 18. Jahrhundert zur Zeit der beginnenden Luftfahrt ins Deutsche.

Ballonfahrer
Rotwelsch-Ausdruck für einen männlichen Prostituierten und Erpresser.

Ballspieß
Rotwelsch-Bezeichnung für den Wirt einer Spelunke, Diebesherberge, im engeren Sinne für einen Bordellwirt. Im Rotwelschen ist Spieße ein verrufenes Wirtshaus. Im jiddischen ist baal der Herr. Also ist Ballspieß der Herr und Besitzer einer schlecht beleumdeten Herberge.

Balustrade
Siehe → Balkon.

balzen
Aus der Weidmannssprache bedeutungsgleich übernommen: in auffälliger, übertriebener Weise um einen Sexualpartner werben. Eine *Balzhenne* oder ein *Balzhuhn* ist eine Frau, die sich durch ungeschicktes sexuelles Anbieten lächerlich macht. Ein ebenso übertrieben um Liebe werbender Mann ist ein *Balzhahn*. Vergleiche → Auerhahn. *Auf die Balz gehen*: um einen Sexualpartner werben.

Banane
Umschreibung für Penis oder auch für ein künstliches Glied, den sogenannten → Godemiché. Eine grüne *Banane* ist ein jugendlich straffer Penis oder ein unerfahrener junger Mann. Eine *weiche Banane* ist ein schlaffer Penis oder auch ein impotenter Mann. Er hat oder ist eine grüne oder weiche Banane. An der Banane *lecken, schlecken* oder ähnlich oder auch eine Banane *essen* bedeu-

tet Fellatio ausüben. Wenn das von einem Mann gesagt wird, dann ist damit eine homosexuelle Praktik gemeint. *Bananensaft* ist männliche Samenflüssigkeit. *Bananenschale*: Präservativ.

Bande
Zarte, feste Bande knüpfen oder in zarten, festen Banden sein ist eine volkstümliche Redewendung für ein sexuelles Verhältnis, für Partnerschaft und Liebe. Wenn jemand am *Bandel* oder *Bändel* gehalten wird, dann ist er in festen Händen, partnergebunden. Das altgermanische Wort Band für Fessel, Binde, gehört zu binden. Das seit dem 17. Jahrhundert gebräuchliche *bändigen* für abrichten, zähmen, ist von bändig, von am Bande festgehalten, gebunden sein, abgeleitet. Wer nicht mehr am Bande gehalten werden kann, der ist unbändig.

Banfeigen
Österreichisch-wienerische mundartliche Umschreibung für die weiblichen Geschlechtsteile. Im Wiener Dialekt steht *Ban* ganz allein für Mädchen oder Frau. Dabei handelt es sich nicht um eine Ableitung von Bein in der Bedeutung der Knochen, sondern von dem Zigeunerwort p'en für Schwester. Im Rotwelschen ist vermutlich das Zigeunerwort p'en mit dem mundartlichen Ban oder Boan für Bein, Knochen zu → Bein oder auch Beinl als Bezeichnung für ein leichtes Mädchen, eine Hure, zusammengezogen.

Banfutteral
Österreichisch-wienerische Umschreibung für Höschen, Schlüpfer, Slip. Vergleiche → Banfeigen.

Bankert
Von dem altgermanischen Wort Bank abgeleitete verächtliche Bezeichnung für ein uneheliches Kind. Ursprünglich ist damit das auf einer Bank und nicht im Ehebett gezeugte, illegitime Kind gemeint.

Bannmeile
Im Prostituierten-Vokabular der Sperrbezirk, vor allem im Umkreis von Kirchen und Schulen. Eine Ableitung von dem germanischen ban für Gebot, Verbot, Gesetz und bannan für etwas, das unter Strafandrohung ge- oder verboten ist. Auch die Gerichtsbarkeit selbst und deren Gebiet ist dabei eingeschlossen.

Bär
Prostituierten-Ausdruck für den Kunden. Nicht von dem Raubtiernamen, sondern von dem altgermanischen Wort ber für männliches Schwein, Zuchteber, abgeleitet.

Bärenfänger, Bärenführer oder **Bärentreiber**
Der → Schlepper eines Bordells oder einer Prostituierten. Auch der → Zuhälter wird so genannt. Vergleiche → Bär.

Barfliege
Auch Barmieze, Barmotte, Barnutte oder ähnlich: Animiermädchen, das die Gäste zum Trinken ermuntert und häufig eine Halbprostituierte ist. Im Vokabular der männlichen Homosexualität Bezeichnung für

den Kellner in einem homosexuellen Lokal.

barfuß
Nackt. Im übertragenen Sinne Bezeichnung für die Ausübung des Geschlechtsverkehrs ohne Präservativ. Barfuß ficken, stopfen, vögeln oder ähnlich: mit einer Frau Geschlechtsverkehr ausüben ohne ein Kondom über den Penis zu ziehen.

bari
Aus der Zigeunersprache ins Rotwelsche übernommener Ausdruck für schwanger, in anderen Umständen sein.

Barmherzige Schwester
Prostituierten-Bezeichnung für eine Dirne, die mit einem Mann kostenlosen Geschlechtsverkehr ausübt. Im homosexuellen Vokabular spöttische Bezeichnung für einen jungen Mann, der sich ohne materielle Vorteile mit einem alten oder häßlichen Mann abgibt, oder für ein junges Mädchen, das ohne finanzielle Berechnung mit einer wesentlich älteren oder häßlichen Frau sexuell verkehrt.

Barre
Im 12. Jahrhundert aus dem Französischen entlehntes und mit Barriere und Barrikade verwandtes Wort für Schranke, Querstange, Riegel, Sperre. Im Rotwelschen ist es zu *Barri* abgewandelt und bedeutet Stöpsel, Pfropfen, Verschluß. Im übertragenen Sinne ist damit das männliche Glied gemeint.

Barsel
Eisen, Ketten, Fesseln, Gitter. In der sadistisch-masochistischen Praktik Bezeichnung für eiserne Fesseln. Übernahme des jiddischen Wortes baisel für Eisen ins Rotwelsche.

Bartmann
Rotwelsch-Ausdruck für Ziegenbock. Im Vokabular der Zoophilie speziell der für den Geschlechtsverkehr mit Frauen bestimmte Ziegenbock.

Basmeichel
Rotwelsch-Umschreibung für die weibliche Scheide. Getarnte, verhüllende Ableitung aus dem Jiddischen von bas für Tochter und von mechila für Verzeihung, Vergebung.

Basmeloches
Heruntergekommene, billige Dirne. Aus dem Jiddischen von bas für die Tochter und melches für Arbeit ins Rotwelsch übernommene Tarnbezeichnung.

Baßgeige
Umgangssprachliche Umschreibung für eine homosexuelle Frau.

Bastard
Zu Beginn des 13. Jahrhunderts aus dem Altfranzösischen entlehnte Bezeichnung für den unehelichen, aber anerkannten Sohn eines Adeligen. Später ganz allgemein: uneheliches Kind.

basteln
Volkstümliche Bezeichnung für kleine Handarbeit. Erst seit dem 18.

Jahrhundert in die Schriftsprache übernommen. Dementsprechend ist damit im übertragenen Sinne Selbstbefriedigung des Mannes und der Frau oder auch Partnermasturbation gemeint. Seltener auch die Ausübung des Geschlechtsverkehrs.

Bastelwiese
Bett, Couch, Sessel. Vergleiche → Spielwiese.

Bastelzimmer
Schlafzimmer.

Bauchfreund
Männlicher Prostituierter oder Homosexueller, der auf Schenkelverkehr spezialisiert ist. In manchen Gegenden auch *Bauchbruder*.

Bauchfreundin
Rotwelsch-Umschreibung für eine Prostituierte oder eine Homosexuelle. In manchen Gegenden auch *Bauchschwester*.

bauchlackieren
Coitus interruptus ausüben und das Ejakulat auf den Bauch der Frau spritzen.

bauchrutschen
Geschlechtsverkehr oder auch Schenkelverkehr ausüben.

bauchspritzen
Siehe → bauchlackieren.

Bauchwärmer
Eines der zahlreichen umgangssprachlichen Tarnwörter für das männliche Glied.

Bauer, kalter
Bei Selbstbefriedigung oder irgend einer anderen Orgasmustechnik außerhalb der weiblichen Scheide, des weiblichen oder männlichen Afters oder Mundes ausgestoßener männlicher Samen. Der Ausdruck ist im ganzen deutschen Sprachgebiet weit verbreitet, hat jedoch nichts mit dem Landmann zu tun, sondern geht auf eine gotische Sprachwurzel, die soviel wie Wollust, Wonne bedeutet, zurück.

baufällig
Alt, verbraucht, impotent.

becircen
Umgangssprachlich für sexuell erregen, verführen. Von der sagenhaften griechischen Zauberin Circe abgeleitet, die selbst die standhaftesten Männer zu betören vermochte.

bedienen, auch **Bedienung**
Prostituierten-Ausdruck für die sexuelle Befriedigung des Kunden.

Beff oder auch **Befze**
Die weibliche Scheide. Im engeren Sinne steht Befze speziell für die Schamlippen. Beide Formen sind Rotwelsch-Ableitungen von dem niederdeutschen und mittelhochdeutschen Wort Lefze für Lippe. Durch Luthers Bibelübersetzung wurde es im 16. Jahrhundert durch Lippe verdrängt und wird heute nur noch im Sinne von Tierlippe gebraucht.

Befreiungshalle
Umgangssprachliche Umschreibung für Männertoilette.

befummeln
Umarmen, betasten, die Geschlechtsteile berühren. Wird im allgemeinen in dem Sinne gebraucht, daß es demjenigen, der befummelt wird, nicht angenehm ist.

Begatterich
Volkstümlich-spöttische Ableitung von begatten, Gatte. Damit ist der Ehemann gemeint, der als Gatte offiziell dazu berechtigt ist, seine Ehefrau zu begatten, mit ihr Geschlechtsverkehr auszuüben.

Begucker
Mundartliche Umschreibung für einen Voyeuristen. Seltener Beguckerin.

Behelfs- oder auch **Ersatzknilch**
Lückenbüßer. Ein Mann, der beim Sexualverkehr oder auch nur beim Ausgehen, Tanzen oder ähnlich für einen anderen einspringt. Dieser Ersatz kann vorübergehend, aber auch für längere Zeit gemeint sein. Vergleiche → Knilch.

Bein
Auch das dritte Bein: Tarnwort für Penis. Im Rotwelschen ist Bein oder *Beinl* eine Prostituierte. Dabei handelt es sich jedoch nicht um eine Rotwelsch-Ableitung von Bein in der Bedeutung von Knochen, Gliedmaßen, sondern von dem Zigeunerwort p'en für Schwester. Vergleiche → Banfeigen.

Beißer
Rotwelsch-Bezeichnung für den Zuhälter.

Beißblatt, Beißgrün oder auch **Beißkraut**
Im sadistisch-masochistischen Vokabular Bezeichnung für die Brennnessel.

Beißzange
Volkstümliche Bezeichnung für eine zänkische, herrschsüchtige Frau. In manchen Gegenden auch Kneif- oder Keifzange.

belabern
Rotwelsch-Ausdruck für schwängern. Hat mit der mundartlichen Form belabbern für überreden, beschwatzen nichts zu tun, sondern ist von dem niederdeutschen belemmeren für hindern, lähmen, in Verlegenheit bringen, abgeleitet.

belaxeln
Rotwelsch-Ausdruck für Geschlechtsverkehr ausüben. Von lax für lässig, unbekümmert, ohne Grundsätze, abgeleitet, das Ende des 18. Jahrhunderts aus dem Lateinischen entlehnt wurde.

Benzinbiene
Siehe → Autobahnsirene und → Autohure.

Bergziege oder auch **Gebirgsziege**
Bezeichnung für eine Bergsteigerin, Wintersportlerin oder eine spröde Alpenländerin.

beschlafen
Geschlechtsverkehr ausüben, mit einer Frau oder einem Mann, oder auch mit einem Tier, sexuell verkehren.

beschmusen
Eine Frau oder einen Mann durch Überredung verführen und als Sexualpartner gewinnen. Umgangssprachliche Ableitung von dem aus dem Jiddischen stammenden Rotwelsch-Wort Schmus für Schöntun, Geschwätz. In verschiedenen Mundarten wird schmusen auch für liebkosen gebraucht. Dementsprechend bedeutet beschmusen dann: jemanden durch Zärtlichkeiten beeinflussen.

Besen
Volkstümliche Bezeichnung für eine ungepflegte, reizlose Frau. Ursprünglich keine Ableitung von dem altdeutschen Wort Besen, sondern von dem jiddischen besaion für Verachtung. Gleiches gilt für Redensarten wie zum Beispiel: jemanden auf den Besen laden, jemanden verspotten. Alle diese Redewendungen wurden aus dem Rotwelschen in die Umgangssprache übernommen.

Beskarge
Rotwelsch-Bezeichnung für ein verrufenes Haus, Bordell. Aus dem Jiddischen bes für das Haus und korcha für Zwang gebildet.

besonders oder auch **besunders sein**
Rotwelsch-Umschreibung für die Menstruation. Ableitung von gesondert, vom Mann isoliert sein.

bespringen
Wird ebenso wie *beschälen* und *besteigen* in der gleichen Bedeutung wie → beschlafen für Geschlechtsverkehr ausüben und schwängern gebraucht.

bessere Hälfte
Umgangssprachliche Redewendung für die Ehefrau, Verlobte oder Geliebte oder auch für den Ehemann, Verlobten oder Geliebten. Im gleichen Sinne wird auch *bestes Stück* gebraucht.

Bestifle
Rotwelsch-Bezeichnung für Bordell. Aus dem Jiddischen bes für Haus und tofel für töricht gebildet. Vergleiche → Beskarge.

Besuch
Umgangssprachliche Umschreibung für Menstruation. Sie hat Besuch: sie menstruiert.

Besula
Aus dem Jjiddischen ins Rotwelsche übernommene Bezeichnung für Jungfrau oder auch Jungfernschaft.

betasten, betatschen, betatzen
Eine Frau oder einen Mann intim berühren, an Brust, Gesäß und Geschlechtsteile greifen. Wird meistens abwertend im Sinne unerwünschter Berührungen gebraucht.

Betriebsstörung
Umgangssprachliche Umschreibung für vorübergehende Impotenz des Mannes oder auch für die Menstruation der Frau.

Betriebsunfall
Umgangssprachliche Umschreibung für Geschlechtskrankheit oder unerwünschte Schwangerschaft.

Betthase
Auch Betthäschen, Betthupfer, Bettkatze oder ähnlich. Ein sexuell sehr leistungsfähiges, aber nicht sonderlich intelligentes Mädchen. Unter männlichen Homosexuellen wird auch der geistig anspruchslose Lustknabe so genannt. Im süddeutschen ist *Betthupferl* auch eine Umschreibung für den Geschlechtsverkehr.

Bettzipfel
Volkstümliches Tarnwort für das männliche Glied.

Beutel
Umschreibung für den Hodensack.

Beutelschlecker
Männlicher Homosexueller. Beutelschleckerin: eine Frau mit Vorliebe für Fellatio.

Beutelratten
Umgangssprachliche Bezeichnung für die Filzläuse im Schamhaar des Mannes.

Bevölkerungsflöte
Tarnwort für das männliche Glied.

Bevölkerungsrat
Volkstümlich spöttische Bezeichnung für den Ehemann und Familienvater. *Geheimer Bevölkerungsrat* ist der Hausfreund.

Biene
Umgangssprachlich für Mädchen. Erhält durch zahlreiche Zusammenstellungen wie Benzinbiene oder Asphaltbiene und Beifügungen wie dufte oder kesse Biene sehr unterschiedliche Bedeutungen. Ursprünglich nicht von dem altdeutschen Wort Biene abgeleitet, sondern von dem Rotwelsch-Ausdruck für Laus, Ungeziefer, der auf das Jiddische bina für Verstand, Vernunft zurückgeht. Was sich im Kopf befindet, wurde als Wortspiel auf das übertragen, was auf dem Kopfe sitzt. Etwa ab 1900 wurde dann die Rotwelsch-Bezeichnung Biene für Ungeziefer auch auf Mädchen, vor allem auf Prostituierte angewandt.

Bienenhaus, Bienenkorb oder **Bienenstock**
Mädchenerziehungsanstalt, Frauengefängnis, Frauenkrankenhaus oder auch Bordell.

Bienenkäfig
Mädchenerziehungsanstalt, Frauengefängnis, Frauenkrankenhaus oder auch Bordell.

Bienenstich
Sexualverkehr weiblicher Homosexueller mit Hilfe eines künstlichen männlichen Gliedes.

Bienenvater
Aufsichtsbeamter in einem Mädcheninternat, Wohnheim, Frauenkrankenhaus, Gefängnis oder einer Erziehungsanstalt oder auch der Wirt eines Bordells oder Stundenhotels.

Billardkugeln
Die beiden Eier im Hodensack des Mannes. Die *Billardstange* ist das männliche Glied. *Billardspielen* bedeutet Manipulation der männlichen Geschlechtsteile, vor allem des

Hodensackes. Wenn ein Mann mit der Hand in der Hosentasche die eigenen Geschlechtsteile manipuliert, dann spielt er *Taschenbillard*.

Bimbam
Lautmalerische Umschreibung für die männlichen Geschlechtsteile. *Bimbam läuten*: entweder Selbstbefriedigung des Mannes oder Masturbation eines männlichen Sexualpartners.

Bimmel oder auch **Pimmel**
Mundartliche lautmalerische Bezeichnung für Penis. *Bimmeln* bedeutet dementsprechend Selbstbefriedigung des Mannes oder Masturbation eines männlichen Partners.

bimsen
Aus der Soldatensprache übernommener Ausdruck für Geschlechtsverkehr ausüben. Im sadistisch-masochistischen Vokabular ist damit das Schlagen des männlichen oder weiblichen masochistischen Partners gemeint. Der schlagende sadistische Partner wird *Bimser* genannt. Der Ausdruck ist von Bimsstein abgeleitet und bedeutet eigentlich, mit Bimsstein reinigen, putzen, schleifen, reiben, glätten. Im übertragenen Sinne wurde dann der militärische Drill und Schliff so bezeichnet.

Bißgurn oder **Bißgure**
Süddeutsche und österreichische Bezeichnung für eine zänkische, herrschsüchtige, boshafte Frau. Ursprünglich Mundartname für einen Fisch, den Schlammbeißer oder Beitzker, der beim Ergreifen einen pfeifenden Ton von sich gibt. Das Geräusch entsteht durch Luft, die aus der Schwimmblase gepreßt wird.

Biwak reißen
Rotwelsch-Ausdruck für im Freien schlafen. Geschlechtsverkehr im Freien. Die deutsch-französische Wortbildung Biwak bedeutet militärisches Feldlager, Lager im Freien.

Blankmichel
Rotwelsch-Bezeichnung für Degen, Schwert. Im übertragenen Sinne: das männliche Glied. *Blankziehen* bedeutet dementsprechend: den erigierten Penis entblößen. Der *Blanke* ist das erigierte, entblößte männliche Glied, aber auch das nackte männliche oder weibliche Gesäß. Den *Blanken zeigen*: das Gesäß oder den Penis entblößen. Im sadistisch-masochistischen Sprachgebrauch ist Blankmichel das Messer des sadistischen Partners.

Blasebalg
Die weiblichen Brüste. Den *Blasebalg bedienen*: die Frau durch Brustreizungen sexuell erregen oder auch befriedigen.

blasen
Weitverbreiteter Ausdruck für Fellatio und Cunnilingus in der heterosexuellen und homosexuellen Praktik. Sich einen blasen oder auch → abblasen lassen: sich durch Fellatio oder Cunnilingus befriedigen lassen. Jemanden einen blasen oder abblasen: Fellatio oder Cunnilingus ausüben. Der *Bläser* ist ein Mann mit

Vorliebe für oralgenitale Kontakte oder ein Homosexueller. *Bläserin* ist eine Frau, die vorwiegend Fellatio ausübt, oder eine Homosexuelle. *Blasorchester* oder *Blasquartett*: Gruppensex mit oral-genitalen Techniken. *Blasmichel*: Rotwelsch-Bezeichnung für einen männlichen Homosexuellen. *Blasröhre*: das männliche Glied und die weibliche Scheide; in der Analerotik auch der weibliche oder männliche After.

Blaubart

In Anlehnung an den Ritter Barbe-Bleue des gleichnamigen altfranzösischen Märchens, der seine sechs Frauen umbrachte, Bezeichnung für einen Lustmörder.

Blaue

Prostituierte, deren Preis ein blauer Schein, 100,– DM, ist.

Blaustrumpf

Intellektuelle Frau ohne sexuelle Anziehung. Die Bezeichnung geht auf einen Londoner schöngeistigen Zirkel um 1750 zurück, dem viele Frauen angehörten. Ein Teilnehmer trug statt der üblichen schwarzen Strümpfe blaue Strümpfe. Deshalb wurde der ganze Kreis spöttisch The blue stocking society genannt. Die Schriftsteller des Jungen Deutschland, vor allem Ludwig Börne, machten dann diesen Namen in Deutschland populär.

Blechtute

Heruntergekommenes, verwahrlostes Mädchen, alte, abgenutzte Prostituierte. Tute ist ebenso wie Titte eine Nebenform von → Dutte für die weibliche Brust.

Bletzer

Rotwelsch-Bezeichnung für Penis. *Bletz* ist die weibliche Scheide. *Bletzer*: Geschlechtsverkehr ausüben. In der Bergmannssprache ist der Bletz ein Eisenkeil, der in Gesteinsspalten getrieben wird.

blickschieben

Äugeln, heimliches Beobachten sexueller Handlungen. *Blickschieber*: Voyeur. *Blickschieberei* oder auch *blickvögeln*: durch die Beobachtung sexueller Vorgänge Befriedigung finden.

Blindgänger

Volkstümlich für Versager, für einen impotenten oder sexuell wenig leistungsfähigen Mann. Ein *bevölkerungspolitischer Blindgänger* ist ein kinderloser Ehemann oder auch ein alter Junggeselle.

Blitz

Umgangssprachliches Tarnwort für Orgasmus. Ihn oder sie hat der *Blitz getroffen*: Er oder sie hat einen Orgasmus gehabt. Bei ihm oder ihr hat es dreimal eingeschlagen: Er oder sie ist dreimal zum Orgasmus gekommen.

blondes Gift

Verführerische Blondine.

Blumen

Prostituierten-Ausdruck für Geschlechtskrankheit. Jemandem *Blumen schenken*: mit einer Geschlechtskrankheit anstecken.

Blunze
Österreichisch für Blutwurst: großer Penis.

Bock oder auch geiler Bock
Umgangssprachlich für einen sexuell erregten Mann. *Bocken*: mit einer Frau Geschlechtsverkehr ausüben. *Bockflöte* oder *Bockpfeife*: das männliche Glied. *Bocksbeutel*: der Hodensack. Außerdem ist der Bock im Prostituierten-Vokabular der Stuhl des Arztes im Gesundheitsamt, wo die Dirnen regelmäßig nach Geschlechtskrankheiten untersucht werden. Dementsprechend ist der *Bocktag* der Tag, an dem die Prostituierte amtsärztlich untersucht wird.

Bockwurst
Umgangssprachliches Tarnwort für Penis.

bohnern
Analverkehr ausüben. *Bohnerwachs* oder *Bohnerwichse*: Gleitmittel für den Analverkehr.

bohren
Mit einer Frau Geschlechtsverkehr ausüben, oder auch sie deflorieren. *Bohrer*: Penis. Die Frau wird gebohrt. *Bohrloch*: die weibliche Scheide. *Rückwärtsbohrer*: ein Mann mit Vorliebe für Analverkehr, im engeren Sinne ein Homosexueller. *Bohrmaschine*: ein sexuell besonders leistungsfähiger Mann.

bolen
Geschlechtsverkehr oder auch Analverkehr ausüben. Im weiteren Sinne: das Geld mit Dirnen durchbringen, Unzucht treiben. Rotwelsch-Ableitung von dem mittelniederdeutschen bolen, dem spätmittelhochdeutschen buolen und dem neuhochdeutschen buhlen für lieben, sich um etwas bemühen, werben.

Bolzen
Das altgermanische Wort für Pflock, Holznagel hat im obszönen Vokabular mehrfache Bedeutung. 1. Penis, 2. Dienstmädchen, triebhaftes, williges Mädchen, 3. Prostituierte. Der *Bolzenmeister* ist im Rotwelschen der Wirt eines verrufenen Hauses, der Bordellwirt oder auch Zuhälter. *Bolzerei treiben*: Ehebruch. Außerdem ist Bolzerei auch Schlägerei, Härte, Grausamkeit, Brutalität. In der sadistisch-masochistischen Praktik: Schläge, Prügel.

Bombe oder Sexbombe
Attraktive, sexuell erregende Frau.

Bomben
Die weiblichen Brüste.

Bomber
Sexuell leistungsfähiger, großer, kräftiger Mann.

Bonbon
Umgangssprachliches Tarnwort für die Eichel des männlichen Gliedes. *Bonbon lecken, lutschen* oder ähnlich: Fellatio.

Bonbonniere
Umschreibung für die weibliche Scheide. Aus der *Bonbonniere naschen*: Cunnilingus.

Bordsteinschwalbe oder auch **Bordsteinschleiferin**
Umgangssprachlich für Prostituierte. *Bordsteinschleifer* ist der männliche Prostituierte.

Bratkartoffelverhältnis
Volkstümliche Bezeichnung für die sexuelle Bindung eines Mannes an eine Frau aus materiellen Gründen.

Brauereipferd
Derb volkstümlich für eine dicke, plumpe Frau.

Brauner
Umgangssprachlich für After. Frau Braun ist der weibliche, Herr Braun der männliche After. Frau oder Herrn Braun die Hand geben: anale Masturbation. Die braune Kammer, Kiste, Stube oder ähnlich: Gesäß.

Bräutigam
Umschreibung für Zuhälter.

Brautschau
Ironische Bezeichnung für die Suche nach einer Sexualpartnerin. Außerdem Prostituierten-Ausdruck für die Unentschlossenheit mancher Männer, die sich nur Appetit holen, die nur schauen, aber keine Dirne gegen Bezahlung in Anspruch nehmen.

Breitschwanz
Vulgär-Ausdruck für einen besonders starken, erigierten Penis.

bremse(n)
In der alten schwäbischen Händlersprache für furzen. Der Bremser: Furz.

bremsen
Umschreibung für Unterbrechung des Geschlechtsverkehrs, Coitus interruptus.

Bretzeln
Im Vokabular des Sadismus-Masochismus, besonders unter Prostituierten, Bezeichnung für Handschellen.

Brillenschlange
Volkstümlicher Ausdruck für eine intellektuelle, sexuell reizlose Brillenträgerin.

Britsche
Rotwelsch-Bezeichnung für Penis. Ableitung von dem Rotwelschwort Briske für Bruder.

Brötchen
Mädchenbrüste oder kleine Frauenbrüste. Außerdem auch die weibliche Scheide. *Brötchen schmieren* bedeutet dementsprechend: eine Frau durch Brustreizungen oder durch Geschlechtsverkehr sexuell befriedigen. *Brötchen schlecken, knabbern, lecken* oder ähnlich: Brustreizung mit Mund und Zunge oder Cunnilingus. Ein *belegtes Brötchen* ist eine verheiratete Frau oder ein Mädchen mit einem festen Freund. Ein *unbelegtes Brötchen* ist eine Jungfrau oder ein Mädchen ohne festen Freund. Ein *trockenes Brötchen* ist eine alte Jungfer.

Bruder
Das altgermanische Wort hat im obszönen Sprachgebrauch verschiedene Bedeutung. 1. Das männliche Glied, 2. Der Zuhälter, 3. Mes-

ser oder kleiner Dolch in der sadistisch-masochistischen Praktik. Ein *warmer Bruder* ist ein männlicher Homosexueller. Ein *kesser Bruder* ist eine aktive, maskuline weibliche Homosexuelle. Dem Bruder die Hand geben ist eine Umschreibung für männliche Selbstbefriedigung.

Brunger
Rotwelsch-Ausdruck für Bohrer, im übertragen Sinne das männliche Glied. *Brunger* oder auch *anbrungern* Geschlechtsverkehr ausüben oder auch deflorieren.

Brunstbusch oder Brunzbuschen
Mundartlich für die weibliche Scheide.

brunzen
Mundartlich vor allem in Österreich und Süddeutschland für urinieren.

Bubi
Spöttisch abwertend für 1. einen femininen männlichen Homosexuellen, 2. eine maskuline weibliche Homosexuelle, 3. einen männlichen Prostituierten, 4. einen besonders kleinen Penis.

Büchse
Weitverbreitetes umgangssprachliches Tarnwort für die weibliche Scheide, in manchen Gegenden auch ganz allgemein für Mädchen oder Frau. Die *Büchse anbohren, aufschlagen* oder ähnlich: deflorieren. Die *Büchse lackieren, polieren* oder ähnlich: Geschlechtsverkehr ausüben. Die *Büchse lecken, leeressen, schlecken* oder ähnlich: Cunnilingus. Vergleiche → Dose.

Büchsendeckel
Monatsbinde, Tampon.

Büchsenfabrikant oder Büchsenhersteller
Vater vieler Töchter.

Büchsenflicker
Auch *Büchsenreparierer, Büchsenschuster* oder ähnlich: Gynäkologe.

Büchsengeld
Preis für eine Prostituierte.

Büchsenmassage
Selbstbefriedigung der Frau oder Partnermasturbation durch einen Mann oder eine Frau. *Büchsenmasseuse* ist eine weibliche Homosexuelle, die ihre Partnerin vorwiegend mit der Hand befriedigt.

Büchsenöffner oder Büchsenpolierer
Das männliche Glied.

bügeln
Geschlechtsverkehr ausüben. Das *Bügeleisen* ist der Penis. Jemandem den Arsch bügeln: Analverkehr ausüben. Das *Bügelbrett* ist das Bett oder die Couch, aber auch ein Mädchen oder eine Frau mit mageren Brüsten.

Buko
Abkürzung für Beischlafutensilienkoffer, die Handtasche der Prostituierten, in der sich alles befindet, was zur Ausübung des Gewerbes nötig ist.

Bulle
Ein großer, kräftiger, sexuell beson-

ders leistungsfähiger Mann. Außerdem im Prostituierten-Vokabular ein Sittenpolizist.

Bums, bumsen
Mundartlich für laut abgehende Blähungen.

Bums, Bumsbude oder **Bumscafé**
Verrufenes Lokal, in dem sich Sexualpartner für eine Nacht finden. Auch *Bumskneipe, Bumslokal* oder ähnlich.

bumsen
Umgangssprachlich weit verbreiteter Ausdruck für Geschlechtsverkehr ausüben.

Bürste
Die weibliche Scheide oder auch ganz allgemein Mädchen oder Frau. In manchen Gegenden auch das männliche Glied.

bürsten
Geschlechtsverkehr ausüben. Außerdem auch Fellatio, Cunnilingus und Selbstbefriedigung der Frau und des Mannes.

Busch
Tarnwort für die weibliche Scheide.

Buschmesser
Eines der zahlreichen Synonyme für das männliche Glied.

Busenschaukel
Umgangssprachlich für Büstenhalter.

Bussel, Busserl
Mundartlich in Österreich und Süddeutschland für Küßchen. *Busseln* oder *busserln*: küssen.

Bussi
Küßchen. Spöttisch für einen männlichen Homosexuellen.

Butterfaß
Dickes, großes Gesäß.

buttern
Analverkehr ausüben.

Butzemann
Das männliche Glied. Eigentlich eine Märchengestalt, ein Kobold und Kinderschreck.

C

Challe
Aus dem Jiddischen abgeleiteter Rotwelsch-Ausdruck für Defloration. *Challe nehmen*: deflorieren.

Chamäleon
Von der Eigenschaft dieser Eidechsenart, die Körperfarbe schnell wechseln zu können, abgeleitete Bezeichnung für eine bisexuelle Frau oder einen bisexuellen Mann.

Charo
Aus der Zigeunersprache ins Rotwelsch übernommenes Wort für Säbel, Schwert, Degen. Im übertragenen Sinne: das männliche Glied.

chaumeln
Alter Rotwelsch-Ausdruck für Geschlechtsverkehr ausüben. Der *Chaumeler* ist ein → Hurenbock, ein übermäßig triebhafter Mann, der seine Partnerin rasch wechselt.

Chausseeblume, Chausseewanze
Prostituierte mit Auto oder halbprostituierte Anhalterin. Vergleiche → Autobahnsirene und → Autohure.

Chefnutte
Vulgär-Bezeichnung für eine Sekretärin, die zu ihrem Chef sexuelle Beziehungen hat.

Chemle
Aus dem Jiddischen abgeleiteter Rotwelsch-Ausdruck für Geschlechtsverkehr.

Cheref
Aus dem Jiddischen ins Rotwelsch übernommenes Wort für Säbel, Degen, Schwert. Im übertragenen Sinne: Penis.

Cheschek
Aus dem Jiddischen ins Rotwelsch übernomme Bezeichnung für sexuelle Begierde, Lust.

Chonte
Aus dem Jiddischen ins Rotwelsch übernommenes Wort für Dirne, Prostituierte.

Cour machen
In Anlehnung an das französische Cour der Hof, Hofhaltung: jemandem den Hof machen, sich beliebt machen, jemandem gefallen wollen. In gleicher Bedeutung auch: die *Cour schneiden*. Der *Courschneider* oder *Courmacher*.

Currywurst
Neueres umgangssprachliches Synonym für Penis.

D

Dab
Aus der Zigeunersprache ins Rotwelsch übernommenes Wort für Hieb, Schlag, Wunde. Im sadistisch-masochistischen Vokabular die Praktiken des Sadisten. Jemanden Dab machen, geben, verpassen.

Dachs
Junger Dachs: sexuell unerfahrener Mann: *Alter Dachs* Erfahrener, geschickter Liebhaber.

dackeln
Auf den → Strich gehen.

dachteln
Mundartlich für ohrfeigen. Hängt mit jemandem eins aufs Dach geben, auf den Kopf schlagen, zusammen. In der sadistischen Praktik: den Masochisten schlagen. Die *Dachtel*: Schlag.

Damm
In der Form: auf den Damm gehen. Prostituierten-Redewendung für auf den → Strich gehen. Auch jemanden auf den Damm schicken. *Dammcafé*: Dirnenlokal. *Dammkuh*: Prostituierte.

Dammkalb
Sehr junge Dirne. Der *Dammhirsch* oder auch → Platzhirsch ist der Zuhälter.

Dampfer
Flotter, schicker, kesser Dampfer oder ähnlich: hübsches Mädchen, junge Frau. *Alter, ausgedienter* Dampfer → *Schraubendampfer* oder ähnlich: ältere Frau, auch alte Prostituierte.

Dampfwalze
Umgangssprachlich für eine fette Frau. Auch *Dampfnudel* oder *Dampfroß*.

Daniel
Penis. Im Rotwelschen der Nachttopf. *Daniel in der Löwengrube*: das

männliche Glied in der weiblichen Scheide, also Geschlechtsverkehr.

Darm
In der Redewendung: sich in den Darm stechen für Blähungen. Jemanden in den Darm stechen: Analverkehr ausüben. *Darmstecher*: ein Mann, der vorwiegend Analverkehr ausübt, oder ein aktiver männlicher Homosexueller. Auch *Darmputzer, Darmrutscher, Darmstößer, Darmstreicher* oder ähnlich.

Darmakrobat
Passiver männlicher Homosexueller oder Prostituierter. *Darmakrobatin* ist eine auf Analverkehr spezialisierte weibliche Prostituierte.

Darmfick
Analverkehr.

Darmkitzler
Ein Mann, der anale Masturbation ausübt, oder ein Homosexueller.

Darmlecker, Darmlutscher
Auch *Darmschlecker, Darmzuzzler* oder ähnlich: ein Mann, der oral-anale Praktiken ausübt, oder ein Homosexueller.

Dattel
Synonym für die weibliche Scheide. *Grüne Dattel*: Jungfrau. Vergleiche → Feige.

Dauerbrenner
Umgangssprachlich für einen langen, intensiven Kuß, meistens Zungenkuß. Gilt im erweiterten Sinne auch für einen langen andauernden Geschlechtsverkehr.

Daumen oder auch **Däumchen**
Penis. *Däumchen drehen* oder *Daumen halten*: Selbstbefriedigung des Mannes oder Masturbation durch einen weiblichen oder männlichen Partner. Am *Daumen lecken, lutschen* oder ähnlich ist ein männlicher Homosexueller. *Daumenleckerin, Daumenlutscherin*: eine Frau, die mit Vorliebe Fellatio ausübt. *Däumling*: Präservativ. Die *Daumenschrauben anlegen oder anziehen*: den Penis mit den Schenkeln, dem After, dem Mund oder mit der Hand stark drücken, pressen.

Deckel
Penis. Topf oder Kochtopf mit Deckel: die weibliche Scheide und das männliche Glied. Auch Geschlechtsverkehr.

decken
Geschlechtsverkehr ausüben, schwängern. *Decker* oder *Deckhengst*: ein sexuell sehr leistungsfähiger Mann oder ein Schwängerer. *Deckgebühr*: Prostituierten-Ausdruck für den Preis einer Dirne oder eines Strichjungen. *Deckprämie*: Kindergeld.

Deichsel
Volkstümliches Tarnwort für das männliche Glied. Die *Deichsel einhängen*: den Penis in die weibliche Scheide oder in den After einführen. Die *Deichsel lackieren* oder *schmieren*: den Penis mit einem Gleitmittel bestreichen, in manchen Gegenden auch für Fellatio.

dick
Schwanger. Eine Frau dick machen: schwängern.

Dickmann
Rotwelsch-Ausdruck für den erigierten Penis. Auch *Dicker*.

Dille oder Tille
Rotwelsch-Wort für Rinne, Röhre, Loch. Im obszön übertragenen Sinne ist die weibliche Scheide oder auch das Mädchen, die Prostituierte gemeint. In manchen Gegenden mundartlich auch für das männliche Glied. Weibliche und männliche Prostituierte bezeichnen sich häufig selbst als Dillen oder Tillen.

Ding
Hat mehrfache Bedeutung. 1. Mädchen, Frau, 2. die weibliche Scheide, 3. das männliche Glied, 4. Geschlechtsverkehr oder Analverkehr. Ein *Ding drehen* oder *machen*: im engeren Sinne Geschlechtsverkehr ausüben, im weiteren Sinne jedoch Orgasmustechnik.

Dirne
Ursprünglich Mädchen, Jungfrau. In dieser Form ist es mundartlich noch heute zum Beispiel im bayerisch-österreichischen Dirndl und im norddeutschen Deern lebendig. Gleichzeitig vollzog sich im 16. Jahrhundert über Dienerin ein Bedeutungswandel zur Hure, Prostituierten.

Distel
Die weibliche Scheide.

Distelstecher
Das männliche Glied. Die *Distel stechen*: Geschlechtsverkehr ausüben oder auch deflorieren.

Disziplin
Im Vokabular des Sadismus-Masochismus jede sadistisch-masochistische Praktik. Jedermann *disziplinieren*: foltern, quälen, schlagen, peitschen.

Docht
Synonym für Penis. Ein *ausgebrannter Docht* ist ein schlaffer, abgenutzter Penis oder ein alter, verlebter Mann.

Dockschwalbe
Norddeutsche Bezeichnung für eine Hafenprostituierte. Der männliche Hafenprostituierte heißt *Dockkäfer*, *Dockschwanz*, *Dockvogel* oder ähnlich.

Dohle
Weibliche Prostituierte oder Halbprostituierte. Auch → *Hupfdohle*.

Dompteur
Sadist oder männlicher Prostituierter für weibliche oder männliche Masochisten.

Dompteuse
Sadistin oder weibliche Prostituierte für männliche oder weibliche Masochisten.

Donnerbalken oder Donnerstange
Umgangssprachlich für die aus der Soldatensprache stammende Bezeichnung → Latrine, ein primitives, aus Balken gezimmertes Klosett. Man sitzt auf einem Balken und donnert, scheidet mit lauten Geräuschen Blähungen, Kot und Urin aus. Vergleiche → *Balkenloge*.

Doppeldecker
Ein Bigamist, ein verheirateter Mann mit Freundin, ein Mann mit zwei Freundinnen oder auch ein Mann, der zu Frauen und Männern sexuelle Beziehungen hat. In gleicher Bedeutung wird auch *Doppelgänger* gebraucht. *Doppelgleisig* ist oder fährt ein bisexueller Mann oder eine bisexuelle Frau. Ein *Doppelverdiener* ist ein Prostituierter oder eine Prostituierte für männliche und weibliche Kunden.

Dorn
Synonym für Penis.

Dördriever oder Dörmaker
Ostfriesisch für einen leichtsinnigen Mann, Verschwender und Schürzenjäger.

Dörrfleisch oder Dörrgemüse
Umgangssprachlich für eine alte, sexuell reizlose Frau.

Dose
Umgangssprachlich weitverbreitetes Synonym für die weibliche Scheide oder auch ganz allgemein für Mädchen oder Frau. Wird in den gleichen oder ähnlichen Zusammensetzungen und mit Beifügungen wie → Büchse gebraucht.

Dosendeckel
Monatsbinde, Tampon.

Dosenfabrikant
Vater mehrerer Töchter.

Dosenflicker
Gynäkologe.

Dosenmassage
Selbstbefriedigung oder Masturbation der Frau durch einen männlichen oder weiblichen Partner. *Dosenmasseuse* weibliche Homosexuelle, die ihre Partnerin vorwiegend masturbiert. *Dosenmasseur* ist ein Mann mit Vorliebe für manuelle Befriedigung seiner Partnerin.

Dosenöffner
Synonym für das männliche Glied. Auch Getränke oder Speisen, die auf Frauen sexuell stimulierend wirken.

Dotsch
Rotwelsch-Bezeichnung für die weibliche Scheide. Wird mit den gleichen oder ähnlichen Beifügungen wie → Büchse gebraucht. Die Dotsch anbohren: deflorieren.

Drache(n)
Furchterregendes, feuerspeiendes Ungeheuer der Sage. Von dort übernommen volkstümliche Bezeichnung für eine zänkische, herrschsüchtige Frau. *Drachenfutter* ist ein Geschenk, das ein schuldbewußter Ehemann oder Geliebter macht, um seine Frau oder Freundin zu versöhnen und wieder friedlich zu stimmen.

Dragoner
Vom französischen dragon für Drache abgeleitete Bezeichnung für eine Handfeuerwaffe der französischen Kavalleristen, später für den Reiter selbst. Im übertragenen Sinne eine resolute, energische Frau oder eine große, kräftige und vollbusige Frau oder auch eine maskuline weibliche

Homosexuelle. Eine *Dragonerkaserne* oder *Dragonerkneipe* oder ähnlich ist ein Lokal für homosexuelle Frauen.

Drahtbesen oder **Drahtbürste**
Volkstümliche Bezeichnung für eine zänkische Frau. Vergleiche → Kratzbürste.

Drecksau oder **Dreckschwein**
Siehe → Sau.

Dreckschleuder
Umgangssprachlich für eine bösartige, klatschsüchtige, zänkische Frau, die auf andere Dreck schleudert, sie verleumdet. Auch in der Redewendung *hat die eine Dreckschleuder* gebräuchlich: böses Mundwerk, Klatschmaul.

Dreiecksverhältnis
Sexuelle Beziehung zwischen zwei Frauen und einem Mann oder zwei Männern und einer Frau.

Dreigroschenjunge
Umgangssprachliche Abwandlung von → Achtgroschenjunge.

Drei-Minuten-Brenner
Siehe → Dauerbrenner.

Drei-Minuten-Nummer
Prostituierten-Ausdruck für einfache, schnelle Abfertigung eines Kunden. Auch *Drei-Minuten-Fick* oder *auf die Schnelle* genannt. Vergleiche → Nummer.

Dressur
Im sadistisch-masochistischen Sprachgebrauch die verschiedenen Techniken des Sadisten in der Anwendung auf den masochistischen Partner. Auch die Bedienung eines masochistischen Kunden durch eine Prostituierte oder einen Prostituierten. Jemanden *dressieren*: foltern, schlagen, peitschen.

Drill
Aus der Soldatensprache für herumwirbeln, exerzieren, übernommene Bezeichnung, die in der sadistisch-masochistischen Praktik mit → Disziplin und → Dressur gleichbedeutend ist.

Drillbohrer
Tarnwort für Penis.

drittes Geschlecht
Bezeichnung für die männlichen und weiblichen Homosexuellen. Von Ernst von Wolzogen mit seinem 1899 erschienenen Buch »Das dritte Geschlecht« eingeführt.

Drohne
Altgermanisches Wort für die nichtarbeitende männliche Biene. Im übertragenen Sinne ein Mann, der sich von einer Frau ernähren läßt, oder ein Zuhälter.

Drüsen
Tarnwort für die weiblichen Brüste oder auch die männlichen Geschlechtsteile. Eine *Drüsenschau* ist ein großes Dekolleté oder eine sehr enge Männerhose.

Dschunke
Malaiisch-portugiesische Bezeichnung für ein chinesisches Segelschiff. Im übertragenen Sinne umgangssprachlich für eine aufgeta-

kelte ältere Frau. Auch *alte* Dschunke.

durchziehen
Vulgärbezeichnung für sexuelle Exzesse ohne Partnerschaftsbeziehung. Jemanden durchziehen: mit jemandem ohne Rücksichtnahme bis zur völligen Erschöpfung sexuell verkehren.

Düse
Umgangssprachlich für die weibliche Scheide oder die Brust. Die *Düsen* sind die weiblichen Brüste. *Düsenjäger*: Vibrationsgeräte zur Selbstbefriedigung der Frau oder auch ein → Schürzenjäger. *Düsenputzer*: das männliche Glied oder die Zunge.

Dutten
Mundartlich für die weiblichen Brüste. Vergleiche → Titten.

E

Eber
Kräftiger, sexuell leistungsfähiger Mann. Die *Eberborsten* sind die männlichen Schamhaare. Der *Eberschwanz* ist das männliche Glied.

Ecke
Im Prostituierten-Vokabular das Gebiet, in dem sich die Dirnen, Zuhälter und Strichjungen aufhalten. Eine *scharfe Ecke* ist ein besonders bekanntes Strichgebiet oder auch ein Prostituierten Lokal. *Ecken-Nutte*, *Eckensteherin* oder ähnlich: Straßendirne.

Edelhure
Auch *Edelnutte*, *Edelnymphe* oder ähnlich: Prostituierte, die nicht auf der Straße steht, sondern in Häusern auf Kunden wartet. In der männlichen und weiblichen homosexuellen Praktik versteht man unter *Edelstrich* die indirekte Bezahlung des Sexualpartners durch Geschenke.

Ehedrache(n) oder **Ehekreuz**
Volkstümliche Bezeichnung für eine zänkische, herrschsüchtige Ehefrau.

Ehekrüppel
Ein sexuell nicht mehr leistungsfähiger, in der Ehe phlegmatisch gewordener Mann.

Eheschaukel
Ehebett.

Eheschmiede
Heiratsvermittlungsbüro oder auch Standesamt.

Ehesegen
Auch Haussegen oder Ehefrieden, bedeutet in der volkstümlichen Redewendung »hängt schief« soviel wie Ehestreit, Familienkrach.

Ehestandslokomotive
Volkstümlich scherzhaft für Kinderwagen.

Ei-ei oder **Eia-eia**
Volkstümlich familiärer Ausdruck für streicheln, liebkosen. Lautmalerei; auch: *Ei-ei machen*.

Eichelmast
Synonym für Penis.

Eierbecher
Der Hodensack des Mannes. Auch: *Eiersack*.

Eierlikör
Die männliche Samenflüssigkeit.

Eier pflanzen
Rotwelsch-Redensart für große Notdurft verrichten, Kot ausscheiden. Auch: *ein Ei pflanzen* oder *setzen*. *Setzei*: Kot.

Eierschalen
In der volkstümlichen Redewendung »hinter dem Ohr haben«: soviel wie jung, unerfahren, unreif.

Eierschlecker oder **Eierschlürfer**
Männlicher Homosexueller. *Eierschlecken, schlürfen* oder ähnlich: Fellatio. *Eierschleckerin, Eierschlürferin* oder ähnlich: Frau mit Vorliebe für Fellatio.

Eierschleifer oder **Eierschleiferin**
Männlicher homosexueller Sadist oder Sadistin; die *Eier schleifen*: in der sadistisch-masochistischen Praktik die Hoden quetschen.

Eier schleudern
Selbstbefriedigung des Mannes oder homosexuelle Manipulation oder auch Partnermasturbation durch eine Frau. Auch: Eier *schlagen, massieren, polieren* oder ähnlich. *Eierschläger, Eierschleuderer, Eiermasseur* oder ähnlich: Masturbant oder homosexueller Mann. *Eierschlägerin, Eiermasseuse* oder ähnlich: Frau mit Vorliebe für manuelle Techniken.

Eigenbau
Umgangssprachliches Tarnwort für männliche oder weibliche Selbstbefriedigung.

Einakter
Eigentlich Bühnenwerk in einem Akt. Im übertragenen Sinne Geschlechtsverkehr mit *einem* Orgasmus.

einarbeiten
Im Prostituierten-Vokabular das Einführen einer Dirne oder eines Strichjungen ins Gewerbe.

eindrehen
Geschlechtsverkehr oder auch Analverkehr ausüben. Den → Bohrer, Schwanz, → Ständer oder ähnlich in die → Möse, → Muschel, → Fotze oder ähnlich eindrehen.

einfädeln oder **einfahren**
Bedeutungsgleich mit → eindrehen.

einführen
Bedeutungsgleich mit → eindrehen. Der *Einführer* ist im homosexuellen Vokabular ein aktiver männlicher Homosexueller mit Vorliebe für Analverkehr.

eingleisig
Ein Mann, der ausnahmslos nur mit Frauen oder nur mit Männern, oder eine Frau, die nur mit Männern oder

nur mit Frauen sexuell verkehrt. Auch *einspurig* sein oder fahren.

eingliedern
Bedeutungsgleich mit → eindrehen.

einhängen
Siehe → eindrehen.

einheizen
Jemanden sexuell sehr stark erregen und völlig befriedigen. Außerdem bedeutet es in der sadistisch-masochistischen Praktik, jemanden peinigen, foltern, quälen. *Einheizer*: sexuell sehr leistungsfähiger Mann oder Sadist.

einkratzen
Umgangssprachlich für sich bei jemandem einschmeicheln, beliebt machen.

Einlauf
Analverkehr mit Ejakulation in den After. Wird manchmal auch für Geschlechtsverkehr ohne Präservativ oder für Fellatio gebraucht, wenn der weibliche oder männliche Partner das Ejakulat in den Mund nimmt.

Einmarsch
Wird in der gleichen Bedeutung wie → Einlauf gebraucht. Außerdem heterosexuelle oder homosexuelle Vergewaltigung.

einreiben
Geschlechtsverkehr oder Analverkehr ausüben. Auch: *Einreibung*. Außerdem im Vokabular des Sadismus-Masochismus das Schlagen, Peitschen und Foltern des männlichen oder weiblichen masochistischen Partners. Die gleiche Bedeutung hat *Abreibung, abreiben*.

einschneiden
Rotwelsch-Bezeichnung für entjungfern, Geschlechtsverkehr ausüben. Ein *Einschneider* ist ein Mann mit Vorliebe für Defloration.

einschwulen
Im Homosexuellen-Vokabular die Verführung zur männlichen oder auch weiblichen Homosexualität. Vergleiche → schwul.

Einspritzung
Bedeutungsgleich mit → Einlauf.

Eintagsjungfer
Prostituierten-Ausdruck für eine Dirne, die einen Tag lang keinen Kunden gefunden hat.

eintanzen
Bedeutungsgleich mit → einarbeiten.

eintauchen oder **eintunken**
Siehe → eindrehen.

Einweihung
Defloration. Sie ist *eingeweiht*: entjungfert.

Eisberg
Ein kühler oder impotenter Mann oder eine kühle, frigide Frau. Auch *Eisbein, Eisknochen, Eiszapfen* oder ähnlich.

Eisen
Im sadistisch-masochistischen Vokabular alle Foltergeräte aus Metall.

Außerdem Synonym für Penis. Ein *heißes Eisen* ist ein geschlechtskranker Mann.

Elefantenbaby
Volkstümlicher Ausdruck für einen großen, kräftigen und sexuell voll entwickelten Menschen, der jedoch in seiner geistigen Reife etwas zurückgeblieben ist.

elektrische Frau
Massagegerät zur Selbstbefriedigung des Mannes. Auch *elektrische Freundin, Geliebte* oder ähnlich. Das entsprechende Gerät zur Selbstbefriedigung der Frau ist der *elektrische Mann, Freund* oder ähnlich.

Empfänger
Synonym für die weibliche Scheide. Das männliche Glied ist bei dieser Umschreibung die Antenne oder der Sender.

Engelmacherin
Alter Ausdruck für eine Frau, die ihre Pflegekinder sterben läßt, um das im voraus erhaltene Pflegegeld in die eigene Tasche stecken zu können. Auch Bezeichnung für eine Frau, die abgetrieben hat oder bei einer Abtreibung geholfen hat.

entblättern
Volkstümlicher Ausdruck für entkleiden, ausziehen oder auch entjungfern. *Entblätterung*: Entkleidung oder Defloration.

Ente
Junge Ente: junges Mädchen. *Häßliche* Ente: unansehnliches, sexuell reizloses Mädchen. *Alte* Ente: Ältere Frau. *Wackelente, Watschelente* oder ähnlich: sexuell reizlose Frau oder Prostituierte.

entern
Aus dem Niederdeutschen ins Hochdeutsche übernommenes Wort für das Besteigen eines feindlichen Schiffes, um die Besatzung zu überwältigen und das Schiff in Besitz zu nehmen. Im übertragenen Sinne die halb gewaltsame Eroberung einer Frau; Geschlechtsverkehr nach heftigen Bemühungen, aber keine direkte Vergewaltigung. Auch Defloration.

entkorken
Defloration.

entladen
Ejakulation des Mannes. Auch *Entladung*.

entsaften
Einen Mann zum Orgasmus bringen. *Entsaftung*: Orgasmus des Mannes oder die Technik, mit der er zum Orgasmus gebracht wird. So zum Beispiel Hand- oder Mundentsaftung. Der *Entsafter* ist ein männlicher Homosexueller. *Entsafterin*: Prostituierte oder auch Freundin.

erledigen
Einen Mann oder eine Frau durch verschiedene sexuelle Techniken zur völligen Erschöpfung bringen. In gleicher Bedeutung wird auch *erschießen* gebraucht, wobei nur der Mann die Frau erschießt oder *abschießt*, nicht die Frau den Mann. Wenn ein Mann *erschossen* oder *abgeschossen* wird, dann handelt es sich

um einen passiven Homosexuellen. Nur in der Form: ich bin erschossen, ich bin wie erschossen oder ähnlich, wird der Begriff im heterosexuellen Sprachgebrauch für den Mann verwandt. Das erklärt sich durch → schießen als bildhaftes Synonym für die aktive männliche Sexualität, für den Samenerguß des Mannes. Vergleiche → abschießen.

Eroberung

Vorübergehender männlicher oder weiblicher Sexualpartner oder auch eine feste heterosexuelle oder homosexuelle Partnerschaft. In gleicher Bedeutung wird auch *Errungenschaft* gebraucht. Auf Eroberung gehen: einen heterosexuellen oder homosexuellen Partner suchen. Eine Eroberung oder Errungenschaft machen: einen Sexualpartner kennenlernen.

Eroskutsche

Das Auto einer Prostituierten. Im weiteren Sinne jedes größere, für Geschlechtsverkehr geeignete Auto mit Liegesitzen.

Eros-Mieze

Auch *Eros-Nutte, Eros-Pflanze, Eros-Wachtel* oder ähnlich: Prostituierte in einem Eros-Center.

Es kommt

Auch: *Es kommt mir*! oder *Mir kommts*! Beim Sexualverkehr weit verbreiteter Ausruf, vor allem des Mannes, kurz vor der Erreichung des Orgasmus.

Eule

Ein unansehnliches, sexuell reizloses Mädchen, ein häßlicher → Vogel. Vergleiche auch → Nachtamsel und → Uhu.

Euter

Vulgär-Bezeichnung für die weibliche Brust. Eigentlich die Milchdrüse der weiblichen Säugetiere, vor allem der Wiederkäuer, die in den → Zitzen endet.

Euterfick

Sexualverkehr des Mannes zwischen den Brüsten der Frau.

F

Fachschaft
Siehe → andere Fachschaft.

fade Nock'n
Mundartlich in Wien und Süddeutschland für ein langweiliges, sexuell reizloses Mädchen. Im Lateinischen ist fatuus dumm, einfältig, geschmacklos; die gleiche Bedeutung hat das französische fade, das im 18. Jahrhundert ins deutsche übernommen wurde. Nocken oder Nockerl ist ein Kloß oder Knödel.

Fätz
Mundartlich in Bayern für eine heruntergekommene, liederliche Frau. Ableitung von Fetzen, Lumpen, im Mittelhochdeutschen vetze.

Fahne oder **Fähnchen**
Ein billiges, geschmackloses Kleid. Auch die Alkoholausatmung eines Betrunkenen. Außerdem das männliche Glied. Dementsprechend bedeutet die *Fahne hissen, aufziehen* oder *steigen lassen*: erigieren des Gliedes; die *Fahne schwenken*: Geschlechtsverkehr ausüben; die *Fahne senken* oder *auf Halbmast setzen*: schlaff, impotent werden. Wenn eine Frau einer *Fahne folgt*, dann ist sie sexuell hörig. Das gilt auch für homosexuelle Männer. Im Vokabular des Exhibitionismus bedeutet die *Fahne hinaushängen*, aus dem Fenster *wehen, flattern* oder *steigen zu lassen*: das Glied zu entblößen.

fahren lassen
In der Redewendung, einen oder ihn fahren lassen: Blähungen ablassen.

Fahrgestell oder **Fahrwerk**
Siehe → Gangwerk.

Fakultät
Siehe → andere Fachschaft.

Fallbeisel
Wiener Ausdruck für ein Prostituiertenlokal.

Falle
Das Bett einer Prostituierten, im weiteren Sinne das Bordell. Auch das Bett ganz allgemein.

Fallobst
Heruntergekommene, sexuell reizlose weibliche oder männliche Prostituierte und Halbprostituierte. Auch schlaffe weibliche Brüste.

Falter
Umgangssprachlich in etwas geringschätzigem Sinne für ein Mädchen, das nicht ganz zuverlässig und nicht treu ist.

Familienglücksalat
Volkstümlich spöttisch für Sellerie → oder auch Spargelsalat, da diesen Gerichten fälschlich eine sexuell stimulierende, potenzerhöhende Wirkung zugesprochen wird.

Familienkunde
Umschreibung für sexuelle Erlebnisse innerhalb der Familie, Inzest. In gleicher Bedeutung wird auch *Familienfeier, Familienforschung, Familienabend, Familienglück* oder ähnlich gebraucht.

Familienstrumpf
Rotwelsch-Ausdruck für Penis, vor allem für das Glied des Familienvaters. Auch *Familientröster*, wobei inzestuöse Beziehungen anklingen, wenn Töchter zur Familie gehören.

Familienwiese
Ehebett. Vergleiche → Spielwiese.

Fangeisen
Ehering.

Faß
Sexuell anziehende Frau, hübsches Mädchen, im engeren Sinne die weibliche Scheide. Im homosexuellen Vokabular ein attraktiver Mann oder der After. Ein *Faß anzapfen*: eine Frau deflorieren oder einen Mann zum Analverkehr verführen. *Ins Faß (ein)tauchen*, den → Pimmel, → Schwanz oder ähnlich *ins Faß hängen*: Geschlechtsverkehr oder Analverkehr ausüben.

Fatzke
Vom mittelhochdeutschen fazon für foppen und von Faxe für Possen abgeleiteter Berliner Ausdruck für einen eitlen, einfältigen Mann, der durch auffälliges, geckenhaftes Benehmen Frauen zu gewinnen versucht.

Faustball oder **Faustkampf**
Selbstbefriedigung des Mannes. Der *Faustballer, Faustballspieler* oder *Faustkämpfer* ist ein Mann, der vorwiegend Selbstbefriedigung ausübt.

Federball
Volkstümliche Bezeichnung für ins Bett gehen, schlafen oder auch Geschlechtsverkehr ausüben.

fegen
Geschlechtsverkehr ausüben. Im Vokabular des Sadismus-Masochismus das Schlagen und Auspeitschen des weiblichen oder männlichen Masochisten. Ein *Feger* ist eine zänkische oder auch eine sexuell leicht erregbare, triebhafte Frau. Im sadistisch-masochistischen Sprachgebrauch ist der Feger ein männlicher oder weiblicher Sadist.

Feige

Synonym für die weibliche Scheide. Die *Feige lecken, lutschen, zuzzeln* oder ähnlich: Cunnilingus ausüben; die *Feige massieren, zupfen* oder ähnlich: Selbstbefriedigung der Frau oder Manipulationen durch einen männlichen oder weiblichen Partner; die *Feige pinseln, stechen, stoßen* oder ähnlich: Geschlechtsverkehr ausüben. Eine *grüne Feige* ist ein sexuell unerfahrenes Mädchen, eine Jungfrau. Eine *dürre Feige* ist eine ältere, magere, sexuell reizlose Frau. Das *Feigenblatt* ist die Monatsbinde oder auch der Slip. Ein *Feigenlecker, Feigenlutscher* oder ähnlich: ein Mann mit Vorliebe für Cunnilingus. *Feigenmasseur, Feigenzupfer* oder ähnlich: ein Mann, der seine Partnerin vorwiegend mit der Hand befriedigt. Eine *Feigenschleckerin, Feigenzupferin* oder ähnlich ist eine weibliche Homosexuelle.

Feinschmecker

Ein Mann mit Vorliebe für orale Praktiken. Auch *Feinschmeckerin*.

Feldwebel

Eine resolute, energische, herrschsüchtige Frau oder auch eine maskuline Homosexuelle.

Fensterblume

Prostituierte, die vom Fenster oder Schaufenster aus Kunden anlockt. Auch *Fensterlilie, Fenstermotte, Fensterpflanze, Fensterschwalbe* oder ähnlich.

Fenstergucker

Voyeur. Auch *Fensterguckerin*.

fensterln

Süddeutsch-alpenländischer Ausdruck für das nächtliche Besuchen der Freundin an deren Schlafkammerfenster, oder für das Einsteigen durch das Fenster in die Schlafkammer.

Fernseher

Umgangssprachlich spöttisch für einen Voyeur. Auch *Fernseherin*.

fertigmachen

Jemanden durch eine beliebige sexuelle Technik bis zur Erschöpfung befriedigen. *Fertig sein*: der Orgasmus ist erreicht, die sexuelle Erregung klingt ab. *Fertig werden*: Erreichung des Orgasmus.

Feste

Die Feste, seine oder meine Feste. Auch der Feste, ihr oder mein *Fester*. Umgangssprachliche Verkürzung von feste Freundin, Geliebte oder fester Freund, Geliebter. Wird auch von männlichen und weiblichen Homosexuellen gebraucht, wobei der feminine Partner als Feste und der maskuline Partner als Fester bezeichnet wird.

Fetze

Eine Frau, die mit Vorliebe Selbstbefriedigung ausübt, oder eine Prostituierte oder Halbprostituierte vorwiegend für masochistische Kunden. Außerdem auch eine Wäschefetischistin.

Fetzen

Ein billiges, geschmackloses Kleid. Vergleiche → Fahne.

fetzen
Das Wort ist vom mittelhochdeutschen vetze für Lumpen, Fetzen und von fazzen für in Lumpen, in Fetzen reißen, zerfetzen, abgeleitet. Im Rotwelschen hat es die Bedeutung von schneiden, hauen, stechen, schinden, verwunden, töten. Auch im obszönen Sprachgebrauch wird es in vielfacher Bedeutung verwandt. 1. männliche oder weibliche Selbstbefriedigung oder auch Partnermasturbation, 2. heterosexuelle oder homosexuelle Prostituierte, 3. alle sadistischen Techniken zur Befriedigung eines männlichen oder weiblichen Masochisten, 4. das Stehlen männlicher oder weiblicher Unterwäsche zu fetischistischen Zwecken. 5. heterosexueller oder homosexueller Analverkehr.

Fetzer
Ein Mann, der mir Vorliebe Selbstbefriedigung ausübt, oder eine Prostituierte oder Halbprostituierte vorwiegend für masochistische Kunden. Außerdem auch ein Wäschefetischist oder ein Mann, der bevorzugt heterosexuellen oder homosexuellen Analverkehr ausübt.

Feuchtlag
Rotwelsch-Ausdruck für Geschlechtsverkehr oder Zuhälterei.

Feuer fangen
Volkstümliche Redewendung: sich für jemanden oder etwas begeistern, sich verlieben. *Zwischen zwei Feuer geraten*: sich für zwei Partner interessieren und nicht entscheiden können.

Feuereisen
Volkstümliche Bezeichnung für eine zänkische, sexuell reizlose Frau. Auch: *Fegefeuer*.

Feuerspritze
Penis. Die Spritze, mit der das Feuer, das sexuelle Verlangen der Frau, gelöscht wird. Vergleiche → spritzen. In gleicher Bedeutung wird auch *Feuerlöscher* gebraucht.

fichen oder **fiechen**
Rotwelsch-Ausdruck für Blähungen ablassen.

ficken
Weit verbreiteter, derb umgangssprachlicher Ausdruck für die Ausübung des Geschlechtsverkehrs. Vermutlich eine Ableitung für das in vielen Mundarten verbreitete lautmalende fick-facken, das soviel wie reiben, sich hin und her bewegen, unruhig sein, kratzen, bedeutet und noch in fickerig sein, unruhig, nervös, in ständiger Bewegung sein, lebendig ist. Ficken wird in allen möglichen Zusammensetzungen und mit zahllosen Beifügungen gebraucht. So zum Beispiel: → Arschfick, arschficken, Arschficker → Massenfick, → Schnellfick, → Stehfick, jemanden lahm oder halb tot ficken, von hinten ficken. Ein *Fickspion* ist ein Voyeur. Auch: *Fickspionin*, *Fickspionage* ist die heimliche Beobachtung des Geschlechtsverkehrs durch einen Dritten. Im voyeuristisch-exhibitionistischen Sprachgebrauch wird der Spiegel oder auch das Schlüsselloch Fickspion genannt.

Fidibus
Synonym für Penis. Eigentlich ein gefalteter Papierstreifen oder ein Holzspan zum Anzünden einer Lampe oder der Tabakspfeife.

Fiedelbogen
Synonym für Penis.

Fiedel-Else
Rotwelsch-Bezeichnung für ein Mädchen, das leicht zu → fiedeln ist. Auch *Fiegeline* oder *Vigeline*.

fies
Aus dem Niederdeutschen für ekelhaft, widerwärtig, sexuell abstoßend.

Fiesel
Herumtreiber, auch Prostituierter oder Halbprostituierter oder Zuhälter. Rotwelsch-Ableitung vom niederdeutschen *fieseln* für herumtreiben, mit liederlichen Frauen verkehren, und von *Fisel* für Penis.

fingern
Eine Frau oder einen Mann an den Geschlechtsteilen oder an der Brust betasten. Auch *herumfingern*. Der *elfte Finger* ist das männliche Glied. *Fingerhut*: Präservativ. *Fingerkuppe* oder *Fingerspitze*: Eichel. *Fingerlutscher*, *Fingerzuzzler* oder ähnlich: homosexueller Mann, der orale Techniken bevorzugt. *Fingerlutscherin*: Frau mit Vorliebe für Fellatio. Am *Finger lecken, lutschen, zuzzeln* oder ähnlich: Fellatio ausüben. *Fingerspiel* oder *Fingerübung*: Selbstbefriedigung des Mannes oder der Frau oder auch Partnermasturbation.

Fischblut
Ein Mann oder eine Frau mit Fischblut: volkstümliche Redewendung für kalt und gefühllos sein; Fischblut in den Adern haben.

fischeln
Der Geruch unsauberer Geschlechtsteile. Auch: an den Geschlechtsteilen eines Mannes oder einer Frau riechen.

Fisswief
Niederdeutsch für Fischweib. Im übertragenen Sinne eine robuste, derbe, sexuell reizlose Frau.

fisten
Alte mundartliche Bezeichnung für Blähungen abgehen lassen. Ableitung aus dem germanischen für einen (Bauch)-Wind streichen lassen. Offenbar verhüllender Ausdruck für farzen, forzen, furzen.

flach
Jemanden *flach machen* oder *legen*, um Geschlechtsverkehr oder Analverkehr auszuüben. Im homosexuellen Sprachgebrauch wird der passive männliche Partner für den Analverkehr *flach gelegt*. Sich flach machen oder legen: zum Sexualverkehr bereit sein und den männlichen oder weiblichen Partner dazu auffordern.

Flamme
Freundin, Geliebte. Auch: *eine Flamme haben*. *In Flammen stehen, entflammt sein*: begeistert, verliebt sein. Jemanden *entflammen, in Flammen setzen*: jemanden verliebt machen.

Flasche
Langweiliger, sexuell nicht sehr leistungsfähiger Mann. Auch ein langweiliges, sexuell reizloses Mädchen wird Flasche genannt. *Flaschenöffner*: Penis.

Fleischbank
Auch *Fleischerei, Fleischhalle* oder ähnlich: Bordell oder Prostituierten-Lokal.

Fleischbeschau oder **Fleischmarkt**
Animierlokal, Strichgebiet oder auch Badestrand, Schwimmbad, Sauna oder ähnliche Plätze, wo man nackte und halbnackte Männer und Frauen betrachten und einen Sexualpartner finden kann. Im Prostituierten-Vokabular ist Fleischbeschau die amtliche ärztliche Untersuchung.

Fleischhändler
Zuhälter.

Fleischhauer
Sadist. *Fleischhauen*: einen männlichen oder weiblichen Masochisten schlagen oder peitschen. Auch: *Fleisch hacken* und *Fleischhacker*.

Fleischsalat
Gruppensex.

Fleischtopf
Die weibliche Scheide. Durch entsprechende Beifügung wird dann die jeweilige sexuelle Technik umschrieben. So zum Beispiel: den Fleischtopf *rühren* oder *pinseln* für Geschlechtsverkehr ausüben; den Fleischtopf *lecken* oder daraus *naschen* für Cunnilingus; den Fleischtopf *schütteln* oder *befingern* für Selbstbefriedigung oder Partnermasturbation. Auch in den Fleischtopf *spritzen, stoßen, blasen* oder ähnlich.

Fleischwiese
Badestrand.

Fliege
Mädchen, meist im Sinne eines sexuell nicht ganz zuverlässigen, etwas leichtsinnigen Mädchens. Auf jemanden *fliegen*: sich in jemanden verlieben und ihn oder sie sexuell begehren.

Flinte
Synonym für Penis. *Flintenkugel*: die Hoden. *Flintenweib*: eine herrschsüchtige, maskuline und sexuell reizlose Frau oder eine Homosexuelle. Ursprünglich verächtliche Bezeichnung für eine weibliche Angehörige der revolutionären russischen Roten Armee von 1917/18.

flippern
Umgangssprachlich für Selbstbefriedigung des Mannes oder der Frau oder auch für Partnermasturbation. Außerdem auch Geschlechtsverkehr ausüben.

Flitsche oder **Flittchen**
Prostituierte, Halbprostituierte oder sehr triebhaftes Mädchen. Mundartliche Ableitung vom mittelhochdeutschen flattern, flittern für unruhig glänzen, billig geputzt sein. Im Ostpreußischen *Flutter*.

Flöte
Synonym für das männliche Glied und die weibliche Scheide. Dement-

sprechend ist Flöte *spielen* oder *blasen* Fellatio oder Cunnilingus. Die gleiche Bedeutung hat *flöten*. Die Flöte *befingern, zupfen* oder ähnlich: Selbstbefriedigung des Mannes oder der Frau oder Partnermasturbation. Die Flöte *pinseln, pudern, abspritzen* oder ähnlich: Geschlechtsverkehr ausüben. *Flötenbläser, Flötenspieler, Flötist*: ein Mann mit Vorliebe für Cunnilingus oder ein Homosexueller. *Flötenbläserin, Flötenspielerin, Flötistin*: eine Frau, die vorwiegend Fellatio ausübt, oder eine Homosexuelle. *Flötenduett*: heterosexueller oder homosexueller Oralverkehr. *Flötensolo*: Selbstbefriedigung des Mannes oder der Frau.

Flunder

Ein mit der Scholle verwandter Plattfisch. Im übertragenen Sinne eine flachbusige, dürre Frau.

Forz oder Furz

Altgermanisches, heute derb umgangssprachliches Wort für Blähungen. Auch *forzen* oder *furzen*.

Fose

Mit → Fotze verwandte Vulgär-Bezeichnung für die weibliche Scheide. Im weiteren Sinne ein sexuell triebhaftes, leichtsinniges Mädchen, eine Halbprostituierte oder Prostituierte. *Fosenhahn* oder *Fosenjunge*: Rotwelsch-Ausdruck für Zuhälter.

Fotze

Weit verbreiteter und schon im 15. Jahrhundert nachweisbarer vulgärer Ausdruck für die weibliche Scheide. Ableitung von dem gleichbedeutenden mittelhochdeutschen vut. Im Englisch-Mundartlichen fud. Zur Charakterisierung der Scheide selbst und zur Erläuterung der jeweiligen sexuellen Technik wird Fotze in allen möglichen Zusammensetzungen und mit zahllosen Beifügungen gebraucht. So zum Beispiel Fotze *hobeln, stoßen, geigen, pimpern* für Geschlechtsverkehr ausüben; Fotze *anstechen* für deflorieren, Fotze *blasen, lecken, zuzzeln* für Cunnilingus, Fotze *kitzeln, massieren, zupfen* für Selbstbefriedigung oder Partnermasturbation. *Fotzenlecker* oder ähnlich: Mann mit Vorliebe für Cunnilingus. *Fotzenleckerin*: homosexuelle Frau. *Fotzenzupfer* oder ähnlich: Mann, der seine Partnerin vorwiegend mit der Hand befriedigt. *Fotzenzupferin*: Frau mit besonderer Neigung zur Selbstbefriedigung oder Homosexuelle. *Fotzenstecher*: Mann, der auf Defloration fixiert ist. *Grüne* oder *trockene* Fotze: Jungfrau. *Feuchte* oder *nasse* Fotze: sexuell erregte Frau. *Käsige* oder *schleimige* Fotze: unsaubere Scheide. *Rote* Fotze: menstruierende Frau.

Fotzenbelichter oder Fotzenblitzer

Aktfotograf.

Fotzenbürste oder Fotzenmasseuse

Weibliche Homosexuelle oder Frau mit Vorliebe für Selbstbefriedigung.

Fotzengardine

Auch: *Fotzenschleier, Fotzenriegel, Fotzensperre* oder ähnlich: Monatsbinde, Tampon oder auch Slip.

Fotzengestüt
Auch: *Fotzenhaus, Fotzenpension* oder ähnlich: Bordell.

Fotzenhobel
Auch: *Fotzenkeil, Fotzensäge* oder ähnlich: Penis.

Fotzeninspektor
Auch: *Fotzenklempner, Fotzenmechaniker* oder ähnlich: Gynäkologe. Im Prostituierten-Vokabular der Amtsarzt.

Fotzenkäse
Scheidensekret, Schmutz.

Fotzenkeller
Auch: *Fotzenbude, Fotzenmarkt, Fotzenschuppen* oder ähnlich: Lokal für homosexuelle Frauen.

Franzosenkrankheit
Alte Bezeichnung für die Syphilis, die im 16. Jahrhundert durch die Armeen Karls VIII. über ganz Europa verbreitet wurde.

Franzosenverkehr
In der umgangssprachlichen Redewendung: *französisch verkehren* oder es *französisch treiben*: heterosexuell oral verkehren, Fellatio und Cunnilingus ausüben.

Fratz
Mundartlich für ein junges Mädchen.

Fraueneck
Wiener Ausdruck für Bordell oder Strichgebiet.

Frau Fick
Prostituierte. Auch *Fräulein Fick*.

Fräulein
In den Nachkriegsjahren Bezeichnung für die deutsche Freundin eines amerikanischen Besatzungssoldaten. Auch: *Ami-Fräulein, Ami-Mädchen* oder ähnlich.

Fräulein Mutter
Umgangssprachlich spöttisch für die Mutter eines unehelichen Kindes.

Fregatte
Geschmacklos zurechtgemachte, aufgetakelte Frau.

Freiberufliche
Prostituierten-Ausdruck für eine Dirne ohne Gewerbeschein oder ohne Zuhälter. Auch: *Freischaffende, Inoffizielle, Freifrau* oder ähnlich.

Freier
Von freien, werben, um die Hand einer Frau anhalten, abgeleiteter Ausdruck heterosexueller und homosexueller Prostituierter für den Kunden.

Freistoß
Auch: *freier Eintritt, Freifahrt* oder ähnlich: kostenloser Geschlechtsverkehr ohne Analverkehr mit einer oder einem Prostituierten.

Freizeitgestalter
Fester Freund. Auch: *Freizeitgestalterin*. Wird auch unter weiblichen und männlichen Homosexuellen gebraucht.

fremdgehen
Die Ehefrau, Verlobte, Freundin

oder den Ehemann, Verlobten, Freund schnell betrügen, mehr oder weniger heimlich mit einem anderen Sexualpartner verkehren.

Freudenbunker
Auch *Freudenhaus*, *Freudensilo* oder ähnlich: Bordell.

Freudenmädchen
Prostituierte.

Friedenstaube
Volkstümlich spöttisch in der DDR für FDJ-Mädchen. Eine *gefüllte Friedenstaube* ist ein geschwängertes FDJ-Mädchen.

Friedhofsonkel
Auch: *Friedhofsrat*, *Friedhofsrutscher* oder ähnlich: nekrophiler Mann.

Früchtchen
Volkstümlich für ein leichtsinniges, sexuell frühreifes Mädchen oder auch für einen Jungen.

Frühstarter, Frühzünder
Ein sexuell sehr leicht und schnell erregbarer Mann, der rasch zum Orgasmus kommt. Auch: *Frühzünderin*. Ein Orgasmus vor dem eigentlichen Sexualverkehr ist *Frühstart* oder *Frühzündung*.

Fuchtel
Frühneuhochdeutsch für Säbel, Hieb, Schlag. Ein Mann, der *unter der Fuchtel* steht, ist entweder seiner Frau oder Freundin sexuell hörig, von ihr abhängig, oder ein Pantoffelritter oder Pantoffelheld. Die gleiche Bedeutung hat → unter dem Pantoffel stehen.

Fud oder **Fut**
Mundartlich für die weibliche Scheide. Siehe → Fotze.

Fummel
Frauenkleidung. Im Vokabular der männlichen Homosexualität bedeutet *Fummel tragen*, *im Fummel gehen*: weibliche Kleidung tragen, sich mit Schmuck behängen. *Fummeltrine* oder *Fummeltante*: ein femininer Mann in Frauenkleidung, ein Transvestit. *Fummeln* oder *befummeln*: jemanden betasten, die Geschlechtsteile und die Brust berühren. Ein *Fummler* ist ein Mann, der durch Betasten einer Frau oder auch eines Mannes zum Orgasmus kommt. Auch: *Fummlerin*.

Fünfminutenbrenner
Siehe → Dauerbrenner.

Fünfminuten-Nummer
Siehe → Dreiminuten-Nummer.

Furie
Nach den antiken Rachegöttinnen benannte zornige, wütende, tobende Frau.

Furz
Siehe → Forz.

Futteral
Hat im obszönen Sprachgebrauch mehrfache Bedeutung. 1. die weibliche Scheide, 2. der After, 3. Büstenhalter oder Korsett, 4. Präservativ.

G

Galanterie
Aus dem Französischen für besonders höfliches, zuvorkommendes Benehmen gegenüber Frauen. Im ironisch übertragenen Sinne: Geschlechtskrankheit. Die *große Galanterie*: Syphilis, die *kleine Galanterie*: Tripper.

Galanteriewaren
Aus dem Französischen abgeleiteter, veralteter Ausdruck für modisches Zubehör der Frauen wie Fächer, bunte Tücher, Modeschmuck, Strumpfbänder. Im obszönen Sprachgebrauch: Empfängnisverhütungsmittel.

Gang
Geschlechtsverkehr oder Analverkehr. Auch: Orgasmus; sie machten drei Gänge.

Gängelband
Eigentlich das Band, an dem die Kinder festgehalten werden, um ihnen das Laufen zu lehren. Im übertragenen Sinne: Abhängigkeit, sexuelle Hörigkeit. Jemanden am Gängelband *haben* oder *halten*. In verkürzter Form: jemanden am *Bandel*, *Bändel* oder *Bändchen* haben oder halten.

Gangwerk
Wie *Fahrgestell*, *Fahrwerk* oder ähnlich aus dem technischen Vokabular abgeleiteter neuerer Ausdruck für Füße, Beine und Art des Gehens, besonders bei Frauen. Sie hat ein kesses, schickes Gangwerk oder ähnlich.

Gans
Volkstümliches Schimpfwort für eine dumme, schwatzhafte Frau. Auch: *alberne* oder *dumme* Gans. Auf das Schnattern der Gänse bezogen, spricht man bei schwatzenden, kichernden Mädchen von albernen, dummen oder *blöden Gänsen*. Vergleiche → Huhn.

Gänseblümchen
Bescheidenes, stilles, etwas schüchternes Mädchen. Vergleiche → Mauerblümchen. Das Gänseblümchen *entblättern*: volkstümliche Redensart für die Entkleidung oder Entjungferung eines Mädchens.

Gänsegrill oder Gänsewiese
Badestrand, Sonnenterrasse oder Liegewiese. Auch: *Gänseweide*.

Gänseklein
Sehr junges Mädchen.

Gänsestall
Mädchenschule, -internat oder -wohnheim. Auch: Frauengefängnis. Platz, an dem viele Mädchen oder Frauen zusammenkommen.

Gardinenpredigt
Vorwürfe, die einem Mann von einer Frau hinter der Gardine gemacht werden. Mit Gardine ist nicht der Fenstervorhang, sondern der Bettvorhang des 17./18. Jahrhunderts gemeint. Es handelt sich also um eine nächtliche Strafpredigt der Ehefrau.

Gari
Rotwelsch-Bezeichnung für Penis. Davon abgeleitet: *garnieren* für Selbstbefriedigung des Mannes.

garkochen
Jemanden hinhalten, zappeln lassen und damit gefügig machen. Im Prostituierten-Vokabular soviel wie *abkochen*, *absahnen* oder ähnlich: einen Kunden ausbeuten, erpressen oder auch bestehlen.

Garn
In der Redewendung: jemanden *ins Garn locken* für einfangen, verführen, als festen Sexualpartner oder Ehepartner gewinnen. Auch: jemandem *ins Garn gehen* für: von jemandem eingefangen, verführt, gewonnen werden. Das altgermanische Wort Garn bedeutet ursprünglich eine aus getrockneten Därmen gedrehte Schnur. Als das Nähen mit Darm selten wurde, ging das Wort auf den einfachen Webfaden über. Außerdem wurde auch das aus Garn hergestellte Netz zum Wild-, Fisch- und Vogelfang einfach Garn genannt. Davon sind diese Redensarten abgeleitet.

Gastrolle oder Gastspiel
Vorübergehendes Verhältnis oder ein Erlebnis mit einem verheirateten Mann oder einer verheirateten Frau. Im Prostituierten-Vokabular: für kürzere Zeit in einer anderen Stadt oder in einem anderen Gebiet auf den Strich gehen.

Gatterich
Vokstümlich scherzhafte Bezeichnung für den Ehemann, bei der die verwandten Wörter Gatte und Begattung anklingen.

Gaumenkitzel
Fellatio. *Den Gaumen kitzeln*: Fellatio ausüben. In der Oralerotik ist der *Gaumenkitzler* der Penis.

Gebärmaschine
Kinderreiche Frau. *Gebärmaschinist* oder *Gebärvater*: Geburtshelfer. Im Rotwelsch ist der Gebärvater der Penis. Den Gebärvater einhängen

bedeutet Geschlechts- oder auch Analverkehr. *Gebärmaschinistin* oder *Gebärmutter*: Geburtshelferin, Hebamme.

geboren am 17.5.
Umgangssprachliche Redewendung für männliche Homosexuelle. Wenn das Datum als Zahl geschrieben wird, ergibt das den 1970 außer Kraft gesetzten Paragraphen 175 des deutschen Strafgesetzes gegen männliche Homosexualität. Auch: *am 17. Mai geboren*.

gebrauchtes Etui
Defloriertes Mädchen. Auch: gebrauchtes *Futteral*, gebrauchter *Keller*, *Muff* oder ähnlich.

gefallenes Mädchen
Auch: *gefallene Frau*. Veraltete Bezeichnung für ein Mädchen, das gegen die sexuelle Moral verstoßen hat und ein uneheliches Kind bekommt. Bei verheirateten Frauen bezieht sich die Redewendung auf außereheliche Verhältnisse oder auf eine außereheliche Schwangerschaft.

Gefecht
Eigentlich kleiner Kampf, militärische Auseinandersetzung ohne entscheidende Bedeutung. Im übertragenen Sinne leidenschaftlicher Sexualverkehr. In gleicher Bedeutung wird auch *Scharmützel* gebraucht

Gefrierfleisch
Abweisende, gefühlskalte Frau. Auch: *Gefriertruhe, Gefriergemüse* oder ähnlich. Vergleiche → Eisberg.

gefunkt
In der Redewendung: *es hat gefunkt, geklingelt, eingeschlagen* oder ähnlich: sie ist schwanger. Außerdem auch in der Bedeutung: jemanden als Sexualpartner gewinnen, sich verlieben.

Gegenverkehr
Umschreibung für Analverkehr.

Gehänge
Umgangssprachlich-abfällige Bezeichnung für die männlichen Geschlechtsteile, besonders für das nicht erigierte Glied.

Geheime
Siehe → Freiberufliche.

gehen
Mit jemandem gehen oder miteinander gehen: umgangssprachliche Redewendung für ein festes Verhältnis. Wird auch von homosexuellen Männern und Frauen in dieser Bedeutung gebraucht.

Gehwerk
Siehe → Gangwerk.

Geier
Bezeichnung für eine ältere, unansehnliche Frau. Auch *häßlicher, alter Geier* oder ähnlich. Vergleiche → Vogel.

Geige
Weit verbreitetes umgangssprachliches Tarnwort für die weibliche Scheide. In manchen Gebieten auch Bezeichnung für eine Prostituierte. Der *Geigenbogen* ist das männliche Glied. Die *Geige spielen* oder *geigen*:

Geschlechtsverkehr ausüben. Wie → fiedeln ist auch geigen ein obszöner Vergleich mit dem Auf- und Abstreichen des Bogens auf der Geige. Mit der Geige spielen oder die Geige *zupfen* bedeutet Selbstbefriedigung der Frau oder auch Partnermasturbation. Im Rotwelschen ist Geige außerdem auch das Messer. *Angeigen*: stechen oder schneiden. In dieser Bedeutung wurde das Wort in das Vokabular des Sadismus-Masochismus übernommen.

geil
Das altgermanische Wort bedeutete ursprünglich kraftvoll, üppig, übermütig, lustig. Heute fast nur noch im Sinne von wollüstig, lüstern, sexuell erregt und gierig gebräuchlich. Jemanden geil machen oder *aufgeilen*: jemanden sexuell erregen, stimulieren.

Gelbseidene
Wiener Ausdruck für Prostituierte. Geht auf die gelbseidenen Tücher zurück, die im 18. Jahrhundert von den Wiener Dirnen als Kopfputz getragen wurden.

Gemächt(e)
Altdeutsches Wort für die männlichen Geschlechtsteile, insbesondere für den Penis.

Gemüse
Volkstümliche Bezeichnung für Mädchen und Frauen. *Gemischtes Gemüse* oder *Mischgemüse*: Mädchen und Frauen verschiedener Altersgruppen oder auch hübsche und häßliche Mädchen. *Junges, grünes Gemüse*: sehr junge, unerfahrene Mädchen. *Dörrgemüse*: alte verbrauchte Frauen.

Geschäft
Prostitution. *Großes Geschäft*: volkstümlich-familiärer Ausdruck für Kot. *Kleines Geschäft*: Urin. Ein Geschäft *verrichten oder machen*: die Notdurft verrichten.

geschwollen
Schwellen ist ein altgermanisches Wort für ausdehnen, dicker, größer werden und wird im obszönen Vokabular auf den Bauch der Schwangeren bezogen. Eine *Geschwollene* ist eine schwangere Frau.

Gespusi oder G'spusi
Österreichisch-süddeutsches Dialektwort für ein sexuelles Verhältnis oder für die Geliebte oder den Geliebten.

Gestüt
Eigentlich von Stute abgeleitete Bezeichnung für eine Anstalt zur Pferdezucht. Im übertragenen Sinne Frauenwohnheim, Mädcheninternat oder auch Bordell.

Gewehr
Umschreibung für das männliche Glied.

Gewitterziege
Eine streitsüchtige, boshafte, sexuell reizlose Frau, die ein finsteres Gesicht wie eine Gewitterwolke macht und ständig Krach schlägt.

Gewölbe
Umgangssprachliche Bezeichnung für große weibliche Brüste.

Gießkanne, Gießkännchen
Altes Rotwelsch-Wort für Penis. Wer etwas am Gießkännchen hat, der ist geschlechtskrank.

Giftschlange
Auch *Giftschleuder*, *Giftspritze* oder ähnlich: zänkische, boshafte, verleumderische Frau.

Gigel oder Gigerl
Wiener Ableitung von Gockel, Hahn: eitler, gefallsüchtiger Stutzer, Geck.

Gimpel
Ein eitler, eingebildeter, dummer Mann, der vor den Frauen ungeschickt wie ein Gimpel herumhüpft. Der Vogelname ist von dem mitteldeutschen Wort gumpen für hüpfen, springen, abgeleitet.

Girigari
Rotwelsch-Ausdruck für Penis. Vergleiche → Gari.

Girlitz
Rotwelsch-Bezeichnung für die weibliche Scheide oder eine Prostituierte.

girren und gurren
Altdeutsche Lautmalerei: die Liebeslockrufe der Vögel, insbesondere der Tauben. Im weiteren Sinne: einen hohen Ton von sich geben. Im obszönen Sprachgebrauch ist damit das verliebte Sprechen und Lachen von Frauen oder Männern gemeint, die einen Sexualpartner auf sich aufmerksam machen und gewinnen wollen.

Gitarre
Wie → Fiedel und → Geige umgangssprachliches Synonym für die weibliche Scheide.

Gladbach oder Mönchen-Gladbach
Volkstümliche Redewendung für eine Frau mit flachen Brüsten, wobei Gladbach im Sinne von glatt, flach, platt gemeint ist. Wird meistens in der Form gebraucht: *die ist aus Gladbach*.

Glanznummer
Umgangssprachlicher Ausdruck für einen besonders intensiven Sexualverkehr, oder auch eine besonders reizvolle und sexuell leistungsfähige Frau.

Gletscherspalte
Derb umgangssprachliche Bezeichnung für eine Wintersportlerin oder Bergsteigerin; auch für eine gefühlskalte, frigide Frau.

Glid oder Glidd
Altes Rotwelsch-Wort für Dirne.

Glocke
Synonym für die weibliche Scheide. Der *Glockenschwengel* oder *Klöppel* ist das männliche Glied. *Glockengeläut* oder *Glockenspiel*: Geschlechtsverkehr. Außerdem ist das Glockenspiel auch der Hodensack des Mannes.

Gluden
Mit dem niederdeutschen Kloot, Klöte verwandter gleichbedeutender Rotwelsch-Ausdruck für Hoden.

Glücksfinger
Tarnwort für das männliche Glied.

Goldamsel
Anspruchsvolle, teuere Prostituierte.

Goldfisch
Eine wohlhabende Sexualpartnerin, eine gute Partie, ein Mädchen mit reichen Eltern.

Gonokokkenbunker
Vulgär-Bezeichnung für Bordell. *Gonokokkenmutterschiff*: ältere Prostituierte oder auch geschlechtskranke Frau.

griffeln
Jemanden betasten, an den Geschlechtsteilen berühren. Das Wort ist mit greifen und mit Griffel für Schreibgerät verwandt. Im obszönen Sprachgebrauch ist *Griffel* ein Synonym für Penis. Im Rotwelschen ist der *Griffelspitzer* ein auf Vergewaltigung fixierter Mann.

Groschenfee
Derb-volkstümliche Bezeichnung für die Toilettenfrau, die früher für die Benutzung der Toilette mit Handtuch und Seife einen Groschen, 10 Pfennige, erhielt.

Grotte
Eigentlich Gruft, Höhle, Gewölbe, bedeckter Gang, Nische. Mit Krypta verwandt. Im übertragenen Sinne die weibliche Scheide.

grün
Jung, unerfahren, unreif. *Grüner Junge*: sexuell unerfahrener junger Mann. *Grünschnabel*: vorlauter junger Mann, der so tut, als ob er schon sexuelle Erfahrung hätte.

Gucker
Mundartliche Bezeichnung für einen Voyeur.

Gummi
Präservativ. Auch: *Gummihut*, *Gummihandschuhe*, *Gummimantel* oder ähnlich.

Gummifreier
Im Prostituierten-Vokabular der gummifetischistische Kunde. Auch: Gummi-Casanova, Gummi-Kunde, Gummi-Onkel oder ähnlich.

Gummifotze
Gummipuppe oder anderes Hilfsmittel zur Selbstbefriedigung des Mannes. Auch: *Gummisuse*, *Gummi-Tante*, *Gummi-Frau*, *Gummi-Mieze* oder ähnlich.

Gummikanone
Künstliches männliches Glied zur Selbstbefriedigung der Frau oder für weibliche homosexuelle Praktiken. Auch: *Gummiknüppel*, *Gummimann*, *Gummischwanz*, *Gummiwurst* oder ähnlich.

Gunstgewerbe
Prostitution. *Gunstgewerblerin*: Prostituierte.

Gurke
Das männliche Glied. *Geschälte Gurke*: beschnittener Penis. *Gurkenfaß*: der After. *Gurkensaft*: das Ejakulat des Mannes. *Gurkensalat*: Gruppensex homosexueller Männer.

H

Haartruhe

Rotwelsch-Ausdruck für die weibliche Scheide. Die Haartruhe *sprengen* oder *aufstemmen*: vergewaltigen. Die Haartruhe *aufschließen* oder *einweihen*: entjungfern.

haben

Jemanden haben: eine Frau oder einen Mann sexuell besitzen, mit jemandem sexuell verkehren. In der Redewendung: hab dich nicht so, sie soll sich nicht so haben oder ähnlich: sich zieren, spröde und abweisend tun, ohne es wirklich zu sein.

Hafen

Meist in der Form *alter, häßlicher* Hafen oder ähnlich: ältere, unansehnliche und sexuell reizlose Frau. Der Ausdruck bezieht sich nicht auf den Schiffshafen, sondern auf das alte oberdeutsche Wort für Topf, Gefäß.

Hahn

Der Mann ganz allgemein oder speziell das männliche Glied. *Hahn im Korbe* sein: volkstümliche Redewendung für einen Mann, der im Mittelpunkt der Aufmerksamkeit steht und bei Frauen erfolgreich ist. Das altdeutsche Wort *Hahnrei* bedeutet eigentlich verschnittener Hahn, Kapaun. Im übertragenen Sinne ist damit der betrogene Ehemann, Verlobte oder Geliebte gemeint.

halb und halb

Bisexuell. *Halbgar* ist ein Mädchen oder Junge in der Pubertät.

Halbkugel(n)

Das Gesäß oder auch die weibliche Brust.

halbmast

Zum Zeichen der Trauer werden die Fahnen auf halbmast, auf halbe Höhe gesetzt. Im übertragenen Sinne ist damit das schlaffe oder nur ungenügend erigierte männliche Glied gemeint.

Halbmond
Das Gesäß.

Halbseide
Dieser Begriff wird ebenso wie → Halbwelt in vielfacher Bedeutung gebraucht. Alles Anrüchige, jede sexuelle Verhaltensweise außerhalb der bürgerlichen Norm, alle unsicheren, unüberschaubaren Erscheinungen galten als Halbseide oder *halbseiden*. Im engeren Sinne ist damit die Prostitution oder die männliche und weibliche Homosexualität gemeint. Eine *Halbseidene* ist eine Frau, die sich nur gelegentlich prostituiert und nicht amtlich gemeldet ist. Ein *Halbseidener* oder *Halbzarter* ist ein gezierter, verzärtelter Mann oder ein Homosexueller.

Halbwelt
Eindeutschung des französischen demi-monde. Wurde durch das gleichnamige Bühnenwerk von Alexander Dumas d. J. im 19. Jahrhundert zu einem Schlagwort für alle Frauen und Männer, die wegen ihrer unkonventionellen Lebensführung und freien Moralauffassung von der Gesellschaft gemieden oder zumindest getadelt wurden. Im engeren Sinne ist damit die Prostitution und die männliche und weibliche Homosexualität gemeint.

Hals
Wird in der volkstümlichen Redewendung: sich jemandem *an den Hals werfen* gebraucht und bedeutet, sich einem männlichen oder weiblichen Sexualpartner sehr direkt und hemmungslos anzubieten.

Hammel
Eigentlich der verschnittene Schafbock. Im übertragenen Sinne ein impotenter, sexuell verbrauchter Mann. Im Rotwelschen ist der Hammel ein verlebter, seniler Bordellgast.

Handarbeit
Umgangssprachliche Tarnbezeichnung für männliche und weibliche Masturbation. Auch *Handbetrieb*, *Handwerk* oder ähnlich. *Handarbeiter* ist ein Mann, der sich vorwiegend selbst befriedigt. Auch *Handarbeiterin*. Es in die *hohle Hand* machen, aus dem *Handgelenk schütteln* oder *unter der Hand* verschleudern, verspritzen oder ähnlich: Masturbation des Mannes. *Hand anlegen* oder die *Hand im Spiele haben*: Selbstbefriedigung des Mannes oder der Frau, auch Partnermasturbation. *Hand in Hand arbeiten*: gegenseitige Masturbation.

Handball
Mit den Hoden spielen. *Handballer* oder *Handballspieler*: ein Mann, der mit Vorliebe Selbstbefriedigung ausübt, oder ein Homosexueller. *Handballerin* oder *Handballspielerin*: eine Frau, die ihren Partner vorwiegend mit der Hand befriedigt.

Händedruck
Masturbation. Händedruck unter Männern oder von Mann zu Mann: homosexuelle Partnermasturbation. Auch: Händedruck unter Frauen oder von Frau zu Frau. In gleicher Bedeutung wird auch *Händchen halten* gebraucht.

Hängemann
Schlaffer Penis. Auch: *Hänger*. Vergleiche → Ständer.

Hängetitten
Schlaffe weibliche Brüste. Auch: *Hängeditten, Hängedutten, Hängezitzen* oder ähnlich.

Hanide
Menstruierende Frau oder auch Prostituierte. Von Hanne für Dirne und vom jiddischen nido für Menstruation abgeleitetes Rotwelsch-Wort.

Hannewackel
Aus dem Schwäbischen übernommene Rotwelsch-Bezeichnung für das männliche Glied.

Harfe
Synonym für die weibliche Scheide. Die Harfe *spielen*: Geschlechtsverkehr ausüben. Harfe *zupfen*: eine Frau mit der Hand befriedigen.

Harter
Erigierter Penis. Vor allem in der Redewendung: *einen Harten haben*. Die gleiche Bedeutung hat der Rotwelsch-Ausdruck *Hartmann*.

Häschen oder **Hase**
Volkstümliche Bezeichnung für ein hübsches junges Mädchen. Auch der Mann wird mitunter Hase genannt, vor allem mit Beifügungen wie *alter, erfahrener* Hase oder ähnlich.

Haspel
Eigentlich eine Seilwinde oder ein Spinnereigerät. Im obszönen Sprachgebrauch Tarnwort für das männliche Glied. *Haspeln*: Geschlechtsverkehr oder auch Analverkehr ausüben.

Haubitze
Eigentlich ein altes Geschütz zwischen Flachfeuer-(Kanonen) und Steilfeuergeschützen (Mörsern). Synonym für das männliche Glied. *Haubitzen*: straffe und spitze weibliche Brüste.

Hauptberufliche
Amtlich gemeldete Prostituierte.

Hauptportal
Die weibliche Scheide oder der Hosenschlitz des Mannes. In der Analerotik der After. Auch: *Haupteingang, Haupttür, Haustür* oder ähnlich.

Häuptling
Scherzhaft umgangssprachlich für den Familienvater, Ehemann oder festen Freund.

Hausdrache(n)
Eine zänkische, herrschsüchtige Ehefrau. Auch: *Hausbesen, Hauskreuz* oder ähnlich.

Hausmannskost
Ehelicher Sexualverkehr.

Haussegen
Ehefrieden. Wenn der Haussegen schief hängt, dann ist Ehekrach, Familienstreit.

Haustyrann
Ein herrschsüchtiger Ehemann und Familienvater.

häuten
Im Vokabular des Sadismus-Masochismus das Schlagen und Auspeitschen des masochistischen Sexualpartners.

Hecht
Wird meist mit Beifügungen wie *junger, toller* Hecht gebraucht oder in der Redewendung: Hecht im Karpfenteich. Damit ist ein Draufgänger, ein verwegener Frauenheld gemeint, der keine Hemmungen hat, den Frauen keine Ruhe läßt und überall Eroberungen macht. Der Hecht ist ein Raubfisch, der von Fischzüchtern im Karpfenteich gehalten wird, damit die trägen Karpfen in Bewegung bleiben und nicht zu fett werden.

Hefekloß
Ein dickes, rundes Mädchen oder auch ein dicker Mann. Volkstümlich bildhafter Vergleich. Wenn jemand in kurzer Zeit sehr dick wird, dann geht er auf wie ein Hefekloß. Wird auch von schwangeren Frauen gesagt.

Heimabend
Volkstümlich spöttisch für ehelichen Sexualverkehr oder auch für Inzest.

Heimarbeit
Ehelicher Sexualverkehr oder Selbstbefriedigung. Ein *Heimarbeiter* ist ein Mann, der sich vorwiegend selbst befriedigt. Auch: *Heimarbeiterin*.

Heimatfilm
Volkstümlich-ironische Bezeichnung für die rührseligen Familiengeschichten, die ein verheirateter Mann seiner Freundin oder eine verheiratete Frau ihrem Freund erzählt.

Heimtreiber
Rotwelsch-Ausdruck für Penis. Damit ist gemeint: wenn der Penis erigiert, dann wird es Zeit, heimzugehen, um mit der Ehefrau Sexualverkehr auszuüben.

Heini
Mit entsprechenden Beifügungen wie *müder, schlapper, saftloser* Heini: volkstümlich-geringschätzig für einen langweiligen Mann oder einen schlaffen Penis.

heiß
Derb umgangssprachlicher Ausdruck für sexuell erregt, gierig sein. Vergleiche → geil. Außerdem hat es die Bedeutung von gefährlich sein. Wenn etwas heiß ist, dann bringt es Gefahr. Eine heiße Hure ist eine geschlechtskranke Prostituierte.

Hengst
Altdeutsches Wort, das seit dem 15. Jahrhundert unverschnittenes männliches Pferd bedeutet. Im übertragenen Sinne ist damit ein temperamentvoller, sexuell leistungsfähiger Mann gemeint. Ein *lahmer, müder, fauler* Hengst oder ähnlich ist ein impotenter Mann.

Henne
Siehe → Huhn.

Hering in Aspik
Geschlechtsverkehr während der Menstruation.

Herstellungskosten
Umgangssprachlich-spöttische Bezeichnung für Alimente.

Herz
Die Brust der Frau. Ein *großes, weites* oder *viel* Herz: große Brüste. Das *Herz in die Hand nehmen*: mit den Brüsten der Frau spielen. Das *Herz rühren*: die Frau durch Brustmanipulationen sexuell erregen. Das *Herz öffnen, viel* Herz *zeigen*, dem *Herzen Luft machen* oder ähnlich: die Brust teilweise oder ganz entblößen.

Hexe
Westgermanisches Wort für einen Dämon, Unhold. Im ausgehenden Mittelalter wandelte sich die Bedeutung durch christlichen Einfluß. Mit dem Teufel im Bunde stehende und mit übernatürlichen, gefährlichen Kräften ausgestattete Frauen wurden Hexen genannt. So ist zum Beispiel nach altem Volksaberglauben der Hexenschuß eine von Hexen verursachte Krankheit. Im erweiterten Sinne ist jede häßliche, böse Frau eine Hexe. Eine *junge, kleine* Hexe ist ein junges Mädchen, das jugendliche Naivität raffiniert mit sexueller Reizung verbindet und dadurch die Männer *behext* oder *verhext*, also ungewöhnliche Macht über sie gewinnt.

hineinhängen
Auch: *hineindrehen, hineinstoßen* oder ähnlich: das Glied in die Scheide oder in den After einführen, Geschlechts- oder Analverkehr ausüben.

hinten
Es von hinten machen: Analverkehr ausüben. Weit verbreitet sind verhüllende Redewendungen *von hinten* oder *Herr van Hinten* oder *hinten herum*.

Hintergedanke
Verlangen nach Analverkehr.

Hinterhaus
Der After. Das Hinterhaus *besuchen* oder ähnlich: Analverkehr ausüben.

Hinterlader
Ein Mann, der mit Vorliebe Analverkehr ausübt. Im engeren Sinne ein Homosexueller. In gleicher Bedeutung wird auch → *Arschficker* und *Herr van Hinten* gebraucht.

Hintern
Germanisches Wort für Gesäß. Auch: *Hinterteil, Hinterviertel, Hinterquartier* oder ähnlich.

Hintertür
Umgangssprachliches Tarnwort für After. Die Hintertür *benutzen*, zur Hintertür *hereinkommen* oder ähnlich: Analverkehr ausüben. Die Hintertür *öffnen, offen halten, offen lassen* oder ähnlich: in passiver Form zum Analverkehr bereit sein. Die Hintertür *einfetten, ölen, schmieren* oder ähnlich: Gleitmittel benutzen oder anal-orale Kontakte ausüben.

Hobel
Synonym für Penis. *Hobelbank:* Liegestätte für den Sexualverkehr; *Hobeln:* Geschlechts- oder Analverkehr ausüben, in manchen Gebieten auch masturbieren. Im Vokabular

des Sadismus-Masochismus hat es die Bedeutung von schlagen oder auspeitschen.

Hoffnung
In Hoffnung oder *in guter* Hoffnung sein: gehoben verhüllende Redewendung für Schwangerschaft.

Höhle
Synonym für die weibliche Scheide oder für den After. *In die Höhle gehen* oder *Höhlenforschung* betreiben: die Ausübung aller Sexualpraktiken, die sich auf die Scheide oder den After konzentrieren. *Höhlenforscher*: ein Mann mit Vorliebe für Geschlechtsverkehr oder Analverkehr oder Cunnilingus oder anal-orale Kontakte oder auch für Manipulationen an Scheide oder After der Partnerin. Im engeren Sinne ein Homosexueller. *Höhlenforscherin*: eine Frau, die vorwiegend anal-orale Kontakte oder Manipulationen am After des Partners ausübt, oder eine Homosexuelle.

Holz
In der Redewendung viel oder wenig Holz vor dem Haus, vor der Herberge, der Hütte oder der Tür haben: eine Frau mit großen oder kleinen Brüsten. *Ins Holz fahren*, *Holz hacken* oder ähnlich: die Frau durch Brustreizungen sexuell erregen oder das Glied zwischen die Brüste der Frau legen und Sexualverkehr ausüben.

hopsen oder hupsen
Mit hüpfen verwandtes, von hopfen oder hupfen abgeleitetes neuhochdeutsches Wort. Geschlechtsverkehr oder Analverkehr ausüben. *Hopser* oder *Hupser*: Geschlechts- oder Analverkehr.

Horizontalgewerbe
Prostitution. *Horizontalgewerblerin*: Prostituierte.

Horn
Tarnwort für Penis. *Ins Horn stoßen*: Geschlechts- oder Analverkehr ausüben. Das Horn *blasen*: Fellatio ausüben. Jemandem *Hörner aufsetzen*: mit einer verheirateten Frau oder einem verheirateten Mann Sexualverkehr haben und den Ehepartner betrügen, ihn zum Hahnrei machen. Sich die Hörner *ablaufen* oder *abstoßen*: sexuelle Erfahrungen sammeln, sich austoben, durch Schaden klug werden.

Hübschlerin
Im Mittelalter amtliche Bezeichnung für die Prostituierte; heute kaum noch gebräuchlich.

Hügel
Die Brüste der Frau oder die Gesäßbacken.

Hugo
Tarnwort für das männliche Glied.

Huhn
Wie → Gans umgangssprachlich-geringschätzig für ein einfältiges, sexuell reizloses Mädchen oder eine Frau. Auf das Gackern und aufgeregte Herumlaufen und Flügelschlagen der Hühner bezogen, wird meistens von einem *dummen, albernen verrückten* Huhn gesprochen. In gleicher Bedeutung wird auch

Henne gebraucht. *Hühnerhaus, Hühnerkorb, Hühnerstall*: Mädchenschule, Internat, Frauenwohnheim.

Hummel
Mädchen oder junge Frau. Auch die weibliche Scheide. Wird meistens mit Beifügungen wie *flotte, kesse, müde, träge, wilde* Hummel oder ähnlich gebraucht.

Humse
Rotwelsch-Ausdruck für die weibliche Scheide.

Hundertfünfundsiebziger
Siehe → geboren am 17. 5.

Hupfdohle
Prostituierte oder auch Tänzerin.

hupfen
Siehe → hopsen.

Hure
Germanisches Wort für Ehebrecherin. *Huren* oder *Hurerei* treiben bedeutet ursprünglich außerehelichen Geschlechtsverkehr, Ehebruch treiben. Erst später erhielt Hure ebenso wie → Dirne die Bedeutung einer Prostituierten. In *Hurenbock* und *herumhuren* klingt die alte Bedeutung noch heute an; damit ist nicht der Sexualverkehr mit Prostituierten gemeint, sondern ein allgemein triebhaftes Sexualverhalten.

Hyäne
Bösartige, jähzornige Frau. Sprichwörtlich weit verbreitet durch Schillers Wort: »... da werden Weiber zu Hyänen«.

I

Illegale
Eine amtlich nicht gemeldete Prostituierte.

Imbiß
Sexualverkehr ohne Vor- und Nachspiele oder auch schnelle Kundenbedienung durch eine Prostituierte. *Imbißstube*: Absteigequartier.

Imker
Eigentlich Bienenzüchter. Da Biene und → Imme auch Bezeichnungen für die weibliche Prostituierte sind, ist Imker der Zuhälter. *Imkerei*: Bordell.

Imme
Ursprünglich mittelhochdeutsches Wort für Bienenschwarm, später niederdeutsch oder oberdeutsch für Biene. Im übertragenen Sinne eine Prostituierte.

impfen
Schwängern. In manchen Gebieten auch deflorieren oder Geschlechtsverkehr ausüben. Im obszönen Vokabular der männlichen Homosexualität bedeutet impfen die Ausübung des Analverkehrs.

inhalieren
Fellatio oder Cunnilingus oder auch anal-orale Kontakte ausüben. *Inhalierer*: ein Mann, der oral-genitale oder oral-anale Praktiken bevorzugt. Auch *Inhaliererin*. Wird im heterosexuellen und homosexuellen Sprachgebrauch verwandt.

Injektion
Eigentlich aus dem Lateinischen stammendes Wort für Einspritzung. Fachausdruck in der Medizin, im Bauwesen, in der Geologie und in der Kernphysik. Im obszönen Sprachgebrauch Geschlechts- oder Analverkehr oder auch Fellatio. Die *Injektionsnadel* ist das männliche Glied.

Inne
Aus dem Jiddischen entlehnter Rotwelsch-Ausdruck für Leiden, Folter, Qual. Das jiddische inus, innes ist gleichbedeutend und wird noch heute vor allem im Vokabular der sadistisch-masochistischen Prostitution verwandt.

Ische
Aus dem Jiddisch-Rotwelschen abgeleiteter Ausdruck für Mädchen, Freundin oder auch Frau.

Iwanella oder **Iwanowitsche**
Nach 1945 in Ostdeutschland und in Österreich weit verbreiteter Ausdruck für ein Mädchen, das mit einem sowjetischen Besatzungssoldaten sexuell verkehrte. Analog dazu wurde in Westdeutschland die Bezeichnung *Amifreundin, Amihure, Amiliebchen* oder ähnlich geprägt.

Jagdgebiet
Das Strichgebiet weiblicher oder männlicher Prostituierter. Auch: *Jagdrevier*.

Jagdschein
Im erweiterten Sinne die Unzurechnungsfähigkeitserklärung nach Paragraph 51 des Strafgesetzbuches, die dem Betreffenden Straffreiheit einräumt. Im speziellen Sinne der Prostituiertenausweis, die Kontrollkarte.

Jahrgang
Jemandes Jahrgang sein oder nicht sein: zu jemandem passen, mit jemandem harmonieren oder nicht harmonieren. In gleicher Bedeutung wird auch *Blutgruppe* gebraucht.

Johannes, Johannis
Volkstümliches Tarnwort für das männliche Glied.

jubeln
Auch: *jaulen, jodeln, jökeln, johlen* oder ähnlich: die Ausübung eines besonders leidenschaftlichen Sexualverkehrs.

jugendfrei
Sexuelle Handlungen unter Minderjährigen. Eine jugendfreie Frau und ein jugendfreier Mann sind Erwachsene, die sexuell vorwiegend mit Minderjährigen verkehren. Das gilt für heterosexuelle und für homosexuelle Praktiken.

Jugendherberge
Die Wohnung einer Frau oder eines Mannes, in der Minderjährige für kurze oder auch längere Zeit leben dürfen und ernährt werden. Dieser Ausdruck gehört ebenso zum heterosexuellen wie zum homosexuellen Sprachgebrauch.

Jugendmutter
Eine ältere Frau mit Vorliebe für minderjährige Jungen oder Mädchen. Auch: *Jugendschwester, Jugendtante* oder ähnlich. *Jugendvater, Jugendonkel* oder ähnlich ist ein älterer Mann, der vorwiegend mit minderjährigen Mädchen oder Knaben sexuell verkehrt.

Jugendweihe
Während der Zeit des Nationalsozialismus in Deutschland und seit 1954 in der DDR übliche feierliche Einführung der Jugendlichen in die Welt der Erwachsenen; an Stelle der Konfirmation. Im übertragenen Sinne Bezeichnung für die Defloration eines jungen Mädchens oder auch für den ersten Geschlechtsverkehr eines jungen Mannes.

Jungfernbremse
Derb umgangssprachlich-ironischer Ausdruck für das unverletzte Jungfernhäutchen.

Jungfernsilo
Auch: *Jungfernstall, Jungfernturm, Jungfernzwinger* oder ähnlich: Mädchenschule, Mädcheninternat.

Jungfernstich
Entjungferung. *Jungfernstecher*: ein auf Defloration fixierter Mann.

K

Kabel
Aus der Elektrotechnik entlehntes Tarnwort für Penis. *Kabel legen*: das Glied in die Scheide, den After oder in den Mund eines weiblichen oder männlichen Partners einführen. *Isoliertes Kabel*: Penis mit Präservativ.

kabni
Aus der Zigeunersprache übernommenes Rotwelsch-Wort für schwanger.

kacken
Seit etwa 1500 bezeugtes Lallwort der Kindersprache für Notdurft verrichten. Das entsprechende Vulgärwort ist → scheißen. *Kacke* für Kot ist eine wesentlich spätere Ableitung.

Käfer
Ein junges, sexuell reizvolles Mädchen. Wird meist mit Beifügung gebraucht: *goldiger, reizender, süßer Käfer* oder ähnlich. *Käfersammlung*: Mädchenschule, Mädcheninternat.

Kahlschlag
Eigentlich das Fällen sämtlicher Bäume einer Waldfläche sowie das dadurch entstehende kahle Gebiet. Im übertragenen Sinne das Ausrasieren der Schambehaarung bei Frau oder Mann sowie die kahle, haarlose Schamgegend.

Kahn
Volkstümliche Bezeichnung für Bett. Bedeutungsgleich sind *Falle, Kiste, Flohkiste* oder ähnlich. *Kahnfahrt* oder *Kahnpartie*: Sexualverkehr.

Kaktus
Derb umgangssprachliche Umschreibung für Kot. Auch: einen Kaktus pflanzen oder setzen.

Kalbfleisch
Sehr junges Mädchen. Kalbfleisch

essen, spießen, stoßen oder ähnlich: mit einem jungen Mädchen sexuell verkehren. *Goldenes Kalb*: ein Mädchen mit reichen Eltern, eine wohlhabende Frau, eine gute Partie.

Kalle

Mädchen, Frau, Freundin, Braut oder auch Prostituierte. Aus dem Jiddischen ins Rotwelsche und in die Umgangssprache übernommenes, weitverbreitetes Wort.

kalt

Jemanden *kalt stellen*: eine sexuelle Beziehung abbrechen. Die *kalte Schulter* zeigen: sich sexuell uninteressiert und ablehnend verhalten. Eine *kalte Pracht* ist eine attraktive, aber sexuell reizlose Frau. Wird manchmal auch von einem Mann gesagt. Bedeutungsgleich ist *kalter Ofen* oder ähnlich. *Kalter Bauer*: das außerhalb der Scheide, des Afters oder des Mundes ausgestoßene Ejakulat des Mannes. Wenn jemanden eine Person oder eine bestimmte sexuelle Verhaltensweise *kalt läßt*, dann kann man auf diese Person oder Praktik sexuell nicht reagieren. *Kaltes Aas, kalter Hund* oder ähnlich: gefühlskalter, sexuell ablehnender Mensch.

Kamel

Weit verbreitetes volkstümliches Schimpfwort. Im obszönen Sprachgebrauch eine Prostituierte. *Kamelkarawane*: in Gruppen beisammenstehende oder auf- und abgehende Prostituierte. *Kamellager, Kamelstall* oder ähnlich: Bordell oder Dirnenlokal. *Kameltreiber*: Zuhälter.

Kammer

Die weibliche Scheide. *Braune, dunkle, schwarze* Kammer: weiblicher oder männlicher After. *Kammermusik*: Geschlechts- oder Analverkehr. Da Musik, musizieren oder Musik machen auch Tarnbezeichnungen für →*blasen* sind, kann Kammermusik auch Fellatio oder Cunnilingus bedeuten.

Kandare

Eigentlich Teil des Zaumzeugs, mit dem das Pferd geführt und gelenkt wird. Im Vokabular des Sadismus-Masochismus ähnlich wie → Disziplin. Sammelbegriff für sadistisch-masochistische Praktiken. Auch: jemanden an die Kandare *nehmen* oder *legen*, jemandem die Kandare *anlegen* oder an der Kandare *haben*.

Kanone

Synonym für das männliche Glied wie fast alle Schußwaffen. Außerdem ein sexuell besonders erfahrener und leistungsfähiger Mann. Auch Frauen werden manchmal so bezeichnet. *Kanonenkugeln*: Hoden.

Kapaun

Eigentlich der zur Mast verschnittene Hahn. Im übertragenen Sinne ein impotenter oder kastrierter Mann.

Kappelbua

Auch: *Kappelbube* oder *Kappler*. Wiener Rotwelsch-Ausdruck für Zuhälter. Von den Kappen abgeleitet, die im 19. Jahrhundert unter den Wiener Zuhältern in Mode waren.

Karbolmäuschen

Von dem Desinfektionsmittel Karbol abgeleitete volkstümliche Bezeichnung für eine junge, hübsche Krankenschwester. Auch: *Karbolfee, Karbolmieze* oder ähnlich.

Karosserie

Aus der Fahrzeugtechnik übernommene Bezeichnung für den Oberkörper, die Figur, insbesondere für den weiblichen Oberkörper mit den Brüsten.

Karton

Ähnlich wie → Kiste: die Brüste der Frau oder das Gesäß. Wird auch im Vokabular der männlichen Homosexualität auf das Gesäß bezogen gebraucht. Außerdem auch Tarnwort für Präservativ.

Käsetasche

Eigentlich ein Hefegebäck mit Quark. Im übertragenen Sinne eine unsaubere Scheide, denn *Käse* oder *Quark* sind Vulgärbezeichnungen für die talgartigen Drüsenabsonderungen in der weiblichen Scheide und zwischen Eichel und Vorhaut des männlichen Gliedes. Dementsprechend ist eine *Käsestange* ein unsauberer Penis. Auch die Redewendung: *Käse im Schnitt* bedeutet eine unsaubere Scheide.

Kaschemme

Verbrecherkneipe, verrufenes Wirtshaus. Im engeren Sinne ein Lokal, in dem Dirnen, Zuhälter oder Männer und Frauen mit ungewöhnlichen sexuellen Wünschen verkehren. Ableitung von katsima für Wirtshaus aus der Zigeunersprache.

Kaspar, Kesper(l)

Volkstümliches Tarnwort für Penis.

Kasten

Der weibliche Oberkörper mit den Brüsten oder auch das Gesäß. Vergleiche → Karton.

Kater

Prostituierten-Ausdruck für Penis oder einen sexuell erregten Mann. *Steifer Kater*: erigierter Penis.

Katze

Die weibliche Scheide, die Frau oder auch eine Prostituierte. *Kätzchen* ist ebenfalls die Scheide oder ein junges Mädchen. Der Vergleich bezieht sich vor allem auf das Schmeicheln und das Zärtlichkeitsbedürfnis sowie auf die leisen, samtenen Pfoten mit den scharfen Krallen. Daher auch *Bettkatze, Schmeichelkatze* oder ähnlich. *Katzenhaus*: Bordell.

kauen

Cunnilingus, Fellatio oder anal-orale Kontakte ausüben. Siehe → abkauen.

Kavalier

Kunde der Prostituierten, vor allem eines homosexuellen Prostituierten. Außerdem auch Selbstbefriedigungsgerät für Frauen.

Kavaliersschnupfen

Geschlechtskrankheit des Mannes. Meist: *Er hat sich einen Kavaliersschnupfen geholt.*

Kdesche

Prostituierte. Vom Jiddischen kdesche für Bordelldirne abgeleiteter Rotwelsch-Ausdruck.

Kebse oder **Kebsweib**
Altdeutsches Wort für Beischläferin. Im neueren Sprachgebrauch die Geliebte eines verheirateten Mannes oder eine Prostituierte. Auch: *Keibe*.

Kegel
Mittelhochdeutsches Wort für uneheliches, lediges Kind. Daher *kegeln* für Geschlechtsverkehr ausüben oder auch masturbieren. Die Redewendung *mit Kind und Kegel* bedeutet demnach eheliche und uneheliche Kinder.

Kehrseite
Umgangssprachlich-gehobene Bezeichnung für Gesäß. Die Kehrseite *genießen, benutzen, gebrauchen* oder ähnlich: Analverkehr oder anal-oral Praktiken ausüben.

Keifzange
Volkstümliches Wortspiel: kneifen – keifen. Da keifen ein germanisches Wort für zanken, schimpfen ist und kneifen soviel wie zwicken bedeutet, wurde aus der Kneifzange zum Abzwicken von Draht die Keifzange als Bezeichnung für eine zänkische, streitsüchtige Frau. Außerdem bedeutet das germanische → Zange ursprünglich Beißerin. Daher auch → Beißzange.

Keller
Die weibliche Scheide oder der After. In den Keller *gehen*: Cunnilingus, anal-oral Kontakte oder Analverkehr ausüben. Den Keller *ausfegen, verstopfen* oder ähnlich: Analverkehr ausüben; seltener auch Bezeichnung für Geschlechtsverkehr. Den Keller *säubern, putzen, ausblasen* oder ähnlich: Cunnilingus oder anal-oral Praktiken ausüben. *Kellern*: Cunnilingus, anal-oral Kontakte oder Analverkehr ausüben. *Kellerbursche, Kellermacher, Kellermeister* oder auch *Kellerausheber*: ein Mann mit Vorliebe für Cunnilingus, anal-orale Kontakte oder Analverkehr oder ein Homosexueller. Auf Analverkehr spezialisierte Strichjungen werden manchmal ebenfalls Kellerbuschen genannt. *Kellerboß* oder *Kellermeisterin*: weibliche Homosexuelle. Den Keller *waschen* oder *unter Wasser setzen* bedeutet im Jargon der Urolagnie: in die Scheide oder in den After des Sexualpartners urinieren.

Kerbe
Das mittelhochdeutsche Wort bedeutet Fuge, Einschnitt, womit im übertragenen Sinne der After oder die weibliche Scheide gemeint ist. In die Kerbe *hauen, schlagen* oder ähnlich: Geschlechts- oder Analverkehr ausüben.

Kerl
Das Wort stammt aus dem Niederdeutschen und bedeutet ursprünglich: ein freier Mann von einfacher Geburt. Das damit verwandte althochdeutsche karal und mittelhochdeutsche Karl für alter Mann, Ehemann, Geliebter hat sich bis heute in dem Namen Karl erhalten, der im Slawischen durch Karl den Großen die Bedeutung von König, Herrscher erhielt. Heute bezeichnet Kerl meistens einen Mann in seiner vollen Manneskraft. Durch entsprechende Beifügungen wird der Begriff auf- oder abgewertet. Ein *toller*

Kerl: ein sexuell leistungsfähiger, tüchtiger, draufgängerischer Mann. Ein *mieser* Kerl: ein unsympathischer, sexuell abstoßender, aber nicht impotenter Mann. Im Jargon der männlichen und weiblichen Homosexualität wird das Wort häufig gebraucht und bezeichnet immer den maskulinen, aktiven Typ. Seltener dient das Wort ganz allgemein als Synonym für Penis.

keß
Ein im 20. Jahrhundert über die Berliner Mundart aus dem Rotwelschen in die Umgangssprache eingegangenes Wort für frech, dreist, draufgängerisch, erfahren. Wird im Jargon der weiblichen und männlichen Homosexualität häufig gebraucht und ist immer auf den aktiven, maskulinen Typ bezogen. Ein *kesser Vater* ist eine burschikose, oft männlich gekleidete weibliche Homosexuelle.

Kiebitz
Eigentlich der gehäubte Regenpfeifervogel, der schon im 13. Jahrhundert nach seinem Warn- und Lockruf benannt wurde. Im übertragenen Sinne ein Zuschauer beim Kartenspiel, der durch Hineinreden stört. Zu dieser Bedeutung hat der Rotwelsch-Ausdruck kiebitschen für Besuch- oder Visitemachen, visitieren, beigetragen. Im obszönen Sprachgebrauch ist Kiebitz ein männlicher oder weiblicher Voyeur. *Kiebitzen*: anderen beim Sexualverkehr zusehen oder die heimliche Beobachtung von sexuellen Handlungen anderer Personen.

kieken oder **kiken**
Niederdeutsch und mundartlich in Berlin für blicken, sehen, schauen, gucken. Im obszönen Vokabular von gleicher Bedeutung wie → kiebitzen. *Kieker* ist ein männlicher Voyeur. Auch: *Kiekerin*.

Kietz oder **Kitz**
Mundartlich vor allem in Hamburg für Strich. Auf den Kietz *gehen*: auf den Strich gehen, sich prostituieren. *Kietzmieze, Kietzschnecke* oder ähnlich: Prostituierte. *Kietzbubi, Kietzjunge* oder ähnlich: Strichjunge. *Kietzgeier, Kietzlude* oder ähnlich: Zuhälter.

Kilometerschnecke
Autobahnprostituierte oder Halbprostituierte.

Kinderarm
Rotwelsch-Ausdruck für Penis.

Kinderfreund
Ein männlicher Erwachsener, der sexuell auf minderjährige Mädchen oder Jungen fixiert ist. Auch: *Kinderfreundin*.

Kinderliebe
Pädophilie.

Kindermord
Geschlechtsverkehr mit Präservativ oder anderen Empfängnisverhütungsmitteln. Auch männliche oder weibliche Masturbation. Die Selbstbefriedigung des Mannes wird auch mit der Redensart umschrieben: *Kinder unter der Hand* oder *in der hohlen Hand verschleudern*.

Kippe
Aus dem Jiddischen abgeleitetes Rotwelsch-Wort für Büchse, Kasten, Schachtel, Tasche. Im übertragenen Sinne: Mädchen, Freundin, Frau oder die weibliche Scheide. *Kippe machen* oder *kippen*: antreiben.

Kiste
Ähnlich wie → Karton und → Kasten die Frau ganz allgemein oder der weibliche Oberkörper mit den Brüsten oder auch das Gesäß; seltener die weibliche Scheide. Auf das Gesäß bezogen, wird der Ausdruck auch von homosexuellen Männern gebraucht. Ein *Kistenhobler*, *Kistennagler*, *Kistenräumer* oder ähnlich ist ein Mann mit Vorliebe für Brusttechniken oder Analverkehr; im engeren Sinne ein Homosexueller. *Stramme* Kiste: eine kräftig gebaute Frau mit vollen Brüsten und stark entwickeltem Gesäß.

kitzeln
Eigentlich mittelhochdeutsches Wort für Reizung der Hautnerven durch Berührungen. Im sadistisch-masochistischen Vokabular das Beibringen von Stich- und Schnittwunden. Dementsprechend ist der *Kitzler* ein Messer, ein Dolch oder eine Nadel oder auch ein auf Schneiden und Stechen spezialisierter Sadist.

klammern
Bildhaft-umgangssprachliche Bezeichnung für die Ausübung des Geschlechts- oder Analverkehrs.

Klabusterbeeren
Siehe → Arschkletten.

Klappe
Eigentlich eine Vorrichtung zum Auf- und Zuklappen, zum Öffnen und Verschließen eines Gegenstandes oder Raumes. So zum Beispiel eine Klapptür oder die Klappe am Schlitz des Briefkastens. Im Vokabular der männlichen und weiblichen Homosexualität Tarnbezeichnung für die oft mit Klapptüren versehenen öffentlichen Bedürfnisanstalten. *Auf Klappe gehen*, eine Klappe *besuchen*, *Klappen abgrasen*, *abklappern* oder ähnlich: in öffentlichen Bedürfnisanstalten nach einem Sexualpartner suchen. Außerdem hat Klappe die Bedeutung von Mund oder Bett. Vergleiche → Falle. Mit jemandem ins Bett gehen und Sexualverkehr ausüben. Jemandem in die Klappe *jubeln*, *stoßen*, *spritzen* oder ähnlich: Fellatio mit Samenausstoß in den Mund des weiblichen oder männlichen Partners.

Klarinette
Eigentlich ein Holzblasinstrument. Tarnwort für das männliche Glied. Klarinette *blasen*, *spielen* oder ähnlich: Fellatio ausüben. *Klarinettenbläser*, *Klarinettist* oder ähnlich: homosexueller Mann. *Klarinettenbläserin*, *Klarinettistin* oder ähnlich: Frau mit Vorliebe für Fellatio. *Klarinettensolo*: Selbstbefriedigung des Mannes.

Klatschbase
Volkstümliche Ableitung von dem lautmalenden Wort Klatsch für Knall, Schall, Schlag oder auch Gerede, Geschwätz. Base ist ein altdeutsches Wort für Kusine oder auch für jede andere weitläufige Verwandte. Danach ist eine Klatsch-

base eine schwatzhafte, verleumderische Frau. In gleicher Bedeutung wird auch *Klatschmaul, Klatschweib* oder ähnlich gebraucht.

Klemse
Auch *Klatte, Klonte, Klumse, Klunte* oder ähnlich: mundartlich vor allem in Norddeutschland für → Dirne oder auch für die weibliche Scheide.

Klinge
Eigentlich der scharfe, schneidende Rand eines Schwertes, Messers oder anderen Schneidinstrumentes. Im übertragenen Sinne das männliche Glied.

Klinke
Eigentlich lautmalendes, mit → Klinge und klingen verwandtes Wort nach dem Geräusch, das der auf den Klinkhaken fallende Türriegel verursacht. Im obszönen Sprachgebrauch das männliche Glied. Die *Klinke putzen*: Fellatio, Partnermasturbation oder Selbstbefriedigung. *Klinkenputzer*: ein auf Selbstbefriedigung fixierter Mann oder ein Homosexueller. *Klinkenputzerin*: eine Frau, die bevorzugt Fellatio ausübt.

Klistier
Medizinischer Fachausdruck aus dem Griechisch-Lateinischen für Darmeinlauf, Darmspülung. Im übertragenen Sinne derb umgangssprachlich für Analverkehr.

Klopfhengst
Rotwelsch-Ausdruck für einen heiratslustigen, sexuell bedürftigen Mann.

Klöppel
Eigentlich Klopfer, Glockenschwengel. Durch die im 16. Jahrhundert aufkommende Herstellung von Spitzen mit Hilfe kugeliger Holzstäbchen wurden diese Stäbchen wegen ihrer Ähnlichkeit mit Glockenschwengeln ebenfalls Klöppel genannt. Die Tätigkeit selbst heißt klöppeln. Das Produkt ist eine Klöppelarbeit. Im übertragenen Sinne ist der Klöppel das männliche Glied. *Klöppeln*: Geschlechts- oder auch Analverkehr ausüben. Gute *Klöppelarbeit liefern, leisten* oder ähnlich intensiver Geschlechtsverkehr mit Orgasmus.

Klopse
Kugelförmige Fleischklöße. Im obszönen Sprachgebrauch die Brüste eines Mädchens oder einer jungen Frau.

Klöße
Die weiblichen Brüste oder die männlichen Hoden.

Klöten oder Kloote
Mundartlich vor allem in Norddeutschland für Hoden. *Klötengreifer*: im Vokabular der Autoerotik die Hand. *Klötenbubi, Klötenheini, Klötenmasseur* oder ähnlich: Homosexueller, männlicher Prostituierter oder auch auf Selbstbefriedigung fixierter Mann.

knacken
Deflorieren oder auch vergewaltigen.

Knackwurst
Wie → Bockwurst, Synonym für Penis.

knallen
Geschlechtsverkehr oder Analverkehr ausüben. Vergleiche → anknallen, *Knallhütte, Knallschuppen* oder ähnlich: Bordell oder ein Lokal, in dem man Sexualpartner kennenlernen kann. Auch im Vokabular der Analerotik und der männlichen Homosexualität sind diese Ausdrücke, wie alle auf das Schießen und auf Schußwaffen bezogenen Bezeichnungen weit verbreitet.

Knatterbalken
Siehe → Balkenloge und → Donnerbalken.

Knecht
Synonym für Penis.

kneipen
Aus dem Niederdeutschen stammendes Wort für kneifen, zwicken. Außerdem ist *Kneip* oder *Kneif* eine alte mundartliche Bezeichnung für Messer, vor allem für das Messer des Schuhmachers, Gärtners und Winzers. Diese Bedeutungen liegen dem sadistisch-masochistischen Sprachgebrauch zugrunde. Danach bedeutet Kneipen das Stechen und Schneiden des masochistischen Partners durch den Sadisten. Kneip ist das Messer oder der Dolch. Der *Kneiper* oder die *Kneiperin* ist ein auf stechen und schneiden spezialisierter Sadist. Auch *Kneippkur* ist davon abgeleitet und bezieht sich nur scheinbar und aus Verhüllungsgründen auf die Wasserheilkur des Pfarrers Sebastian Kneipp.

kneten
Altgermanisches Wort für drücken, pressen, formen. Im Vokabular des Sadismus-Masochismus die körperliche Mißhandlung des männlichen oder weiblichen Masochisten, ohne daß dieser direkt geschlagen oder ausgepeitscht wird. Im Jargon der sadistisch-masochistischen Prostitution ist der *Kneter* oder die *Kneterin* der Sadist und das *Knetfleisch* der Masochist.

Knetgummi
Volkstümliche Tarnbezeichnung für große weibliche Brüste.

knicken
Deflorieren, seltener vergewaltigen.

Knicker
Im Sprachgebrauch des Sadismus-Masochismus ein Klapp- oder Schnappmesser.

Kniff
Eigentlich ein Trick, Kunstgriff, eine List. Im übertragenen Sinne sexuelle Verführungskunst, wirkungsvolle sexuelle Technik.

Knilch oder Knülch
Neuerer umgangssprachlicher Ausdruck für einen unsympathischen Mann. Die Herkunft des Wortes, das sich erst im 20. Jahrhundert von Berlin und Hessen ausgehend, weit verbreitet hat, ist ungeklärt. Im obszönen Sprachgebrauch ist Knilch ein Sexualpartner, der Freund oder auch der Mann ganz allgemein. Der Ausdruck wird meist in einem etwas abwertenden, geringschätzigen Sinne gebraucht, ohne daß damit die sexuelle Potenz in Frage gestellt wird.

Knochen

Der Mann ganz allgemein oder das männliche Glied. Wird meist mit abwertenden Beifügungen wie *alter*, *müder* Knochen oder ähnlich gebraucht.

knüllen

Ursprünglich mittelhochdeutsches Wort für stoßen, klopfen, schlagen, prügeln. Wird heute meist im Sinne von zerknittern, drücken, knautschen, pressen, quetschen gebraucht. Im übertragenen heterosexuellen und homosexuellen Sinne die Ausübung eines derben, handfesten Sexualverkehrs.

Knüppel

Eigentlich kurzer Stock mit einem verdickten Ende, Knotenstock. Im übertragenen Sinne volkstümlich-bildhaftes Synonym für das männliche Glied. Dementsprechend ist *knüppeln* die Ausübung von Geschlechts- oder Analverkehr. In der sadistisch-masochistischen Praktik bedeutet es das Schlagen des männlichen oder weiblichen Masochisten.

knutschen

Weitverbreitete umgangssprachliche Bezeichnung für Küssen und den Austausch von Zärtlichkeiten ohne direkten Sexualverkehr. *Knutschfleck*: durch beißen oder saugen entstandener blauer Fleck. *Knutschkeller*, *Knutschschuppen* oder ähnlich: Lokal, in dem ungestört geknutscht werden kann. *Knutschkiste*, *Knutschschlitten* oder ähnlich: Bett, Couch, Auto.

Kober

Ursprünglich Rotwelsch-Ausdruck für Wirt oder Zuhälter. *Koberin*: Wirtin oder Kupplerin. *Kobern*: Geschlechtsverkehr ausüben oder sich prostituieren. Im heutigen Prostituierten-Vokabular ist der Kober der Kunde der Prostituierten, die Koberin die Prostituierte oder Bordellbesitzerin, der *Koberer* der Zuhälter oder der vor zweifelhaften Vergnügungslokalen die Passanten anlockende Portier. Kobern ist das Anlocken und Ansprechen des Kunden durch die Prostituierte und die Kundenbedienung. *Koberfenster*: besonders in Hamburg übliche Methode, den Kunden vom Fenster aus anzuwerben. *Koberangebot* oder *Koberpreis*: erstes Preisangebot der Prostituierten, über das dann verhandelt wird. *Koberleine*: das Strichgebiet. *Kobertür*: die Haustür, vor der die Prostituierte steht und sich anbietet. *Koberzimmer*: Aufenthaltsraum im Bordell.

Kodesch

Aus dem Jiddischen ins Rotwelsche übernommene Bezeichnung für einen homosexuellen Mann.

Koffer

Synonym für die weibliche Scheide, auch die Freundin, die Frau oder das Mädchen ganz allgemein, seltener den Mann. Den Koffer *aufmachen*, *aufschließen*, *öffnen* oder ähnlich: deflorieren. Den Koffer *sprengen*, *knakken* oder ähnlich: ein Mädchen oder eine Frau vergewaltigen. Ein *neuer* Koffer ist eine Jungfrau oder eine neue Geliebte. *Alter Koffer:* ältere Frau oder feste Freundin. *Kofferschlüssel:* das männliche Glied. Ein *Schrankkoffer* ist ein großer, kräftiger Mann oder auch eine üppige, große Frau.

Kolben
Synonym für Penis.

Kollege
Tarnwort für einen sexuell gleichgestimmten Mann mit speziellen Neigungen und Verhaltensweisen. Auch *Kollegin.* In der Redewendung Kollege oder Kollegin *von der anderen Fakultät, vom anderen Bahnhof* oder ähnlich im Sprachgebrauch der männlichen und weiblichen Homosexualität weit verbreitet.

Kontrollmädchen
Amtlich gemeldete, unter Kontrolle stehende Prostituierte. Auch: *Konzessionierte.*

Kopf
Umgangssprachliches Tarnwort für die Eichel des männlichen Gliedes. Den Kopf *massieren, streicheln* oder ähnlich: Selbstbefriedigung oder Partnermasturbation ausüben. Einen *dicken* Kopf haben oder den Kopf *hoch tragen:* erigierter Penis. Den Kopf *hängen lassen:* ein schlaffes Glied haben, impotent sein.

Körbchen
Volkstümliche Bezeichnung für Bett.

Körper
Mädchen, Frau. Ein *Luxuskörper* ist eine anspruchsvolle, kostspielige Geliebte oder teure Prostituierte.

Krabbe
Niederdeutsches Wort für einen kleinen Meerkrebs. Im übertragenen Sinne ein sehr junges, lebhaftes Mädchen.

krabbeln
Eigentlich sich kriechend fortbewegen. Im übertragenen Sinne kitzeln, jucken, die Finger am eigenen oder am Körper eines anderen krabbelnd bewegen. Im obszönen Sprachgebrauch ist damit die männliche oder weibliche Selbstbefriedigung oder Partnermasturbation gemeint.

Kraftmeier
Auch: *Krafthuber, Kraftprotz* oder ähnlich: ein Mann, der eine größere sexuelle Leistungsfähigkeit vortäuscht als er wirklich besitzt. *Kraftmeierei:* sexuelle Angabe.

Kragenweite
Die richtige Kragenweite haben oder nicht haben: volkstümliche Redensart für einen passenden oder ungeeigneten Sexualpartner.

Krähe
Eine häßliche Frau oder eine heruntergekommene Prostituierte. Auch in der Steigerungsform *Nebelkrähe* oder *alte Krähe* weit verbreitet.

Krampfhenne
Eine verlogene, betrügerische, unzuverlässige Frau. Ableitung von dem germanischen Krampf für krumm, gekrümmt, sich krümmen, krampfartig zusammenziehen. Die umgangssprachliche Redewendung: eine krumme Sache machen für eine unerlaubte Handlung, die nicht ein-

wandfrei ist, nicht gerade ist, hängt mit Krampf sehr eng zusammen.

Krapfen
Besonders in Süddeutschland verbreitete Bezeichnung für ein in Fett gebackenes, süßes, kugelförmiges Gebäck. Im übertragenen Sinne kleine, mädchenhafte Brüste.

kratzen
Derb umgangssprachliche Bezeichnung für abtreiben. Siehe → auskratzen. Im Prostituierten-Jargon den Kunden beim Sexualverkehr bestehlen. Außerdem hat es im Vokabular des Sadismus-Masochismus die Bedeutung von schneiden.

Kratzbürste
Volkstümlich-scherzhafte Bezeichnung für ein widerspenstiges, eigenwilliges Mädchen. Vergleiche → Bürste. Im sadistisch-masochistischen Sprachgebrauch der sadistische Partner oder eine Prostituierte für masochistische Kunden.

Krawatte
Ursprünglich Mundartausdruck für Kroate. Später das nach kroatischer Art gebundene Halstuch, der Schlips. Im übertragenen Sinne ein Würgegriff am Hals des masochistischen Sexualpartners oder auch eine eiserne Halskette, ein Halseisen. Manchmal auch Synonym für Penis.

Kreisverkehr
Neuerer Ausdruck für die gleichzeitige Ausübung von Fellatio und Cunnilingus in der Stellung 69 oder auch für Sexualverkehr zu dritt.

Kreuz
In der derb umgangssprachlichen Redewendung: jemanden *aufs Kreuz legen* oder *ans Kreuz nageln* weit verbreitete Bezeichnung für Geschlechtsverkehr.

Kriegsbeil
Volkstümlich-scherzhaftes Tarnwort für Penis.

Kriegsbemalung
Scherzhaft-ironisch für Make-up.

Krone der Schöpfung
Volkstümlich gehobener Ausdruck für das weibliche Geschlecht.

Kröte
Eigentlich altes deutsches Wort für eine Froschlurchart mit warziger Haut. Die Bedeutung von Geld ist vermutlich mit der Abbildung einer Schildkröte auf alten griechischen Münzen zu erklären. Im obszönen Sprachgebrauch wird Kröte meist mit Beifügungen wie *häßliche, freche, giftige* oder ähnlich gebraucht und bezieht sich immer auf ein Mädchen oder eine Frau, wobei durch das gutmütige Schimpfwort die sexuellen Reize der Betreffenden nicht in Zweifel gezogen werden.

Krötenstecher
Das männliche Glied; auch *Krötenspieß*. *Krötenstechen* oder *spießen*: Geschlechtsverkehr oder heterosexuellen Analverkehr ausüben.

Krücke
Eigentlich ein Stab oder Stock mit einer Krümmung als Griff. Im übertragenen Sinn ein reizloses Mäd-

chen, eine Frau oder auch ein uninteressanter Mann, mit denen man nur im Notfall sexuell verkehrt. Auch: *Ehekrücke*.

Krüppel

Ein körperbehinderter oder mißgestalteter Mensch. Im obszönen Sprachgebrauch ein sexuell nicht sehr leistungsfähiger oder auch impotenter Mann, seltener das schlaffe männliche Glied. Auch: *Ehekrüppel*.

Küchendragoner

Ursprünglich eine Dienstbezeichnung. Unter Leopold I. von Anhalt-Dessau, dem Alten Dessauer, führten drei Dragonerregimenter den Titel Hofstaats- und Küchendragoner, weil sie von 1689 bis 1704 beim Hofstaat Dienst versahen. Später im übertragenen Sinne eine derbe, resolute Hausfrau oder Köchin. Auch: *Küchenbesen*. Vergleiche → Dragoner und → Besen.

Küchenfee

Junge, hübsche Köchin, Küchenhilfe oder Hausangestellte. Ableitung von der Fee als weibliche Zauberin und Märchengestalt.

Kuckuck

Eigentlich lautmalender Vogelname. Wegen des klangverwandten gucken für sehen, schauen, betrachten umgangssprachliches Tarnwort für einen Voyeur.

Kuh

Wird meistens mit Beifügungen wie *alte, blöde, dumme* Kuh oder ähnlich gebraucht. Schimpfwort für eine Frau. Auch: *Seekuh*.

Küken

Sexuell unerfahrenes junges Mädchen oder auch ein sexuell unreifer Junge.

Kunde

Siehe → Freier.

Kürbis

Synonym für eine üppige weibliche Brust oder das Gesäß.

Kurschatten

Volkstümliche Bezeichnung für einen weiblichen oder männlichen Sexualpartner während der Zeit eines Kur- oder Ferienaufenthaltes.

Kurven

Die weiblichen Körperrundungen, insbesondere die Brüste und das Gesäß. Eine Frau oder ein Mädchen mit *scharfen, schicken, tollen* Kurven oder ähnlich oder auch eine *kurvenreiche* Frau ist eine Frau mit guter Figur, mit gut entwickelten Brüsten und sexuell aufreizendem Gesäß.

Kurzschluß

Volkstümlich-spöttischer Ausdruck für eine unbeabsichtigte Empfängnis, unerwünschte Schwangerschaft.

L

Lack
Eigentlich eine flüssig aufgetragene, meistens glänzende Überzugsmasse. Umgangssprachlich für Schönheit, Reiz, Glanz, Schminke. Die Redewendung *der Lack ist ab* bedeutet: die Schönheit ist dahin, es ist kein Reiz mehr vorhanden.

Lackaffe
Volkstümliche Bezeichnung für einen eitlen, putzsüchtigen Mann.

lackieren
Geschlechts- oder auch Analverkehr ausüben, seltener schlagen, auspeitschen.

Lackierer
Das männliche Glied oder auch ein männlicher sadistischer Sexualpartner. *Lackiererin*: Sadistin. Die *Lackierung* ist der Geschlechts- oder Analverkehr oder Schlagen und Auspeitschen eines männlichen oder weiblichen Masochisten.

lackmeiern
Jemanden hintergehen, betrügen.

Ladebaum, Lademast
Synonym für Penis. Auch: *Ladestock*.

Ladehemmung
Eigentlich das Versagen einer Schußwaffe. Im übertragenen Sinne die plötzliche, vorübergehende Impotenz eines Mannes.

Laden
Umgangssprachliches Tarnwort für die weibliche Scheide oder auch für Bordell. *Milchladen*: die weibliche Brust. *Ladenhüter*: eine alte Jungfer, eine ältere, sexuell reizlose Frau oder eine alte Prostituierte. *Ladenmädchen* oder *Ladentochter*: Bordellprostituierte. *Ladenschwengel*: Penis. *Ladentür*: Hymen. Die Ladentür *aufbrechen, aufschließen, aufstoßen* oder ähnlich: deflorieren oder auch Vergewaltigung. *Ladung* oder *geballte Ladung*: das männliche Ejakulat.

lahm
Altgermanisches Wort für gliederschwach, kraftlos, gebrechlich, bewegungsbehindert. Im übertragenen Sinne sexuell langweilig, wenig leistungsfähig oder auch impotent. Wird häufig als Beifügung gebraucht. So zum Beispiel: *lahme Ente, lahmer Kerl*. Auch: *Lahmarsch*.

Lama
Aus der peruanischen Keschua-Sprache stammendes und Ende des 16. Jahrhundert über Spanien ins Deutsche gekommenes Wort für das südamerikanische Schafkamel. Wegen der Klangähnlichkeit mit → lahm ein umgangssprachlich weit verbreiteter verhüllender Ausdruck für einen langweiligen Sexualpartner.

Land
Hat in der volkstümlichen Redewendung: Jemanden *an Land ziehen* ähnlich wie → angeln die Bedeutung von: einen Sexualpartner finden und für sich gewinnen.

landen
In der Form: bei jemandem landen oder nicht landen soviel wie: bei jemanden ankommen, Chancen haben, sexuell erfolgreich oder erfolglos sein.

Landpomeranze
Mundartliche und im 19. Jahrhundert durch die Studenten verbreitete Bezeichnung für ein gesundes, rotbäckiges, aber einfältiges Mädchen vom Lande. Die Pomeranze ist eine Citrus-Frucht, eine orangenfarbene, bittere Apfelsine.

Lanze
Synonym für Penis. *Lanzenstechen*: Geschlechts- oder auch Analverkehr. Die Lanze *putzen, blankreiben, schärfen, wetzen* oder ähnlich: Selbstbefriedigung des Mannes oder Partnermasturbation.

Lanzette
Verkleinerungsform von → Lanze; kleines zweischneidiges Operationsmesser, ursprünglich hauptsächlich für den Aderlaß. Im obszönen Sprachgebrauch ein kleiner, jugendlicher Penis.

Lappen
Mit Lumpen, Fetzen verwandtes germanisches Wort für ein herabhängendes Stück Tuch, Leder, Stoff, Haut. Im übertragenen Sinne ein schlaffer Penis oder ein verlebter, impotenter Mann; seltener die Schamlippen der weiblichen Scheide oder schlaffe Hängebrüste.

Larve
Mit Gesichtsmaske gleichbedeutendes mittelhochdeutsches Wort, das im 14. Jahrhundert aus dem Klosterlatein entlehnt wurde. Im übertragenen Sinne ist damit ein unechtes Gesicht gemeint, hinter dem sich das wahre Wesen verbirgt. In dieser Bedeutung ist es in den obszönen Sprachgebrauch eingegangen. Eine *hübsche* Larve ist ein künstliches, wirkungsvoll zurechtgemachtes, aber ausdrucksloses Gesicht. Wird meistens auf Frauen, selten auf Männer angewandt.

lasch
Eigentlich soviel wie schlaff, schlapp,

träge, müde, matt. Im obszönen Vokabular bedeutungsgleich mit → lahm.

Latte
Ein längliches, schmales, meist kantiges Holz. Im Rotwelschen Tarnwort für Gewehr. Im obszönen Sprachgebrauch das erigierte männliche Glied. Eine Latte *haben*: sexuell erregt sein und Gliedversteifung haben. *Lattenfänger*, *Lattenjäger* oder ähnlich: homosexueller Mann.

lau, Lauer
Siehe → warm.

Lauf
Von Gewehrlauf, Schußrohr abgeleitetes Synonym für Penis.

laufen
Im Prostituierten-Jargon: auf den Strich gehen. *Läufer*, *Laufbursche* oder *Laufjunge*: männlicher Prostituierter. *Läuferin*: weibliche Prostituierte; *Laufbahn*: Strichgebiet. *Laufgeschäft*: Prostitution. *Laufgast*, *Laufkundschaft* oder ähnlich: die Freier der weiblichen oder männlichen Prostituierten. *Laufkatze*, *Laufmieze* oder ähnlich: Straßenprostituierte. *Laufpaß*: die Meldekarte der Prostituierten. Jemandem den Laufpaß *geben*: umgangssprachlich für die Beendigung eines Verhältnisses. *Läufig sein*: sexuell erregt, → geil sein.

Laura
Rotwelsch- und Studenten-Ausdruck für eine Prostituierte oder auch für ein williges Mädchen, eine sexuell leicht zu gewinnende Frau.

Lazarettmatratze
Soldaten-Ausdruck für eine sexuell sehr entgegenkommende Krankenschwester.

lecken
Weit verbreitete Bezeichnung für Fellatio und Cunnilingus oder auch für anal-orale Kontakte. *Lecker*: ein auf Cunnilingus oder anal-orale Kontakte fixierter oder ein homosexueller Mann. *Leckerin*: eine Frau, die bevorzugt Fellatio oder anal-orale Praktiken ausübt, oder eine weibliche Homosexuelle.

Lederfreier
Im Prostituierten-Jargon ein auf Lederfetischismus fixierter Kunde. Das zu dieser Kundenbedienung notwendige Zubehör wie Lederkleidung und Lederinstrumente heißt *Lederzeug*.

Legegeld
Kindergeld.

Legitimierte
Amtlich gemeldete Prostituierte.

Lehmkuhle
Vom mundartlich-niederdeutschen Wort Kuhle für Grube, Loch abgeleitete Tarnbezeichnung für After.

Lehrerin
Sadistin. Wird meistens mit der Beifügung *strenge* Lehrerin gebraucht. Seltener: *Lehrer*.

Leichenbeschauer
Nekrophiler Mann. Auch *Leichenfledderer*, *Leichenverführer* oder ähnlich.

leichtes Mädchen
Volkstümlicher Ausdruck für eine sexuell sehr großzügige, triebhafte Frau oder eine Prostituierte.

Leine
Rotwelsch-Ausdruck für Strichgebiet. *Leine ziehen*: heterosexuell oder homosexuell auf den Strich gehen. *Kreuzleine*: Straßenkreuzung, an der Prostituierte auf Kunden warten. Leine als Synonym für Strich ist vermutlich eine Berliner Mundartschöpfung, die dann ins Rotwelsch übernommen wurde und dadurch weite Verbreitung fand.

Lerche
Junge Prostituierte oder ein williges Mädchen.

Liebesamsel
Auch: *Liebesdienerin*, *Liebesvogel* oder ähnlich: Prostituierte.

Liebesdolch
Auch: *Liebesknochen*, *Liebesstampfer*, *Liebeswurzel* oder ähnlich: das männliche Glied.

Liebesgrotte
Auch: *Liebeshöhle*, *Liebesmuschel* oder ähnlich: die weibliche Scheide.

Liebeskammer
Auch: *Liebeshaus*, *Liebesschuppen*, *Liebestempel* oder ähnlich: im Vokabular der männlichen und weiblichen Homosexualität die öffentliche Toilette. Außerdem Bordell.

Liebeslaube
Camping-Zelt oder Auto.

Liebeslaufbahn
Auch: *Liebesmarkt*, *Liebeszentrum* oder ähnlich: Strichgebiet oder auch Bordell.

Liebestöter
Unterwäsche aus Wolle, lange Unterhosen.

Liebestrank
Das Ejakulat des Mannes. Auch: *Liebestrunk*.

Liebhaberpreis
Der Preis für einen männlichen Prostituierten.

Liebstöckel
Penis. Eigentlich eine Würz- und Heilpflanze, ein Doldengewächs.

liegendes Gewerbe
Die weibliche oder auch männliche Prostitution.

Liegewiese
Bett oder Couch. Siehe auch → Spielwiese.

Linker
Ein homosexueller Mann. *Linke*: homosexuelle Frau. *Linksgewebt*, *linksgestrickt*, *linksrum*: männlich oder weiblich homosexuell. Vergleiche → andersrum.

Linsen
Kleine, flache weibliche Brüste.

linsen
Im Sinne von schauen, beobachten für das heimliche Betrachten sexueller Handlungen anderer Personen. *Linser*: Voyeur. Auch *Linserin*.

Lizenzierte
Amtlich gemeldete Prostituierte.

Loch
Derb umgangssprachlich für die weibliche Scheide oder den After. *Lochen*: Geschlechtsverkehr oder Analverkehr ausüben. *Lochvogel, Lochsuse* oder ähnlich: Prostituierte. *Lochbubi, Lochjunge* oder ähnlich: Strichjunge oder passiver männlicher Partner beim Analverkehr. *Lochbohrer, Lochputzer, Lochschleifer* oder ähnlich: Penis.

Loddel
Mundartliche Bezeichnung für Zuhälter.

löten
Geschlechtsverkehr oder Analverkehr ausüben. *Lötkolben*: das männliche Glied.

lottern
Mundartlich schon seit dem 16. Jahrhundert für leichtsinnig sein, liederlich leben. *Lotterbett*: bequeme Liegegelegenheit für Sexualverkehr. *Lotterleben*: ein sexuell ausschweifendes, leichtfertiges Leben führen.

Louis
Zuhälter. Aus dem Französischen übernommener Vorname, der dem deutschen → Ludwig entspricht. Seit dem 19. Jahrhundert weit verbreiteter und auch im Rotwelschen allgemein gebräuchlicher Name für den Zuhälter.

Lud(e)wig, Lude
Entspricht im Deutschen dem französischen → Louis. Der weit verbreitete Ausdruck *Lude* für den Zuhälter ist eine abgekürzte Form von Lud(e)wig.

lugen
Siehe → linsen. Auch: *Luger* und *Lugerin*.

lullen oder lullern
Mundartlich für urinieren oder Fellatio oder Cunnilingus ausüben. *Luller* oder *Lullerin*.

Lunte
Synonym für Penis. *Abgebrannte Lunte*: schlaffer Penis.

luren
Siehe → linsen. Auch *Lurer* und *Lurerin*.

Lusch(e)
Alte Mundartbezeichnung für eine Spielkarte von niedrigem Wert. Im übertragenen Sinne eine liederliche, heruntergekommene Frau oder auch ein Mann. Wird im Vokabular der männlichen Homosexualität für einen leichtsinnigen, triebhaften und femininen Mann gebraucht.

Lustbarkeitssteuer
Prostituierten-Honorar.

Lustgreis
Älterer, aber sexuell noch leistungsfähiger Mann.

Lustknabe
Strichjunge oder minderjähriger männlicher Homosexueller.

Lustmolch
Triebhafter, lüsterner Mann.

Lustschnecke
Auch: *Lustschlampe, Lustvögelchen* oder ähnlich: Prostituierte.

Lustseuche
Martin Luther hatte den unbeherrschten Sinnestrieb Lustseuche genannt. In der ersten Hälfte des 18. Jahrhunderts wurde das Wort dann auf die Syphilis angewandt und setzte sich in dieser Bedeutung schnell durch.

Lustwiese
Siehe → Liegewiese.

lutschen
Wie → blasen und → lecken weit verbreiteter Ausdruck für Fellatio und Cunnilingus, seltener für anal-orale Kontakte. *Lutscher*: ein Mann mit Vorliebe für Cunnilingus oder ein Homosexueller. *Lutscherin*: eine vorwiegend Fellatio ausübende Frau oder eine Homosexuelle. *Lutschbonbon, Lutschknochen* oder ähnlich: Penis.

Luxusbiene
Auch: *Luxusdampfer, Luxusmädchen* oder ähnlich: eine anspruchsvolle, kostspielige Geliebte.

M

Macker
Mundartlich für → Kerl, Freund, Kamerad und Sexualpartner. Im Rotwelschen ist der Macker nach dem jiddischen makor für Freund, Kamerad ein Kenner, Vertrauter, Partner.

Madam(e)
Wie → Mamsell aus dem Französischen entlehntes Wort. Umgangssprachliche Bezeichnung für eine ältere, vornehm tuende Frau, die sich gern bedienen läßt. Im Rotwelschen und im obszönen Vokabular die Bordellbesitzerin, Kupplerin oder auch die Prostituierte.

Mädchenschreck
Exhibitionist.

Mädel oder **Mädi**
Im Vokabular der männlichen Homosexualität der feminine, passive Sexualpartner oder der Strichjunge.

Maikäfer
Auch *Maikätzchen*, *Maiblume* oder ähnlich: junges, hübsches Mädchen, das noch keinen festen Freund hat.

Majonnaise oder **Majonäse**
Das Ejakulat des Mannes. Majonnaise *essen*, *schlucken* oder ähnlich: Fellatio ausüben und die männliche Samenflüssigkeit mit dem Mund aufnehmen. Majonnaise *rühren*, *schlagen*, *schütteln* oder ähnlich: Selbstbefriedigung des Mannes oder Partnermasturbation.

Malheur
Lateinisch-französisches Wort für Unglück, Unfall, Mißgeschick. Im obszönen Sprachgebrauch unerwünschte Empfängnis oder Schwangerschaft, unerwünschtes oder uneheliches Kind.

Malkasten
Schminkutensilien, Kosmetikkoffer.

Malen, anmalen, anstreichen, bemalen oder ähnlich ist schminken, Make-up auflegen. Auch: *Malkoffer, Malutensilien* oder ähnlich.

Mamsell
Vom französischen Mademoiselle für mein Fräulein abgeleiteter Ausdruck für eine Küchenhilfe oder Hausangestellte. Im obszönen Sprachgebrauch und im Rotwelschen die Prostituierte. Manchmal reden sich die Bordellprostituierten so an.

Manager
Eigentlich leitender Organisator, verantwortlicher Planer, Leiter eines großen Unternehmens. Aus dem Lateinisch-Italienisch-Englisch-Amerikanischen ins Deutsche übernommenes Wort. Im obszönen Vokabular und im Prostituierten-Jargon der Zuhälter.

Mandoline
Mit der → Laute eng verwandtes Saiteninstrument, das mit einem Kunststoffblättchen im Tremolo gespielt oder gezupft wird. Im obszönen Vokabular Tarnwort für die weibliche Scheide. Die Mandoline *schlagen, zupfen* oder ähnlich: Selbstbefriedigung der Frau oder Partnermasturbation. *Mandolinenzupfer*: ein Mann, der seine Partnerin mit Vorliebe masturbiert. *Mandolinenspielerin, -zupferin* oder ähnlich: eine Frau, die sich vorwiegend selbst befriedigt, oder eine Homosexuelle.

Mann
Auch: *großer, kleiner, dicker, dünner, langer, kurzer, harter, müder, schlapper, weicher* Mann oder ähnlich: das männliche Glied. *Dem kleinen Mann die große Welt zeigen*: den Penis entblößen, urinieren. Dem Mann *Arbeit geben, Bewegung verschaffen* oder ähnlich: Sexualverkehr ausüben. Dem Mann die *braune Kammer*, die *Hintertür zeigen*, ihn *hinten herum gehen lassen* oder ähnlich: Analverkehr ausüben. Den Mann *lecken, saugen, zuzzeln* oder ähnlich: Fellatio ausüben. Den Mann *schlagen, schütteln, zupfen* oder ähnlich: Selbstbefriedigung oder Partnermasturbation. Auch die Redensarten *Männchen bauen* und *selbst ist der Mann* oder ähnlich bedeuten Selbstbefriedigung. Den Mann *in die Grotte* oder *Höhle führen*, ihm die *Muschel, Schnecke, Schwalbe zeigen* oder ähnlich: Geschlechtsverkehr ausüben. Den Mann *zum Schwitzen bringen, spucken lassen* oder ähnlich: ejakulieren. Diese Ausdrücke sind zum größten Teil nicht nur im heterosexuellen Vokabular, sondern auch im Sprachgebrauch der männlichen Homosexualität üblich. Außerdem ist der Mann unter homosexuellen Männern und Frauen immer der aktive, maskuline Partner.

Männermilch
Das männliche Ejakulat.

Marienblume
Rotwelsch-Ausdruck für ein Mädchen mit gutem Ruf, eine Jungfrau.

Manneskraft
Potenz. *Mannesschwäche*: Impotenz. *Mannestollheit*: Nymphomanie. *Mannweib*: eine derbe, grobe, maskuline Frau, eine Sadistin oder eine männliche, aktive homosexuelle Frau.

Marke
Volkstümliche Bezeichnung für ein lebensfrohes, etwas triebhaftes Mädchen oder auch für einen leichtsinnigen jungen Mann.

markieren
Von dem französischen marquer für kennzeichnen, mit einer Marke, einem Merkzeichen versehen, Ende des 17. Jahrhunderts abgeleitet. Wird auch in dem Sinne gebraucht, daß durch Benutzung bestimmter Kennzeichen etwas vorgetäuscht werden soll. Im Vokabular des Sadismus-Masochismus: einem Masochisten Blutergüsse und Wunden beibringen.

Marzipanpuppe
Siehe → Porzellanpuppe.

Masche
Umgangssprachlich weit verbreiteter Ausdruck für Idee, Trick, Art und Weise, Lösung, Ausweg, Erfolg, Gewinn. Im obszönen Vokabular ist damit eine trickreiche Verführungskunst oder eine raffinierte, erfolgreiche sexuelle Technik gemeint. Durch entsprechende Beifügungen kann der Begriff auch negative Bedeutung erhalten. Eine *faule, miese, abgedroschene* Masche oder ähnliches ist eine vergebliche, wirkungslose Anstrengung. Der umgangssprachliche Ausdruck ist von dem gleichlautenden altgermanischen Wort für Knüpfung, Knoten, Schlinge und von den damit zusammenhängenden Jagdschlingen und Fangnetzen abgeleitet. Wenn man geschickt ist, Ideen hat und Tricks kennt, dann findet man auch einen Ausweg, und man kann erfolgreich durch die Maschen schlüpfen, den Kopf aus der Schlinge ziehen. Außerdem hat das jiddische mezio für Gewinn, Lösung, das als Mache, Masche ins Rotwelsche übernommen wurde, zur umgangssprachlichen Ausprägung des Begriffs beigetragen.

Massage, massieren
Im Vokabular des Sadismus-Masochismus die verschiedenen sadistischen Praktiken ohne das Auspeitschen, Stechen und Schneiden. Außerdem Selbstbefriedigung des Mannes und der Frau oder Partnermasturbation. *Masseur*: Sadist, männlicher Prostituierter für männliche oder weibliche Masochisten, Homosexueller oder auf Selbstbefriedigung fixierter Mann; seltener ein Mann, der seine Partnerin vorwiegend mit der Hand befriedigt. *Masseuse*: Sadistin, Prostituierte für männliche oder weibliche Masochisten, Homosexuelle oder vorwiegend Selbstbefriedigung ausübende Frau; seltener eine auf Masturbation des Partners spezialisierte Frau.

Mast
Synonym für Penis, besonders für das erigierte Glied. Ableitung von dem Mast als Segelbaum, hoch aufragende Stange.

Mastdarmakrobat
Auf Analverkehr fixierter, passiver homosexueller Mann oder Prostituierter. In gleicher Bedeutung wird auch *Mastdarmtourist* gebraucht. Manchmal wird auch der aktive Partner oder Prostituierte so be-

zeichnet. Eine auf Analverkehr spezialisierte Frau oder Prostituierte ist eine *Mastdarmakrobatin* oder auch *Mastdarmtouristin*.

Matratze
Volkstümlich-abfällige Bezeichnung für ein leichtsinniges, sexuell triebhaftes Mädchen, für eine Frau, Halbprostituierte oder auch Prostituierte. Der entsprechende Rotwelsch-Ausdruck ist *Matraß* oder *Matroß*.

Mauerblümchen
Volkstümliche Bezeichnung für ein zurückhaltendes, ängstliches Mädchen, das immer in der Ecke, an der Mauer steht und wenig Chancen hat, obwohl es eigentlich nicht reizlos ist.

Maultier
Auch *Maulbiene, Maulschwalbe, Maulhure* oder ähnlich: auf orale Techniken spezialisierte Frau oder Prostituierte. Der bevorzugt orale Praktiken ausübende Mann oder Prostituierte heißt *Maulesel, Maulhengst, Maulbock, Maulwurf* oder ähnlich. Alle diese Ausdrücke werden im heterosexuellen und im homosexuellen Vokabular gebraucht. Seltener ist Maulwurf außerdem Synonym für Penis.

Maus, mausen
Altes volkstümliches Synonym für Penis, in einigen Gebieten auch für die weibliche Scheide. Die Maus *melken* oder mit der Maus *spielen*: männliche oder auch weibliche Selbstbefriedigung oder Partnermasturbation. Im weiteren Sinne ist Maus ganz allgemein die Frau oder eine Prostituierte. *Mäuschen*: junges Mädchen, kleine Scheide oder der Penis eines jungen Mannes. *Mäuschen sein* oder spielen: die heimliche Beobachtung sexueller Handlungen anderer Personen. Im Rotwelschen haben *Mäuse* die Bedeutung von Geld. Mäuse *fangen, mausen,* bedeutet demnach Geld beschaffen, stehlen. Mausen in der Bedeutung von stehlen wurde dann übertragen auf: einem Mädchen die Unschuld rauben. Im erweiterten obszönen Sinne versteht man heute darunter die Ausübung von Geschlechts- oder Analverkehr. Außerdem hat zu dieser Sinnbildung das mittelhochdeutsche Wort musen, mausen für beschleichen, stehlen beigetragen, das sich ursprünglich auf die Mäuse raubende Katze bezog. Daher die Redensart von der Katze, die das Mausen oder Stehlen nicht läßt. Die Annahme, daß schon der Tiername Maus soviel wie Raub, Diebstahl bedeutet, ist etymologisch nicht haltbar.

Megäre
Eine der Rachegöttinnen, Erinnyen, der griechischen Mythologie. Im übertragenen Sinne eine böse, streitsüchtige, jähzornige Frau.

Meierei
Siehe → Molkerei.

Meißel
Synonym für Penis. *Meißeln*: Geschlechts- oder Analverkehr ausüben.

melken
Selbstbefriedigung des Mannes

oder der Frau oder Partnermasturbation. Außerdem auch manuelle Brustreizungen oder Fellatio. *Melker*: ein Mann mit Vorliebe für Selbstbefriedigung, für aktive Brustreizung oder Masturbation seiner Partnerin oder ein Homosexueller. *Melkerin*: eine Frau, die bevorzugt Selbstbefriedigung, Fellatio oder Masturbation des Partners ausübt, oder eine Homosexuelle.

Mensch
Volkstümlich-geringschätzige Bezeichnung für ein leichtsinniges, liederliches Mädchen. *Das Mensch, die Menscher*. Ihr oder ihm ist etwas *menschliches* passiert: Blähungen laut ablassen oder in die Hosen machen.

Messer
Tarnwort für Penis. *Stumpfes, zugeklapptes* Messer oder ähnlich: schlaffer Penis. *Blankes, blitzendes, hartes, aufgeklapptes* Messer oder ähnlich: entblößtes, erigiertes Glied. Das Messer *abreiben, wetzen, schärfen, putzen, polieren* oder ähnlich: Selbstbefriedigung oder Partnermasturbation. Das Messer in die Muschel, Schnecke, Dose oder ähnlich *stechen* oder *stoßen*: Geschlechtsverkehr ausüben. Das Messer in den Arsch *spießen, stechen, stoßen* oder ähnlich: Analverkehr ausüben. Das Messer *ablecken*: Fellatio. *Messerheld*: sexuell leistungsfähiger Mann.

Metze
Ursprünglich Koseform von Mechthild und Mathilde, später abwertend für ein leichtsinniges, liederliches Mädchen, heute Prostituierte oder Halbprostituierte.

Michel
Im Rotwelschen und im Vokabular des Sadismus-Masochismus das Messer oder der Dolch. Auch: *Langmichel*.

Mieze
Mädchen oder Prostituierte, seltener die weibliche Scheide. Auch: *Miezekatze*.

Milchfabrik
Auch: *Milchbar, Milchgebirge, Milchgeschäft, Milchgeschirr, Milchladen, Milchwirtschaft* oder ähnlich: die weiblichen Brüste.

Milchreisbubi
Unreifer, sexuell unerfahrener junger Mann.

Mischehe
Eigentlich Ehe zwischen Angehörigen verschiedener Rassen oder Religionen. Im Sprachgebrauch der männlichen und weiblichen Homosexualität geringschätzige Bezeichnung für die Ehe zwischen Mann und Frau.

Mistfliege
Volkstümlich-verächtliche Tarnbezeichnung für einen auf Analverkehr fixierten oder homosexuellen Mann. Auch: *Mistkäfer*.

Mitesser
Der Hausfreund; seltener der Zuhälter.

Molkerei
Die weiblichen Brüste.

Mond
Das Gesäß. *Vollmond*: das vollständig entblößte Gesäß.

moralinsauer
Von Moral abgeleiteter umgangssprachlicher Begriff für Moralheuchelei, übertriebene Moralauffassungen.

Morgenlatte
Erigierter Penis beim Erwachen. Auch: *Frühständer, Morgensteifer* oder ähnlich.

Mörser
Synonym für Penis. Eigentlich ein Steilfeuergeschütz. Auf das gleichnamige Gefäß bezogen, in dem etwas mit einem → Stößel zerkleinert wird: die weibliche Scheide.

Möse
Auch: *Meis, Mese, Meese, Mosch, Musch, Mus* oder ähnlich: im Rotwelschen und in den Mundarten weit verbreitete Bezeichnungen für die weibliche Scheide, für die Frau oder eine Prostituierte. Wird mit den gleichen oder ähnlichen Beifügungen und in Wortzusammensetzungen wie → Büchse und → Fotze gebraucht. *Arabische Möse*: After. *Mösenschleim*: weibliches Scheidensekret.

Mostrich
Wie → Senf bildhafte Bezeichnung in der Analerotik für Kot. *Mostrichlecker, -schlecker* oder ähnlich: Kotesser.

Motte
Prostituierte oder Halbprostituierte. Mit Beifügungen wie *kesse, schicke, tolle* Motte oder ähnlich: sexuell reizvolles, großzügiges Mädchen.

Möwe, Möwchen
Rotwelsch-Ausdruck für ein leichtsinniges Mädchen oder eine Prostituierte.

Muff
Handwärmer aus Pelz. Bildhaftes Tarnwort für die weibliche Scheide.

Müll
Mundartlich vor allem in Nord- und Mitteldeutschland und in Berlin für Abfall. Im übertragenen Sinne Kot. *Müllkutscher*: auf Analverkehr fixierter Mann; im engeren Sinne ein männlicher Homosexueller. *Müllschlucker*: Kotesser.

Mumie
Eigentlich einbalsamierter Leichnam. Im obszönen Sprachgebrauch eine alte Frau oder heruntergekommene, verlebte Prostituierte. *Mumienfreund, Mumiensammler, Mumienverehrer* oder ähnlich: nekrophiler Mann. *Mumienschänder*: spöttisch für den Sexualpartner einer alten Frau oder einen nekrophilen Mann.

Mundarbeit
Cunnilingus, Fellatio und anal-orale Kontakte. Unter weiblichen und männlichen Prostituierten üblicher Ausdruck.

Mundstück
Die Eichel des männlichen Gliedes.

Murmeln
Kinderspielkugeln, die im 18. Jahr-

hundert aus Marmorabfällen hergestellt wurden und seitdem mundartlich Marmeln oder Murmeln genannt werden. Im übertragenen Sinne die Hoden des Mannes oder kleine Mädchenbrüste.

Muschel
Mit Musch und → Möse verwandtes Synonym für die weibliche Scheide. Auch: *Muschi*. *Muschelknacker*: auf Defloration fixierter Mann.

Musik, türkische
Besonders flöten und blasen: Fellatio und Cunnilingus ausüben.

Muskete
Seit dem 16. Jahrhundert Bezeichnung für die Luntenflinte. Im übertragenen Sinne das männliche Glied.

Mutterschiff
Eine ältere Frau, die sexuell vorwiegend mit jüngeren Männern verkehrt. Auch → Schulschiff.

Mutti
Im Vokabular der weiblichen Homosexualität der passive, feminine, mütterliche Typ.

N

nachsteigen
Volkstümliche Redewendung für das Bemühen, einen bestimmten Sexualpartner zu gewinnen; jemandem nachlaufen.

Nachtamsel
Auch: *Nachteule, Nachtfalter, Nachtfrau, Nachtigall, Nachtschwalbe* oder ähnlich: Prostituierte. *Nachtarbeit*: weibliche oder männliche Prostitution. Im Rotwelschen und im Prostituierten-Jargon ist die Nachteule auch ein Polizist im nächtlichen Streifendienst. *Nachteulennest* oder *Nachteulenschwarm*: nächtliche Polizeistreife, Razzia oder auch Überfallkommando, Überfallwagen.

Nachtjäger
Wie Nachteule ein Polizist im nächtlichen Streifendienst. *Nachtjägereinheit, Nachtjägerverband* oder: Polizeistreife, Razzia oder Sittenpolizei. Als Warnruf auch: Nachtjäger *im Anflug!* Vergleiche → Nachtamsel.

Nachtmusik
Auch: eine *Kleine Nachtmusik*: volkstümlich scherzhaft nach Mozarts gleichnamiger Serenade: nächtlicher Sexualverkehr.

nachtwandeln
Auf den Strich gehen. *Nachtarbeiter, Nachtwandler* oder ähnlich: männlicher Prostituierter. *Nachtwandlerin*: Prostituierte. Vergleiche → Nachtamsel.

Nacktschnecke
Aktmodell, Striptease-Tänzerin.

Nacktkultur
Volkstümlich-scherzhafte Bezeichnung für die Freikörperkultur.

Nacktschnecke
Aktmodell, Striptease-Tänzerin.

Nadel
Synonym für Penis. *Kaltnadel*: schlaffer Penis, impotenter Mann.

Nadelgeld: Prostituiertenhonorar. *Nadelstich*: Geschlechts- oder Analverkehr. *Nadeln*: im Vokabular des Sadismus-Masochismus das Stechen des masochistischen Partners mit Nadeln oder anderen spitzen Gegenständen.

Nafke, Nefke
Vom jiddischen naphko abgeleiteter Rotwelsch-Ausdruck für Prostituierte. *Nafkenen*: auf den Strich gehen oder sich mit Dirnen herumtreiben.

Nagel
Weit verbreitetes Tarnwort für das männliche Glied. *Nageln*: Geschlechts- oder Analverkehr ausüben. Auch: den Nagel *einhauen, einschlagen* oder ähnlich. *Nagelkopf* oder *Nagelkuppe*: die Eichel des männlichen Gliedes. Jemanden vernageln ist im Rotwelschen und im Vokabular des Sadismus-Masochismus das körperliche Quälen und Mißhandeln des Masochisten.

Nagetier
Im heterosexuellen und homosexuellen Sprachgebrauch ein Mann oder eine Frau mit Vorliebe für orale Techniken. Der Ausdruck wird auch für weibliche und männliche Prostituierte angewandt, die auf Mund-Praktiken spezialisiert sind.

Nahkampf
Sexualverkehr oder auch die Vorspiele zum Sexualverkehr. *Nahkampfanzug*: Schlafanzug. *Nahkampfdiele, Nahkampfschuppen,* oder ähnlich: Tanzlokal oder ein Lokal, in dem ungestört Zärtlichkeiten ausgetauscht werden können. *Nahkampfplatz, Nahkampfarena, Nahkampfstadion* oder ähnlich: Schlafzimmer, Bett, Couch; seltener Bordell. *Nahkampfmittel*: Empfängnisverhütungsmittel. *Nahkampfsocken*: Präservativ.

nähen
Wie nadeln volkstümliches Tarnwort für die Ausübung von Geschlechts- oder Analverkehr. *Nähnadel*: Vergleiche Nadel.

Nährmutter
Zuhälter-Ausdruck für die Prostituierte. Auch: *Nährschwester, Nährfrau* oder ähnlich. Außerdem eine Frau, die ihren Sexualpartner aushält.

Näpfchen
Die weibliche Scheide. Auch *Fettnäpfchen* oder *Napf*. Ins Fettnäpfchen *greifen*: Selbstbefriedigung der Frau oder Partnermasturbation.

Nase
Synonym für Penis. *Lange, kurze, dicke, dünne, große, kleine* Nase oder ähnlich. *Heiße* oder *rote* Nase: erigierter Penis. *Kalte* oder *blasse* Nase: schlaffer Penis. *Tropfende* oder *schwitzende* Nase: ejakulierender Penis. An der Nase *drehen*: Selbstbefriedigung. Jemandem eine Nase drehen: Partnermasturbation. Die Nase *hoch tragen*: erigierter Penis. Jemandem *die Würmer aus der Nase ziehen*: Partnermasturbation. Sich selbst die Würmer aus der Nase ziehen, an die Nase *greifen*, die Nase *schneuzen, putzen* oder ähnlich: Selbstbefriedigung. Einem anderen an die Nase greifen, *fassen, langen,* die Nase putzen oder ähnlich: Partnermasturbation. Die Nase *in jedes*

Loch stecken: mehrere Sexualpartner haben, Geschlechtsverkehr und Analverkehr ausüben und oral-genitale Kontakte haben.

Nasenspitze
Die Eichel des männlichen Gliedes.

naß
In der Redewendung: naß oder grün *hinter den Ohren sein* oder Eierschalen hinter den Ohren: jung, unreif sein, noch keine sexuelle Erfahrung besitzen.

Naturschutz
Jugendschutz. *Unter Naturschutz stehen*: noch minderjährig sein.

Nebenfrau
Prostituierte oder die Freundin, Geliebte eines verheirateten Mannes.

Nebenfreund
Prostituierter oder der Freund, Geliebter einer verheirateten Frau.

Nelke
Prostituierte, seltener Mädchen. *Pißnelke*: Prostituierte oder ein sehr junges, unerfahrenes, sexuell ungeschicktes Mädchen. In gleicher Bedeutung wird auch → Pipimädchen gebraucht.

Neppe
Rotwelsch-Bezeichnung für Prostituierte oder auch Mädchen. *Neppen*: auf den Strich gehen oder sich mit Dirnen herumtreiben; seltener Sexualverkehr ausüben.

Nest
Wohnung, Schlafzimmer, Bett, Couch. *Ins Nest gehen*: zum Schlafen oder Sexualverkehr ins Bett gehen. *Nesttreiber*: sexuell bedürftiger, erregter Mann, seltener der Penis. Auch: *Nesttreiberin*.

Neubau
Auch: *Neuerwerbung*, *Neuland* oder ähnlich: ein neuer männlicher oder weiblicher Sexualpartner.

Neunundsechzig
Weit verbreiteter volkstümlich-verhüllender Ausdruck für die gleichzeitige Ausübung von Fellatio und Cunnilingus in der Stellung der Zahlen 69. Auch *Stellung* oder *Position* Neunundsechzig genannt.

niesen
Geschlechtsverkehr ausüben, ejakulieren, schwängern. *Nieswurz*: Penis. Eigentlich ein Hahnenfußgewächs mit giftiger Wurzel, die im pulverisierten Zustand zum niesen anregt.

Niete
Im 18. Jahrhundert aus dem Niederländischen übernommenes Wort für ein Lotterielos, das nicht gewonnen hat. Im übertragenen Sinne ein impotenter Mann oder eine gefühlskalte Frau.

Nille
Rotwelsch- und mundartlicher Ausdruck für Penis. *Nille kauen, lecken* oder ähnlich: Fellatio ausüben. *Nillenkauer*: homosexueller Mann. *Nillenkäse*: Vulgärbezeichnung für talgartige Drüsenabsonderungen zwischen Vorhaut und Eichel des männlichen Gliedes. Auch: *Nülle*.

Nudel, nudeln
Dickes Mädchen oder auch das männliche Glied. Auch: *dicke* Nudel. *Nudeln, nuddeln, nutteln, knudeln, knuddeln, nuggeln* oder ähnlich: Mundart-Bezeichnung für den Austausch von Zärtlichkeiten oder auch für orale Praktiken.

Nummer
Eigentlich Ableitung aus dem Lateinisch-Italienischen für Zahlenzeichen, Ziffer. Im übertragenen Sinne ein lustiger, witziger Mann, eine lebenslustige, temperamentvolle Frau. Durch entsprechende Beifügungen kann der Begriff auch abgewertet werden: *müde, miese, faule* Nummer oder ähnlich. Im engeren Sinne ist damit der Sexualverkehr gemeint. Sie haben drei Nummern *gehabt, geschoben* oder ähnlich: Sexualverkehr mit drei Höhepunkten. *Nummernmädchen*: Prostituierte. *Kurze* oder *lange* Nummer: Prostituierten-Ausdruck für schnelle, billige Kundenbedienung oder ausführlichen, teuren Sexualverkehr.

Nutte
Ursprünglich Berliner Mundart-Bezeichnung für ein leichtsinniges Mädchen oder eine amtlich nicht registrierte Prostituierte. Heute weit verbreitet für Prostituierte. *Nutter*: Strichjunge, männlicher Prostituierter.

Nymphe
Ursprünglich Braut, Jungfrau, später weibliche Naturgottheit. Heute ein sehr junges Mädchen, das erwachsene Männer verführt. Auch: *Nymphchen*.

O

Oberbau
Im Gegensatz zum → Unterbau der Oberkörper, insbesondere der weibliche Oberkörper mit den Brüsten.

Oberfotzer
Mundartlich vor allem in Österreich für einen auf Analverkehr spezialisierten oder homosexuellen Mann. *Oberfotzen:* Analverkehr ausüben.

Obermacker
Steigerungsform von → Macker.

Ocher
Aus dem Jiddischen abgeleiteter Rotwelsch-Ausdruck für Gesäß, Hintern. Vergleiche → Acherponim.

Ochsenschweif
An Ochsenziemer angelehnte Bezeichnung für eine Peitsche. Der Ausdruck wird vor allem von weiblichen und männlichen Prostituierten gebraucht, die auf masochistische Kunden spezialisiert sind.

Ofen
Die weibliche Scheide, die Frau ganz allgemein oder eine Protistuierte. Wenn die Frau gemeint ist, dann ist *Ofenloch, Ofentür* oder *Ofenröhre* die weibliche Scheide, seltener der After. *Heißer* Ofen: sexuell bedürftige, erregte Frau. *Warmer* Ofen: homosexuelle Frau, seltener passiver, femininer homosexueller Mann. *Kalter* Ofen: frigide Frau. *Brot* im Ofen: Schwangerschaft. Der *Ofenkehrer* oder *Ofenreiniger* ist das männliche Glied.

offenherzig
Die Redewendungen: offenherzig *sein*, offenherzige *Ansichten haben*, eine offenherzige *Meinung vertreten* oder ähnlich bedeuten ein tiefes Dekolleté oder vollständig entblößte weibliche Büste. Auch: *Offenherzigkeit*. Vergleiche → Herz.

Offizielle
Amtlich gemeldete Prostituierte.

Auch *Öffentliche. Öffentliches Haus:* Bordell.

Offizier
Rotwelsch-Ausdruck für einen erfolgreichen Zuhälter, der mehrere Prostituierte unter Kontrolle hat.

Offiziersfose
Auch: *Offiziersmatratze, Offiziersrutsche* oder ähnlich: Soldaten-Ausdruck für eine den höheren Diensträngen vorbehaltene kostspielige Prostituierte oder Halbprostituierte. Im II. Weltkrieg verächtliche Bezeichnung für Wehrmachtshelferin, Blitzmädel.

öffnen
Deflorieren. Auch: die Dose, Büchse, Muschel öffnen oder ähnlich.

Öhr
Synonym für die weibliche Scheide oder den After. Auch: *Nadelöhr.* Vergleiche → Nadel.

Öl
Die männliche Samenflüssigkeit. *Ölbohrer:* Penis. Öl *zapfen* oder *abzapfen:* Selbstbefriedigung oder Partnermasturbation. Nach Öl *bohren:* Geschlechts- oder Analverkehr ausüben. Öl *schlucken, trinken,* eine *Ölprobe machen* oder ähnlich: Fellatio. *Ölofen:* siehe → Ofen.

Olle
Auch: *Olsche.* Mundartlich für die Alte. Im obszönen Sprachgebrauch die Ehefrau oder feste Freundin. *Oller:* der Ehemann oder feste Freund.

Onkel
Im obszönen Sprachgebrauch in verschiedenartiger Bedeutung üblich. 1. pädophiler Mann, 2. aktive, maskuline, homosexuelle Frau, 3. älterer Freund eines jungen Mädchens oder eines jungen Mannes, 4. älterer Liebhaber einer unverheirateten Frau.

Onkel Otto
Volkstümliche Bezeichnung für eine öffentliche Toilette.

opfern
Selbstbefriedigung ausüben. Auch: ein Opfer *darbringen,* ein *Handopfer machen, mit der Hand* oder *in die hohle Hand* opfern oder ähnlich. *Opferstock:* das männliche Glied oder die weibliche Scheide.

Orgel
Die weibliche Scheide. *Orgeln:* Geschlechtsverkehr ausüben. Die Orgel *spielen* oder auf der Orgel spielen: Selbstbefriedigung oder Partnermasturbation.

Overall
Aus dem Englischen entlehnte Bezeichnung für einen Schutz- und Arbeitsanzug aus einem Stück. Im übertragenen Sinne: Präservativ.

P

Palme
Synonym für Penis. *Einen von der Palme holen* oder *schütteln:* Selbstbefriedigung ausüben oder von einem weiblichen oder männlichen Partner masturbieren lassen. Der Name des artenreichen tropischen und subtropischen Baumes kommt aus dem lateinischen und bedeutet eigentlich flache Hand.

Pantoffelheld
Die Bezeichnung Pantoffel für einen leichten Hausschuh wurde im 15. Jahrhundert von dem französischen pantoufle abgeleitet. Nach alten deutschen Rechtsbräuchen sind Fuß und Schuh Symbole der Macht. Das Symbol der Frau als Besorgerin des Hauses war der Hausschuh, der Pantoffel. Ein Mann, der unter dem Pantoffel steht, hat also zumindest im eigenen Haushalt die Macht an seine Ehefrau abgetreten; sie hat das Regiment übernommen, und er gehorcht. Der Volksmund nennt einen solchen Mann scherzhaft spöttisch Pantoffelheld oder *Pantoffelritter.* In ähnlicher Bedeutung wird seit Mitte des 19. Jahrhunderts auch → Waschlappen gebraucht.

Paradies
Die weibliche Scheide oder der After. *Ins Paradies kommen:* Geschlechts- oder Analverkehr ausüben. Das Paradies *aufschließen, aufstoßen, erzwingen* oder ähnlich: deflorieren oder auch vergewaltigen. *Paradiesäpfel:* Mädchenbrüste. *Paradiesharfe:* die weibliche Scheide. *Paradiesschlüssel:* Penis.

Pariser
Umgangssprachlich weit verbreitete Bezeichnung für Präservativ.

Parterreakrobat
Ein Mann mit Vorliebe für Analverkehr und orale Kontakte oder ein Homosexueller. *Parterreakrobatin:* eine Frau, die bevorzugt orale Praktiken

ausübt, eine Homosexuelle oder Prostituierte. Vergleiche → Keller.

Pascha
Ursprünglich in der Türkei und in Ägypten Titel für hohe Beamte und Offiziere, die ihrem Stande entsprechend auch einen Harem besaßen. Im übertragenen Sinne ein von vielen Frauen begehrter Mann oder ein Mann mit mehreren Sexualpartnern oder auch ein Haustyrann, der sich bedienen läßt und die Familie herumkommandiert.

Passionsblume
Zweideutiges Synonym für die weibliche Scheide, denn Passion bedeutet nicht nur Leidenschaft, Begeisterung, Hingabe, sondern auch Leiden, Krankheit, Erdulden.

Pastorentochter
Im Vokabular der männlichen Homosexualität der feminine, passive Homosexuelle. Außerdem eine Prostituierte. *Unter uns Pastorentöchtern:* Redensart unter Gleichgesinnten, insbesondere unter Prostituierten oder passiven homosexuellen Männern.

pattersch
Aus dem Jiddischen entlehntes Rotwelsch-Wort für schwanger. *Pattersehen* oder pattersch *machen:* schwängern.

Pauke
Alte Rotwelsch- und Mundart-Bezeichnung für eine hochschwangere Frau. Auch in der Soldatensprache des 18. und 19. Jahrhunderts werden schwangere Mädchen und Frauen Trommeln oder Pauken genannt. Bildhafter Vergleich mit dem fellbespannten, kesselförmigen Schlaginstrument.

Pauker
In der Studentensprache bedeutet das von Paukeschlagen abgeleitete pauken eine Mensur schlagen, fechten. Auch pauken und einpauken im Sinne von unterrichten geht auf schlagen zurück. Der Lehrer ist der Pauker, denn er bringt seinen Schülern den Unterrichtsstoff mit Schlägen bei. Deshalb wurden diese Ausdrücke ins Vokabular des Sadismus-Masochismus übernommen. Der Pauker ist ein männlicher oder weiblicher Sadist, der den masochistischen Partner schlägt oder ihm mit einem Messer oder Dolch Wunden beibringt. *Pauken* bedeutet schneiden, stechen, verwunden. Manchmal wird auch ein auf Vergewaltigung fixierter Mann Pauker genannt.

Peitschkatze
Auch: *Peitschfose, Peitschnutte, Peitschmieze* oder ähnlich: eine auf masochistische Kunden spezialisierte Prostituierte.

Pemp
Mundartlich im Prostituierten-Jargon für Zuhälter.

pempern
Siehe → pimpern.

Periode
Weitverbreiteter verhüllender Ausdruck für Menstruation.

Petschaft
Eigentlich Handstempel, Siegel. Im übertragenen Sinne das männliche Glied. Siehe → Stempel.

Pfahl
Synonym für Penis.

Pfanne
Synonym für die weibliche Scheide.

Pfarrerstochter
Siehe → Pastorentochter.

pfeffern
Derb umgangssprachliche Bezeichnung für die Ausübung von Geschlechts- oder Analverkehr. Die *Pfefferbüchse* oder *Pfefferdose* ist die weibliche Scheide oder der After. *Pfefferstreuer:* das männliche Glied. *Pfeffernüsse:* die Hoden. Außerdem bedeutet pfeffern im Sprachgebrauch des Sadismus-Masochismus die körperliche Mißhandlung des masochistischen Sexualpartners.

Pfeife
Umgangssprachlich weit verbreitetes Tarnwort für das männliche Glied. Der *Pfeifenkopf* ist die Eichel. *Kalte, leere, ausgegangene* Pfeife oder ähnliches: schlaffer Penis. An der Pfeife *saugen, ziehen, zuzzeln,* die Pfeife *blasen* oder ähnliches: Fellatio ausüben. Die Pfeife *streicheln:* Selbstbefriedigung oder Partnermasturbation. *Brennende, glühende, heiße* Pfeife oder ähnliches: erigierter Penis. *Pfeifenkrank:* geschlechtskrank. *Pfeifenpullover:* Präservativ. *Pfeifen:* Geschlechtsverkehr oder Fellatio ausüben, seltener Analverkehr. *Pfeifer:* homosexueller Mann. *Pfeiferin:* eine Frau, die bevorzugt Fellatio ausübt. *Pfeifkonzert:* die gleichzeitige Ausübung von Fellatio zwischen zwei Männern.

Pfeil
Synonym für das männliche Glied.

Pferd
Zuhälter-Ausdruck für eine Prostituierte. Auch: *Pferdchen*. Die Pferdchen *laufen* oder *traben lassen* oder ähnlich: die Dirnen auf den Strich schicken.

Pflanze
Umgangssprachliche Bezeichnung für ein Mädchen oder eine Frau mit Humor, Schlagfertigkeit, Selbstbewußtsein und etwas Leichtsinn. Durch entsprechende Beifügungen oder Wortzusammenstellungen kann der Begriff auf- oder abgewertet werden. Manchmal wird auch ein origineller Mann, eine Type, Pflanze genannt. *Pflänzchen:* ein sexuell leichtsinniges Mädchen oder auch eine Prostituierte oder Halbprostituierte, seltener ein Mann.

Pflaster
Strich. *Pflastertreten:* auf den Strich gehen. *Pflastertreter:* Prostituierter, *Pflastertreterin:* Prostituierte.

Pflaume
Harmloses Schimpfwort für einen langweiligen, entschlußlosen, weichen Menschen. Im obszönen Vokabular weit verbreitetes Synonym für die weibliche Scheide. *Pflaumenallee:* Strichgebiet. *Pflaumenhandlung:* Bordell. *Pflaumenesser, Pflaumenlecker* oder ähnlich: ein Mann mit

Vorliebe für Cunnilingus. Pflaumen *schütteln:* Selbstbefriedigung oder Partnermasturbation. Auch: *Pflaumenschüttlerin* oder *Pflaumenschüttler*. *Grüne Pflaume:* Jungfrau. *Alte Pflaume, Backpflaume, Dörrpflaume* oder Ähnliches: ältere, sexuell reizlose Frau.

Pflock
Eigentlich mittelhochdeutsches Wort für Holznagel. Bildhaftes Synonym für Penis.

Pflug
Tarnwort für das männliche Glied. Auch: *Plugschar*. *Pflügen:* Geschlechts- oder Analverkehr ausüben. Den Pflug *waschen:* Fellatio. Den Pflug *abreiben, putzen, blank wichsen* oder ähnlich: Selbstbefriedigung oder Partnermasturbation.

Pforzheim
Stadt in Baden-Württemberg. Wegen der Lautähnlichkeit mit → *Forz* verhüllende Bezeichnung für After. Ein *Pforzheimer* ist ein Mann mit Vorliebe für anale Praktiken oder ein Homosexueller.

Pfropfen
Eigentlich Stöpsel, Korken. Im obszönen Sprachgebrauch bildhaftes Tarnwort für Penis. Auch: *Propf* oder *Proppen*. Das Verb *pfropfen* oder *proppen* bedeutet Geschlechts- oder Analverkehr ausüben.

Phantasie mit Schneegestöber
Umgangssprachlich verhüllende Redensart für die Selbstbefriedigung des Mannes mit Ejakulation.

Piedelmann
Norddeutsch-mundartliches Synonym für Penis.

Piephahn
Mundart-Bezeichnung für das männliche Glied. Auch: *Piepmatz*.

Pietz(e)
Mundartlich und im Rotwelschen die weibliche Brust. *Pietzen:* die Brüste. Auch: *Piez*.

Pimmel
Mit *Pimps* und *Pimpf* für junger kleiner Kerl verwandter Mundart-Ausdruck für das männliche Glied. *Pimmeln* oder *pimpsen:* Geschlechtsverkehr, seltener Analverkehr ausüben.

Pimpel
Auch: *Pimperl, Pimperle, Pumpe(l), Pümpel* oder ähnlich: mit → Pimmel verwandte Mundart- und Rotwelsch-Bezeichnungen für die weibliche Scheide.

pimpern
Auch: *pempern* und *pümpeln*. Mit der Wortgruppe → Pimmel und → Pimpel eng verwandte Mundart- und Rotwelsch-Ausdrücke für die Ausübung von Geschlechts- oder auch Analverkehr.

pinkeln
Altes Wort der Umgangssprache für urinieren. Das kindersprachliche *Pipi machen* ist gleichbedeutend. Im Vokabular der Urophagie heißt der Urin *Pinkelsekt*.

Pinsel
Synonym für Penis. *Pinseln:* Geschlechts- oder Analverkehr ausüben. Das Wort ist aus dem Vulgärlateinischen abgeleitet und hängt mit penis für Schwanz und der Verkleinerungsform peniculus für Schwänzchen eng zusammen.

Pint
Synonym für Penis.

Pinte
Ursprünglich Bezeichnung für ein Flüssigkeitsmaß, für Kanne, Krug. Im übertragenen Sinne, vor allem in der Schweiz, Wirtshaus, Schenke. Im heutigen obszönen Sprachgebrauch ist Pinte ein Lokal für Prostituierte oder Homosexuelle oder auch für die männlichen und weiblichen Anhänger bestimmter ungewöhnlicher sexueller Verhaltensweisen.

Pipimädchen
Von dem kindersprachlichen *Pipi machen* für urinieren abgeleitete Bezeichnung für ein sexuell unreifes, noch unentwickeltes Mädchen. Vergleiche → pinkeln.

Pißbudenlude
Rotwelsch-Bezeichnung für schäbigen Zuhälter oder homosexuellen Prostituierten, der sich in Pißbuden, herumtreibt.

Pisse
Urin. *Pissen:* urinieren, Harn lassen. Niederdeutsches und mitteldeutsches Wort, heute allgemein in der Umgangssprache gebräuchlich. Vergleiche → pinkeln.

Pißnelke
Siehe → Nelke.

Pißpott
Nachttopf.

Pistole
Das männliche Glied. Auch: *Colt* oder *Revolver*. *Pistolenkugeln:* die Hoden. *Pistolenschuß:* Ejakulation. *Pistolengriff:* Selbstbefriedigung oder Partnermasturbation.

Plättbrett
Mädchen, Frau oder auch Bett, Couch. *Flach wie ein* Plättbrett: magere Frau mit schwach entwickelten Brüsten. *Plätteisen:* Penis. *Plätten:* Geschlechtsverkehr oder Analverkehr ausüben. Vergleiche → bügeln.

Platter
Schlaffer Penis, impotenter Mann. *Einen Platten haben:* die Erektion bleibt aus, ist ungenügend oder läßt vorzeitig nach.

Pletsche
Mundartlich für die weibliche Scheide.

polieren
Aus dem Lateinischen und Französischen abgeleitetes mittelhochdeutsches Wort für abputzen, glätten, blank und glänzend machen, reiben, schleifen. Hat im obszönen Sprachgebrauch verschiedene Bedeutungen. 1. Fellatio oder Cunnilingus, 2. anal-orale Praktiken, 3. Geschlechts- oder Analverkehr, 4. einen Masochisten körperlich quälen.

Popo
Das lateinische podex für Gesäß, Hintern, wurde im 17. Jahrhundert ins Deutsche übernommen und im 18. Jahrhundert durch Weglassen der zweiten Silbe und Verdoppelung der ersten Silbe zu dem gleichbedeutenden familiär-kindersprachlichen Wort Popo abgewandelt.

Pori
Aus der Zigeunersprache entlehnte Rotwelsch-Bezeichnung für Schweif, Schwanz. Im übertragenen Sinne das männliche Glied.

Porzellanfigur
Auch: *Porzellanpuppe, Nippesfigur, Marzipanpuppe* oder ähnlich: ein zierliches, hübsches Mädchen, das spröde und zimperlich, verwöhnt und vornehm tut.

poussieren
Aus dem Französischen entlehntes Wort für drücken, stoßen. Über die Studentensprache kam es dann im 19. Jahrhundert in der Bedeutung von flirten, Zärtlichkeiten austauschen, ein intimes Verhältnis haben, in die Umgangssprache. *Poussierstengel:* Schürzenjäger. Der mundartliche Ausdruck *Poussage* oder *Poussade* für Sexualverhältnis oder auch Freundin ist von poussieren abgeleitet.

Premiere
Eigentlich die erste Aufführung eines Theaterstücks, eines Films oder ähnlich. Im obszön übertragenen Sinne der erste Geschlechtsverkehr eines jungen Mannes oder die Defloration eines Mädchens. *Premie-*

rentiger: ein auf Defloration fixierter Mann.

Preßluftschuppen
Ein Tanzlokal, in dem es sehr eng ist und wo man ungeniert Zärtlichkeiten austauschen kann. Auch: *Nahkampfdiele* oder ähnlich.

Pritsche
Eigentlich eine primitive, provisorische Liegestatt. Im übertragenen Sinne eine Sexualpartnerin ohne engere Bindung oder eine Prostituierte. Außerdem auch Vulgärbezeichnung für die weibliche Scheide.

Professionelle
Amtlich gemeldete Prostituierte. Auch: *Profikatze, Profischlampe* oder ähnlich.

Prothese
Aus dem griechischen entlehntes Wort für künstlichen Ersatz eines Körperteils, insbesondere künstliches Körperglied oder künstlichen Zahn. Im übertragenen Sinne ein künstlicher Penis, Godemiché.

Pudding
Weibliche Brust, vor allem schlaffe Hängebrüste. Pudding *machen, rühren, schlagen* oder ähnlich: Brustmanipulationen oder auch Selbstbefriedigung des Mannes mit Ejakulation.

Puderdose
Synonym für die weibliche Scheide. *Puderquaste:* das männliche Glied. *Pudern:* Geschlechtsverkehr ausüben.

Puff
Lautmalerei für Stoß, Schlag, dumpfes Geräusch, Windstoß. Seit Ende des 18. Jahrhunderts im übertragenen Sinne umgangssprachlich weit verbreitete Bezeichnung für Bordell. *Puffen:* Geschlechts- oder Analverkehr ausüben. *Anpuffen:* schwängern. *Puffhäschen, Puffmäuschen, Puffschnecke* oder ähnlich: Bordellprostituierte. *Puffmutter:* Bordellbesitzerin.

Puhl
Aus der Zigeunersprache übernommener Rotwelsch-Ausdruck für Gesäß, After. *Puhlen:* Analverkehr ausüben.

Puller, pullern
Siehe → Struller.

Pumpe
Eigentlich Gerät oder Maschine zur Hebung und Förderung von Flüssigkeiten oder Gasen. Bildhaftes Synonym für die weibliche Scheide. Mundartlich auch: *Pumperl, Pümperl, Pombe* oder ähnlich. *Pumpen, pompen:* Geschlechtsverkehr ausüben, seltener Analverkehr. *Pumpenschwengel:* das männliche Glied.

Punze
Mit dem lateinischen punctio für Stechen verwandtes Wort. Im Italienischen punzone für Stoß, Stempel. Im Mittelhochdeutschen punze für Stichel. Im übertragenen Sinne: Penis. *Punzen* bedeutet ursprünglich ein Faß oder Gefäß stempeln, eichen, später das Gefäß selbst. Da Faß, Gefäß alte Synonyme für die weibliche Scheide sind, wird heute Punze nicht mehr für Penis, sondern fast nur noch für Scheide oder auch Frau, Prostituierte gebraucht. *Punzen* ist die Ausübung von Geschlechtsverkehr. *Punzenlecker* oder ähnlich: ein Mann mit Vorliebe für Cunnilingus. *Punzenleckerin:* homosexuelle Frau. Auch: *Bunze* und *bunzen.*

Pupe
Verunstaltung von → Puppe, also verächtliche Bezeichnung für einen passiven, femininen homosexuellen Mann oder männlichen Prostituierten. Auch das lateinische pupus für Bübchen sowie das klangverwandte Bube haben auf die Wortbildung eingewirkt. *Pupenjunge:* Strichjunge.

Puppe
Eigentlich aus dem Lateinischen entlehntes spätmittelhochdeutsches Wort für kleines Mädchen oder Nachbildung eines Mädchens als Kinderspielzeug. Im umgangssprachlich übertragenen Sinne Mädchen, Frau oder Prostituierte. Durch entsprechende Beifügungen wird der Begriff auf- oder abgewertet. *Süße* Puppe: reizvolles Mädchen; *doofe* Puppe: dummes, reizloses Mädchen. Mundartlich auch: *Pupperl, Poppe* oder ähnlich.

Pup(s)
Mundartlich für laute Blähungen. *Pupsen:* Blähungen laut ablassen. Vergleiche → Forz.

pusten
Eigentlich schwer atmen, keuchen, schnaufen, blasen. Im obszön über-

tragenen Sinne Fellatio, Cunnilingus und anal-orale Praktiken.

Pute
Eigentlich Truthenne. Umgangssprachliches Schimpfwort für ein Mädchen oder eine Frau. *Alberne, dumme* Pute oder ähnlich.

Puze
Rotwelsch-Ausdruck für einen homosexuellen Mann oder Prostituierten. Auch: *Puzenjunge*. Vergleiche → Pupe.

Q

quabbelig
Mundartlicher Ausdruck für weich, fleischig, fett. *Quabbelbusen, Quabbelpudding:* fette weibliche Brust. *Quabbelfleisch:* eine fette, sexuell unappetitliche Frau, seltener ein Mann.

Quark
Vulgärbezeichnung für die talgartigen Drüsenabsonderungen in der weiblichen Scheide und zwischen Vorhaut und Eichel des männlichen Gliedes. *Quarkkuchen, Quarktasche* sowie die Redewendung Quark *im Schnitt haben* oder ähnlich: eine unsaubere Scheide. *Quarkstange, Quarkstengel* oder ähnlich: unsauberer Penis. Vergleiche → Käsetasche, Nillenkäse.

Quaste
Mittelhochdeutsches Wort für Büschel, Wedel, Pinsel. Im übertragenen Sinne das männliche Glied oder auch das männliche oder weibliche Schamhaar.

Querschläger
Unerwünschtes, uneheliches Kind.

Quetsche
Mundartlich für Presse, Kelter. Im obszön übertragenen Sinne die weibliche Scheide. *Quetschen* für pressen, drücken, zerdrücken, verletzen: Geschlechtsverkehr ausüben. Im Vokabular des Sadismus-Masochismus das körperliche Quälen und Mißhandeln des Masochisten. *Quetscher:* Sadist; *Quetscherin:* Sadistin.

R

Rabenmutter

Volkstümliche Bezeichnung für eine Frau, die sich nicht um ihr Kind kümmert und es zu streng und lieblos behandelt. Auch: *Rabenvater* oder *Rabeneltern*. Diese Bezeichnungen gehen auf die irrige Ansicht zurück, daß der Rabe seine Jungen aus dem Nest werfe, wenn er sie nicht mehr nähren wolle.

Rachaime

Aus dem Jiddischen abgeleitete Rotwelsch-Bezeichnung für Mädchen, Frau, weibliche Scheide. *Rachaimen, rachailen, rachaideln* oder *rechaimen*: Geschlechtsverkehr ausüben.

Radieschen

Eigentlich eine Rettichart. Volkstümliche Bezeichnung für ein junges Mädchen. Durch entsprechende Beifügungen wird der Begriff auf- oder abgewertet. *Dummes, freches, hübsches* Radieschen oder ähnlich.

rammeln

Mittelhochdeutsches Wort für bokken, stoßen, begatten. Der Rammler ist der männliche Hase. Im derbobszönen Vokabular bedeutet rammeln vor allem Geschlechts- und Analverkehr, im weiteren Sinne ganz allgemein Sexualverkehr. *Rammelei:* besonders leidenschaftliches sexuelles Beisammensein oder Gruppensex. *Rammelkiste, Rammelstall* oder ähnlich: Schlafzimmer, Bett, Couch. *Rammler:* sexuell leistungsfähiger Mann oder auch das männliche Glied. *Rammlerin:* leidenschaftliche Frau oder eine Prostituierte.

Range

Mundartliche Bezeichnung für ein unbeschwertes, kesses Mädchen, seltener für einen wilden, übermütigen Jungen.

Raspel

Synonym für das männliche Glied. Eigentlich eine grobe Feile. *Raspeln:*

Geschlechts- oder Analverkehr ausüben.

Rassel
Eine Knarre, Klapper, besonders als Kinderspielzeug. Im übertragenen Sinne das männliche Glied oder Geschlechts- oder auch Analverkehr. *Rasseln:* Sexualverkehr ausüben.

Ratschbase
Mundartliche Bezeichnung für eine schwatzhafte, klatschsüchtige Frau. Vergleiche → Klatschbase.

Ratte
Ein Nagetier. Im obszönen Vokabular ein kesses Mädchen. Auch: *Ballettratte*. Durch entsprechende Beifügungen wird die Bezeichnung auf- oder abgewertet. *Niedliche, häßliche, giftige* Ratte oder ähnlich.

rebeln
Siehe → abrebeln.

Reff
Vom althochdeutschen hripa für Dirne abgeleiteter volkstümlicher Ausdruck für eine sexuell reizlose, zänkische, häßliche Frau. Im Rotwelschen noch heute in der Bedeutung von Dirne, heruntergekommene Prostituierte, gebräuchlich. Wird meist in der Verbindung *altes Reff* gebraucht.

Regel
Weitverbreiteter verhüllender Ausdruck für Menstruation.

Regenmantel
Präservativ.

Regimentstochter
Alter Soldaten-Ausdruck für eine Mannschafts-Dirne.

Registrierte
Eine amtlich gemeldete Prostituierte.

Reibeisen
Volkstümliche Bezeichnung für eine streitsüchtige, sexuell reizlose Frau.

reiben
Selbstbefriedigung des Mannes oder der Frau oder auch Partnermasturbation. Auch in der Redewendung gebräuchlich, *sich* oder *jemandem einen abreiben. Reiberei:* gegenseitige Masturbation. *Reiber:* auf Selbstbefriedigung oder Partnermasturbation fixierter Mann oder ein Homosexueller. *Reiberin:* eine Frau, die vorwiegend Selbstbefriedigung ausübt oder sich vom Partner masturbieren läßt oder eine Homosexuelle. Auch: *Herr* oder *Frau Reibrat*.

(r)eindrehen
Ebenso wie *(r)einhängen, (r)einschlagen, (r)einhauen* oder ähnlich: die Einführung des männlichen Gliedes in die weibliche Scheide oder in den After.

reißen
Siehe → abreißen.

reiten
Weitverbreitete, bildhafte Bezeichnung für die Ausübung von Geschlechts- oder Analverkehr. *Reitschule, Reitstall* oder ähnlich: Bordell. *Reitpferd, Rennpferd* oder ähnlich: vorübergehende Sexualpartne-

rin oder Prostituierte. Vergleiche → Pferd. *Reiterin:* eine heterosexuell sehr aktive oder homosexuelle Frau.

Revier
Das Strichgebiet einer Prostituierten.

Riegel
Synonym für Penis. Das zum Riegel gehörende *Schloß* ist die weibliche Scheide. *Riegeln* oder *verriegeln:* Geschlechtsverkehr ausüben, seltener Analverkehr. *Klappriger, rostiger Riegel* oder ähnlich: schlaffer Penis, impotenter Mann. Den Riegel *ölen, fetten, schmieren* oder ähnlich: Fellatio ausüben. Den Riegel *blank reiben, putzen, auf- und zuschieben* oder ähnlich: Selbstbefriedigung oder Partnermasturbation.

Riemen
Umgangssprachlich weit verbreitetes Synonym für Penis. *Am Riemen reißen:* Selbstbefriedigung oder Partnermasturbation.

Riesenbaby
Siehe → Elefantenbaby.

Rille
Wie → Ritze und → Spalte umgangssprachlich-bildhaftes Tarnwort für die weibliche Scheide, seltener für den After. *Rillenputzer, Rillenschleifer* oder ähnlich: das männliche Glied oder der Mann. Die Rille putzen, schleifen oder ähnlich: Geschlechtsverkehr ausüben. Die Rille *massieren:* Selbstbefriedigung oder Partnermasturbation. *Rillenmasseur:* ein Mann mit Vorliebe für Handtechniken. *Rillenmasseuse:* homosexuelle oder auf Selbstbefriedigung fixierte Frau.

Ringel, Ringelpietz
Tanz oder Party. Ringelpietz *mit anfassen:* Tanz mit intimen Berührungen, Sexualverkehr oder Gruppensex.

Rinnsteinschnecke
Prostituierte. Auch: *Rinnsteinblume, Rinnsteinschleiferin* oder ähnlich. Vergleiche → Bordsteinschwalbe.

Rittmeister
Schürzenjäger, sexuell leistungsfähiger Mann. Eigentlich Offizier der Kavallerie. Vergleiche → reiten.

Ritze
Synonym für die weibliche Scheide, seltener für den After. Die Ritze *hobeln, putzen* oder ähnlich: Geschlechtsverkehr ausüben. *Ritzenhobel:* Penis. *Ritzen:* im Sprachgebrauch des Sadismus-Masochismus schneiden, dem masochistischen Sexualpartner Schnittwunden beibringen. *Ritzer:* Messersadist.

rodeln
Eigentlich Schlitten fahren. Im übertragenen Sinne Geschlechtsverkehr ausüben. *Rodelschlitten:* Sexualpartnerin.

roden
Durch Abholzung und Entfernung der Baum- und Strauchwurzelstücke Land urbar machen. Im obszönen Sprachgebrauch die Entfernung der Schambehaarung. Vergleiche → Kahlschlag.

Rohr
Synonym für Penis, seltener für die weibliche Scheide. Auch: *Röhrchen, Röhre, Röhrl* oder ähnlich. Die Röhre *blasen, ausblasen* oder ähnlich: Fellatio oder Cunnilingus ausüben. Die Röhre *blank reiben*: Selbstbefriedigung oder Partnermasturbation. Das Rohr *einhängen*: Geschlechtsverkehr ausüben. *Rohrputzer*: ein auf Selbstbefriedigung fixierter Mann oder ein Homosexueller. Auch: *Rohrputzerin*.

Rosenkranz
Rotwelsch-Bezeichnung für Fuß- und Handschellen. Rosenkranz *beten*: jemanden anketten oder auch selbst angekettet sein. Sexuelle Praxis des Sadismus-Masochismus.

Rosette
Eigentlich ein Ornament in der stilisierten Form einer Rose. Im obszönen Vokabular der After. Die Rosette *küssen*: anal-orale Kontakte ausüben. Die Rosette *befingern, kraulen* oder ähnlich: anale Selbstbefriedigung oder Partnermasturbation ausüben. Auch: die Rosette befingern oder kraulen lassen. *Rosettenkrauler*: Analerotiker oder homosexueller Mann.

rostig
Mundartlicher Ausdruck für alt, verbraucht, impotent, frigid. In manchen Gegenden aber auch das Gegenteil: sexuell bedürftig, erregt, → geil.

Roter König
Vulgär-Bezeichnung für den Penis nach dem Geschlechtsverkehr während der Menstruation.

Rotschwanz, Rotschwänzchen
Erigierter Penis.

Rotz
Vulgär-Bezeichnung für Nasenschleim. Im übertragenen Sinne das männliche Ejakulat.

rubbeln
Mit reiben verwandter Mundart-Ausdruck für die Ausübung von Geschlechtsverkehr, Selbstbefriedigung oder Partnermasturbation.

Rübe
Eigentlich germanischer Name für die stark verdickte Hauptwurzel einer artenreichen Pflanzenfamilie und für die Pflanze selbst. Im volkstümlich übertragenen Sinne der Kopf. Im obszönen Vokabular das männliche Glied. *Grüne* Rübe: sexuell unreifer junger Mann, kleiner Penis; *rote* Rübe: erigierter Penis. An der Rübe *knabbern, kauen* oder ähnlich: Fellatio ausüben. *Rübensaft*: die männliche Samenflüssigkeit.

Rückendeckung
Volkstümlich-scherzhafte Bezeichnung für Analverkehr. Auch: *Rückfahrt, Rückspiel, Rückstoß, Rückwärtsgang* oder ähnlich.

Rückgriff
Anale Selbstbefriedigung oder Partnermasturbation.

Rückporto
Im Prostituierten-Vokabular der Preis für heterosexuellen oder homosexuellen Analverkehr. Auch: *Rückvergütung, Rückzahlung* oder ähnlich.

Rückschlagventil
Der After.

Rückspiegel
Das entblößte Gesäß. Auch: *Rückstrahler*.

Rückzieher
Coitus interruptus.

Rudelbumsen
Gruppensex.

Ruder
Synonym für Penis. Das Ruder *einhängen*: Geschlechts- oder Analverkehr. Das Ruder *in die Hand nehmen*: Selbstbefriedigung oder Partnermasturbation.

Rührer
Rotwelsch-Bezeichnung für Penis. Den Rührer *einhängen, rühren*; den Fleischtopf, die Dose, das Faß *umrühren* oder ähnlich: Geschlechtsverkehr ausüben.

runterholen
In der Redewendung, jemandem einen *runterholen, runterjubeln, runterzittern* oder ähnlich: derb umgangssprachlich weit verbreitet für Partnermasturbation. Sich selbst einen runterholen: Selbstbefriedigung. Auch: sich einen runterholen lassen.

Rute
Synonym für Penis. Auch: *Wünschelrute*.

Rutsche
Sexualpartnerin, Prostituierte oder auch die weibliche Scheide. *Rutschen*: Geschlechtsverkehr ausüben.

Ruine
Aus dem Lateinisch-Französischen abgeleitete Bezeichnung für ein zerfallenes oder zerstörtes Bauwerk. Im übertragenen Sinne eine heruntergekommene, verlebte Frau oder auch ein seniler Mann. Bedeutungsgleich ist → Wrack.

S

Säbel
Aus dem Polnisch-Ungarischen entlehntes Wort für eine einschneidige Hiebwaffe. Synonym für Penis.

Sack
Umgangssprachlich-verhüllende Verkürzung für Hodensack.

Sackgasse
Die weibliche Scheide oder der After.

Sackratten
Filzläuse im Schamhaar des Mannes.

säen
schwängern.

Saft
Weitverbreitetes Synonym für die männliche Samenflüssigkeit. Im weiteren Sinne die männliche Potenz ganz allgemein. *Saftspritze, Saftschleuder, Saftstengel* oder ähnlich: Penis. *Saftpresse:* die weibliche Scheide. Saft *pressen:* Geschlechtsverkehr ausüben. Saft *lecken, trinken* oder ähnlich: Fellatio. Saft *spritzen:* ejakulieren. Saft *schleudern, rühren* oder ähnlich: Selbstbefriedigung oder Partnermasturbation.

Sahne
Wie → Saft bildkräftiges Tarnwort für das Ejakulat. Sahne *schlagen:* Selbstbefriedigung oder Partnermasturbation.

Salatschnecke
Junges Mädchen, Prostituierte. Vergleiche → Schnecke.

Salonlöwe
Ein Mann, der viel Zeit auf Gesellschaften und Parties verbringt und dort bei Frauen erfolgreich ist. Auch: *Salondame* oder *Salonschlange*. Der Ausdruck entstand im 19. Jahrhundert, als sich das gesellschaftliche Leben auf die sogenannten

Salons des Adels und des Bürgertums konzentrierte. Dort trafen sich Künstler, geistreiche Männer, schöne Frauen und vornehme Nichtstuer.

Salzstange
Synonym für das männliche Glied.

Samenräuberin
Eine sexuell leistungsfähige Frau, die bevorzugt Fellatio oder Partnermasturbation ausübt. *Samenräuber:* ein Mann mit Vorliebe für Selbstbefriedigung oder ein Homosexueller. Seltener wird der Ausdruck auch ganz allgemein auf die weibliche oder auch männliche Hand bezogen. Auch: *Samenklau, Samenlocker* oder ähnlich.

Samtheini
Ein passiver, femininer homosexueller Mann. Auch: *Samtbubi, Samthansi:* oder ähnlich.

Sand
Geschlechtskrankheit. *Sand ins Getriebe schmeißen, streuen, werfen* oder ähnlich: jemanden mit einer Geschlechtskrankheit anstecken. *Sandig sein:* geschlechtskrank sein. Der oder die *Sandige:* ein geschlechtskranker Mann oder eine geschlechtskranke Frau.

sanft
Männlich homosexuell. Ein *Sanfter* ist ein femininer, passiver homosexueller Mann. Auch: *sanfter Bubi, Hansi, Heinrich* oder ähnlich. Vergleiche → Samtheini.

Satellit
Der Weltraumforschung entlehnte umgangssprachliche Bezeichnung für einen hartnäckigen Verehrer oder festen Freund, seltener für den Haufreund. *Satellitchen:* eine Sexualpartnerin, die man nicht wieder los wird; eine Geliebte oder auch die Hausfreundin.

Sau
Grobes Schimpfwort. Im obszönen Sprachgebrauch ein charakterlich minderwertiger Mensch mit starker sexueller Triebhaftigkeit und Sonderwünschen. Sau und Schwein sind alte Sinnbilder für Schmutz, Unrat und Verkommenheit. Auch: *Drecksau, Saukerl, Saumensch, Sauluder, Sauviech* oder ähnlich. *Sautreiber* oder auch *Sauhirt:* Zuhälter.

saugen
Eines der zahlreichen bildkräftigen Synonyme für die Ausübung von Cunnilingus oder Fellatio. Ein *Sauger* ist entweder ein auf Cunnilingus spezialisierter oder ein homosexueller Mann. *Saugerin:* eine Frau mit Vorliebe für Fellatio oder eine Homosexuelle.

Säugling
Ein sexuell unerfahrenes Mädchen oder ein naiver Junge. Im Prostituierten-Jargon ein auf Fellatio spezialisierter Strichjunge.

schaben
Abtreiben, eine Schwangerschaft durch Abtreibung der Leibesfrucht unterbrechen. Auch: *ausschaben* oder → *auskratzen. Schabung* oder *Ausschabung:* Abtreibung. *Schaber* oder *Ausschaber:* ein Mann, der die Abtreibung vornimmt.

Schabracke
Eigentlich türkisch-ungarische Bezeichnung für eine verzierte Decke unter dem Reitsattel. Im übertragenen Sinne eine jugendlich zurechtgemachte ältere Frau. Wird meist mit der Beifügung *alte* gebraucht.

Schachtel
Die Frau ganz allgemein oder auch die weibliche Scheide. *Alte, dumme, häßliche* Schachtel oder ähnlich: alte, sexuell reizlose, verbrauchte Frau. Die Schachtel *aufbrechen, aufschneiden* oder ähnlich: vergewaltigen. Die Schachtel *aufmachen, öffnen* oder ähnlich: deflorieren. Die Schachtel *auspacken*: entkleiden. Die Schachtel *füllen*: schwängern. Eine *gefüllte* Schachtel ist eine schwangere Frau. Die Schachtel *ausblasen*: Cunnilingus. Die Schachtel *befingern, betasten* oder ähnlich: Selbstbefriedigung oder Partnermasturbation. Die Schachtel *benutzen, gebrauchen, hernehmen* oder ähnlich: Geschlechtsverkehr ausüben.

Schadchen
Vom Jiddischen schudschor für Ehestifter und schadchente für Kupplerin abgeleitetes Rotwelsch-Wort für Kuppelvater, Heiratsvermittler oder auch Bordellbesitzer.

Schaf
Ein junges, sexuell unerfahrenes, ungeschicktes Mädchen; seltener ein naiver junger Mann. Im Prostituierten-Jargon ist ein *räudiges* Schaf eine geschlechtskranke Prostituierte. Ein *Schäfchen* ist eine Masochistin oder auch ein Masochist, insbesondere der masochistische Kunde einer auf sadistische Praktiken spezialisierten Prostituierten.

Schäferstunde
Seit Anfang des 18. Jahrhunderts volkstümlich gewordener Ausdruck für das ungestörte, intime Beisammensein eines Liebespaares. Nach der Übersetzung des französischen heure du berger gebildet. Hängt mit der Mode der galanten Gesellschaft des 17./18. Jahrhunderts zusammen, die sich besonders stark in der Literatur ausprägte, nach antikem Vorbild das einfache, schlichte Leben der Landleute und Hirten zu verherrlichen. Auch: *Schäferstündchen*.

Schaft
Ursprünglich altgermanisches Wort für Speer, Lanze. Im obszönen Sprachgebrauch bildkräftiges Tarnwort für das männliche Glied.

schäkern
Flirten, liebkosen. Vermutlich vom jiddischen chek für Busen, Schoß im 18. Jahrhundert abgeleitet. *Schäkerei*: Flirt, Liebesgetändel, Liebkosungen. Der *Schäker* ist ein Mann, der gern flirtet und Frauen den Hof macht, ohne es wirklich ernst zu meinen.

Schale
Von Hülse, Haut, abgeleitete umgangssprachliche Bezeichnung für Kleidung. Die Schale *entfernen* oder jemanden *schälen*: entkleiden. In Schale *sein*, sich in Schale *werfen* oder ähnlich: sich sorgfältig, gut anziehen.

Schaluppe
Im 17. Jahrhundert aus dem Französischen entlehntes, ursprünglich niederländisches Wort für ein großes Boot. Im übertragenen Sinne eine ältere, jugendlich zurechtgemachte Frau. Die Vergleiche der Frau mit einem Schiff sind sehr zahlreich und umgangssprachlich weit verbreitet. Siehe → Dampfer, → Fregatte, → Schulschiff.

Schani
Mundartlich vor allem in Österreich für einen Bediensteten, Kellnerjungen, Leibwächter, Aufpasser oder auch Zuhälter. Von dem französischen Vornamen Jean für Johann abgeleitet. Im 18./19. Jahrhundert weit verbreiteter Name für herrschaftliche Diener. Nicht zu verwechseln mit den Mundartformen Schandi und Schandl oder ähnlich, die von Gendarm, Polizist abgeleitet sind.

scharf
Im obszönen Vokabular bedeutungsgleich mit → geil. Jemanden scharf *machen*, *schärfen*, *anschärfen* oder ähnlich: sexuell erregen. Im Rotwelschen bedeutet die Redewendung scharf *auf den Leim* soviel wie lüstern, begierig, geil sein. *Scharfmacher*: ein Mann mit starker sexueller Ausstrahlung und großer sexueller Geschicklichkeit. Auch: *Scharfmacherin*.

Scharte
Eigentlich eine Vertiefung oder Öffnung, auch eine schadhafte Stelle in einem Hieb- oder Schneidwerkzeug. Im obszönen Sprachgebrauch die weibliche Scheide oder der After. Die Scharte *auswetzen*: genitale oder anale Selbstbefriedigung oder Partnermasturbation, seltener Geschlechts- oder Analverkehr.

Scharteke
Eigentlich ein altes, wertloses Buch. Im übertragenen Sinne eine ältere, sexuell reizlose Frau.

Schatulle
Mit Schachtel verwandtes germanisch-lateinisches Wort für ein Geld- oder Schmuckkästchen oder auch für die Privatkasse eines Fürsten oder Staatsoberhauptes. Im obszönen Vokabular die Frau oder Freundin ganz allgemein oder die weibliche Scheide. Vergleiche → Schachtel.

Schatzkästchen
Auch: *Schatzkammer*, *Schatztruhe* oder ähnlich: die weibliche Scheide; in der Analerotik der After.

Schaufenster
Dekolleté. Auch: *Schaukasten*, *Schaubude* oder ähnlich.

schaukeln
Geschlechts- oder Analverkehr ausüben. Auch: *Schaukelei*. Ein *Schaukelpferd* ist eine Sexualpartnerin oder eine Prostituierte oder ein passiver homosexueller Mann beim Analverkehr.

Schaum
Die männliche Samenflüssigkeit. *Schaumschläger*: der Penis; bei Selbstbefriedigung oder Partnermasturbation die Hand. *Schaumschlägerei*:

Selbstbefriedigung oder Masturbation durch einen weiblichen oder männlichen Partner.

Schecks
Auch: *Schicks, Schöcks* oder ähnlich: mundartliche und Rotwelsch-Ausdrücke für einen jungen Sexualpartner, Freund oder Liebhaber. Verwandt mit → *Schickse.*

Scheibe
Weit verbreitetes volkstümliches Tarnwort für den After und für Kot. *Scheibenhonig, Scheibenkleister* oder ähnlich: Scheiße. *Scheibenschießen, scheibenstechen* oder ähnlich: Analverkehr. Die Scheibe *waschen, scheibenwischen* oder ähnlich: anal-orale Praktiken ausüben. Die Scheibe *reiben, blank putzen, wichsen* oder ähnlich: anale Masturbation ausüben. Ein *Scheibenstecher, Scheibenwischer* oder ähnlich ist ein Mann, der bevorzugt Analverkehr ausübt oder ein Homosexueller.

Scheich
Arabisches Wort für Ältester, für das Oberhaupt eines Beduinenstammes oder auch Ehrentitel islamischer Priester und Gelehrter. Im übertragenen Sinne ein Sexualpartner oder der Geliebte, feste Freund. Der Begriff wird durch entsprechende Beifügungen auf- oder abgewertet. *Toller* Scheich: Frauenverführer, sexuell begehrenswerter Mann. *Komischer, mieser* Scheich oder ähnlich: sexuell uninteressanter Mann. Im Prostituierten-Vokabular ist der Scheich ein Zuhälter.

Scheinwerfer
Straffe weibliche Brüste. In der Analerotik das entblößte Gesäß. Die oder den Scheinwerfer *putzen:* Brustmanipulationen, orale Brustreizungen, Brustverkehr oder anale Manipulationen, anal-orale Kontakte oder auch Analverkehr.

Scheiße
Germanisches Wort für Ausscheidung, Kot. Derber Fluch mit zahlreichen Beifügungen und in verschiedenen Wortzusammensetzungen. Verdammte Scheiße! Scheißkerl! *Scheißen:* Kot ausscheiden, Notdurft verrichten, Stuhlgang haben. Dementsprechend bedeutet im obszönen Vokabular Scheiße *bohren, stechen* oder ähnlich: Analverkehr ausüben; Scheiße *kitzeln, streicheln* oder ähnlich: anale Masturbation; Scheiße *lecken, riechen, lutschen* oder ähnlich: anal-orale Praktiken ausüben. *Scheißhaus:* WC.

Schelle
Mittelhochdeutsches Wort für Glöckchen, Klingel. Die *Schellen* sind die Hoden. Die Schellen *läuten,* mit den Schellen *klingeln* oder *schellen:* mit den Hoden spielen. Der *Schellenjunge, Schellenbube* oder *Schellbube* ist in verhüllender Anlehnung an das Schellen als Farbe im deutschen Kartenspiel ein homosexueller Mann oder ein Strichjunge. *Schellenbeutel:* Hodensack.

Scherbe(n)
Mittelhochdeutsche Bezeichnung für das Bruchstück eines irdenen Gefäßes, Topfes. Im übertragenen Sinne eine ältere, sexuell reizlose, ver-

brauchte Frau; seltener die weibliche Scheide. Mundartlich heißt die Scherbe auch *Scherbel*. Daher *scherbeln* für ausgelassenes, wildes Tanzen, bei dem alles aus der Ordnung zu geraten und in Trümmer zu gehen droht.

Scheune
Synonym für die weibliche Scheide. In der Analerotik der After. Auch: *Scheunentor*. In die Scheune *einfahren*: das Glied in die Scheide oder in den After einführen, Geschlechts- oder Analverkehr ausüben. *Alte, verwahrloste, dreckige, baufällige* Scheune oder ähnlich: sexuell verbrauchte, heruntergekommene Frau, unsaubere Scheide.

Schicht
Prostituierten-Ausdruck für Strich. *Auf* Schicht *gehen:* auf den Strich gehen. *Schichtarbeiterin, Schichtmädchen* oder ähnlich: Prostituierte: *Schichtarbeiter, Schichtjunge:* männlicher Prostituierter.

Schickse
Wie → Schecks oder Scheeks mundartlicher und Rotwelsch-Ausdruck für eine Sexualpartnerin, Freundin oder auch Prostituierte. Durch entsprechende Beifügungen wird der Begriff auf- oder abgewertet und kann dann auch ganz allgemein in der Bedeutung von Mädchen oder Frau gebraucht werden. Meistens wird das Wort jedoch in einem abfälligen, verächtlichen Sinne gebraucht.

schieben
Umgangsssprachlich-bildhafter Ausdruck für tanzen. Im obszönen Sprachgebrauch die Ausübung von Geschlechts- oder Analverkehr. Auch → verschieben, eine → Nummer schieben oder ähnlich. Der *Schieber* ist eine Rotwelsch-Bezeichnung für Penis.

Schiene
Umgangssprachliche Bezeichnung für Mädchen, Frau oder die weibliche Scheide.

schießen
Umgangssprachlich weit verbreitetes, bildkräftiges Synonym für die Ausübung von Sexualverkehr, insbesondere für Geschlechts- und Analverkehr. Vergleiche → abschießen. Der *Schieß, Schießling* oder ähnlich ist im Rotwelschen das männliche Glied. *Schießscheibe:* der After oder die weibliche Scheide. Vergleiche → Scheibe. Der *Schuß* ist der männliche Samenausstoß. Ähnlich wie → Nummer sind drei oder vier Schuß, *Schüsse* oder *Abschüsse* drei oder vier Höhepunkte.

schiffen
Ursprünglich bedeutete das germanische Wort Schiff ausgehöhlter Stamm, Einbaum oder auch Gefäß, Geschirr. Im Sinne von Geschirr erhielt es in der Studentensprache des 18. Jahrhunderts die Bedeutung von Nachtgeschirr. Davon wurden dann schiffen für Urinieren und *Schiffe* für Urin abgeleitet. In dieser obszönen Bedeutung gelangten diese Ausdrücke bald in die Mundarten und verbreiteten sich derb umgangssprachlich. *Schifferliebe:* Tarnwort der Urolagnie und Urophagie für sexuelle Praktiken, bei denen der Urin eine

Rolle spielt. *Schiffer* oder *Schifferin:* männlicher oder weiblicher Uromane. *Schiffersekt:* Urin.

Schinken
Das Gesäß. Schinken *kauen, lecken, schlecken* oder ähnlich: anal-orale Praktiken ausüben. Schinken *spießen, stechen* oder ähnlich: Analverkehr ausüben. Schinken *klopfen, zupfen* oder ähnlich: anale Masturbation. Seltener wird Schinken auch im Sinne von Mädchen, Frau oder Prostituierte gebraucht. *Schinkenspezialist:* ein auf Analverkehr fixierter oder homosexueller Mann.

Schlafsack
Präservativ.

Schlafzimmeraugen
Volkstümliche Bezeichnung für verliebte, sexuell gierige und erregte Augen. Auch: *Schlafzimmerblick.*

Schlachtschiff
Eine sexuell leistungsfähige Frau oder eine erfahrene Prostituierte.

Schlagbolzen
Tarnwort für Penis.

Schlagsahne
Das männliche Ejakulat. Schlagsahne *rühren, anrühren, schütteln* oder ähnlich: Selbstbefriedigung oder Partnermasturbation. Schlagsahne *essen, lecken, schlecken* oder ähnlich: Fellatio ausüben und Ejakulat in den Mund nehmen. Vergleiche → Sahne.

Schlammtüte
Vulgäre Bezeichnung für eine unsaubere weibliche Scheide. Auch: *Schlammloch, Schlammkanal, Schlammnest* oder ähnlich. *Schlammsauger:* ein Mann, der bevorzugt Cunnilingus ausübt. *Schlammsaugerin:* eine homosexuelle Frau. *Schlammlöffel, Schlammrührer* oder ähnlich: Penis. Vereinzelt werden diese Wörter auch auf den After bezogen.

Schlampe
Mundartlicher Ausdruck für eine unsaubere, liederliche Frau oder eine Halbprostituierte. Auch: Schlumpe oder Schlampampe. Durch zwei Satiren von Christian Reuter über »Frau Schlampampe« wurde das Wort im 17./18. Jahrhundert populär.

Schlange
Altes Symbol der Falschheit und List. Die Schlange ist feuchtglitschig, schwer mit den Händen zu fangen, außerdem oft giftig und gefährlich. In der biblischen Geschichte führt der falsche Rat der Schlange zu Adams Sündenfall und zur Vertreibung aus dem Paradies. Dadurch ist die Schlange eng mit der Sexualsymbolik verknüpft. Besonders volkstümlich sind die Ausdrücke *falsche* Schlange und *Giftschlange* für eine raffinierte, intrigante Frau. Eine *Brillenschlange* ist eine sexuell reizlose Brillenträgerin. *Klapperschlange:* eine dürre Frau. Im Vokabular des Sadismus-Masochismus sind *Schlangen* Hand- und Fußketten. *Schlangenbecken, Schlangengrube* oder ähnlich: ein Lokal für homosexuelle Frauen.

Schlappschwanz
Im obszönen Sprachgebrauch ein schlaffer Penis oder impotenter Mann.

Schlauch
Synonym für Penis, seltener für After. *Schlauchen* für hart hernehmen, schleifen, drillen, ist ein Soldaten-Ausdruck des 20. Jahrhunderts, der eigentlich bedeutet, jemanden so weich machen wie einen Schlauch. Im Sprachgebrauch des Sadismus-Masochismus ist damit die energische, brutale Behandlung des Masochisten gemeint. Vergleiche → Disziplin, → Dressur, → Drill. *Schläuche* sind schlaffe weibliche Hängebrüste.

schlecken
Fellatio, Cunnilingus oder anal-orale Praktiken ausüben. Siehe → lecken. Im Prostituierten-Jargon ist die *Schleckerin* eine auf Fellatio spezialisierte Prostituierte. *Schleckerl* ist ein Rotwelsch-Ausdruck für einen homosexuellen Mann oder eine homosexuelle Frau.

Schlegel
Synonym für Penis.

Schlegelmilch
Das Ejakulat des Mannes. Auch: *Schlegelsahne*.

Schleiereule
Eine häßliche, sexuell reizlose Frau. Auch: *Schleierente*.

schleifen
Im Vokabular des Sadismus-Masochismus wie drillen und schlauchen aus der Soldaten-Sprache übernommener Ausdruck für die brutale Behandlung eines Masochisten durch einen sadistischen Sexualpartner oder eine Prostituierte.

Schleifstein
Synonym für das männliche Glied. Den Schleifstein *wetzen*: Selbstbefriedigung oder Partnermasturbation.

Schleim
Das männliche Ejakulat. *Schleimen* oder *ausschleimen*: ejakulieren. *Schleimbubi*, *Schleimlecker* oder ähnlich: homosexueller Mann.

Schlepper
Hamburger Ausdruck für den Kundenwerber, Anreißer, Zutreiber für ein Bordell oder ein Nachtlokal.

Schlepptau
Die seemännische Redensart, jemanden ins Schlepptau nehmen, bedeutet im obszönen Sprachgebrauch das Mitnehmen eines Kunden oder eines Sexualpartners.

schleudern
Selbstbefriedigung des Mannes oder Partnermasturbation. Ein *Schleuderer* ist ein Mann mit Vorliebe für Selbstbefriedigung oder ein Homosexueller. Auch: *Schleuderakrobat*.

Schlips
Tarnwort für Penis.

Schlitten
Umgangssprachliche Bezeichnung für Mädchen, Frau oder auch Prostituierte. Durch entsprechende Bei-

fügungen wird der Begriff auf- oder abgewertet. Schlitten *fahren*: Sexualverkehr ausüben.

Schlitz
Umgangssprachlich weit verbreitete Bezeichnung für die weibliche Scheide. *Schlitze, Schlitzerl, Schlitzamsel* oder ähnlich: Prostituierte. Den Schlitz *ausraspeln, stopfen, verlöten* oder ähnlich: Geschlechtsverkehr ausüben. Den Schlitz *aufschneiden, öffnen, aufbohren, aufreißen* oder ähnlich: deflorieren. Den Schlitz *reiben, massieren, zupfen* oder ähnlich: Selbstbefriedigung oder Partnermasturbation. Den Schlitz *ausblasen, auspusten, ablutschen* oder ähnlich: Cunnilingus ausüben. *Schlitzmesser, Schlitzputzer* oder ähnlich: Penis.

Schloß
Die weibliche Scheide. Das Schloß *aufbrechen*: deflorieren oder auch vergewaltigen.

Schlot
Tarnwort für After, seltener für die weibliche Scheide oder auch für Penis. *Schlotfeger, Schlotputzer*: auf Analverkehr fixierter oder auch homosexueller Mann. Den Schlot *ausblasen*: anal-oraler Kontakt. Den Schlot *ausputzen*: anale Masturbation oder Analverkehr.

Schlunze
Rotwelsch-Ausdruck für Sexualpartnerin, Freundin, Geliebte. Wird mundartlich auch im Sinne von → Schlampe oder Schlumpe gebraucht.

Schlurf
Rotwelsch-Bezeichnung für Zuhälter.

schlürfen
Cunnilingus oder Fellatio ausüben. Siehe → lecken und → schlecken.

Schlurre
Mundartlicher Ausdruck für einen heruntergekommenen männlichen Prostituierten.

Schlüssel
Synonym für das männliche Glied, vor allem für den erigierten Penis. Das Schlüsselloch ist die weibliche Scheide, in der Analerotik der After.

Schmachtfetzen
Volkstümliche Bezeichnung für romantischen Verehrer oder eine sentimentale Verehrerin.

Schmachtlocke
Bei Frauen und Männern sorgfältig in die Stirn gekämmte oder gelegte Haarwelle.

schmaichen
Mit schmeicheln verwandter Rotwelsch-Ausdruck für flirten und liebkosen.

Schmalz
Das Ejakulat oder auch die Drüsenabsonderungen in der weiblichen Scheide oder an der Eichel des männlichen Gliedes. Siehe → Quark.

Schmant
Mundartlicher Ausdruck für Sahne, Rahm. Im obszönen Vokabular die männliche Samenflüssigkeit.

Schmatz
Mundartliche Bezeichnung für einen herzhaften, lauten Kuß. *Schmatzen:* küssen. *Abschmatzen:* abküssen. Auch: *Schmotz* oder *Schmotzer* und *schmotzen*.

Schmeichelkatze
Eine zärtliche Frau, die auch gern Zärtlichkeiten empfängt.

Schmeißfliege
Eine große, blauschimmernde Fliege, auch Brummer genannt, die ihre Eier an Fleisch und Aas ablegt. Diese Eier wurden fälschlich für Kot gehalten. Deshalb erhielt die Fliege den Namen Schmeiß- oder Kotfliege. Das mittelhochdeutsche Geschmeiß bedeutet eigentlich Unrat, Auswurf, Kot. Im obszön übertragenen Sinne ist eine Schmeißfliege ein auf Analverkehr fixierter oder homosexueller Mann oder auch ein koprophiler Mann oder eine koprophile Frau.

schmelzen
Rotwelsch-Ausdruck für Notdurft verrichten, Stuhlgang. *Schmelze:* Kot. *Schmelzer:* der After.

Schmetterling
Volkstümliche Bezeichnung für ein flatterhaftes, sexuell unbeständiges Mädchen. Vergleiche → Falter.

Schmiere
Umgangssprachliches Tarnwort für Gleitmittel zum Geschlechts- oder Analverkehr. Auch: *Schmierfett, Schmieröl* oder ähnlich.

schmusen
Aus dem Jiddischen ins Rotwelsche übernommene und von dort in die Umgangssprache eingegangene Bezeichnung für flirten, schöntun, liebkosen. Der *Schmus* ist Liebkosung, Zärtlichkeit, Schmeichelei. *Schmuser* oder *Schmuspeter*: ein Mann, der gern zärtlich ist und gern Zärtlichkeiten empfängt. Auch *Schmuserin*. Bedeutungsgleich ist → Schmeichelkatze. *Schmuserei*: Austausch von Zärtlichkeiten.

Schnalle
Umgangssprachlich weit verbreiteter Ausdruck für die weibliche Scheide oder eine Prostituierte. *Schnallen, aufschnallen, anschnallen* oder ähnlich: Geschlechtsverkehr ausüben. *Schnallenbunker, Schnallenladen, Schnallensilo* oder ähnlich: Bordell. *Schnallentreiber:* Zuhälter. *Schnallenrennen* oder *Schnallenritt:* Geschlechtsverkehr oder auf den Strich gehen.

Schnapper
Im Vokabular des Sadismus-Masochismus ein Klapp- oder Schnappmesser.

Schnecke
Die weibliche Scheide oder eine Prostituierte; häufig auch ganz allgemein ein Mädchen oder eine Frau.

Schneehuhn
Eine gefühlskalte, frigide Frau oder eine Wintersportlerin. Auch: *Schneekuh*.

Schnellfick
Auch: *Schnellimbiß, auf die Schnelle*

oder ähnlich: hastiger, eiliger Sexualverkehr; im Prostituierten-Jargon schnelle Kundenbedienung.

Schnepfe oder **Schneppe**
Ein sexuell triebhaftes Mädchen, eine Gelegenheitsdirne oder Prostituierte. Die Herkunft dieser weit verbreiteten Bezeichnung ist nicht zuverlässig gesichert. Die Ableitung von dem gleichnamigen Sumpfvogel und vom sogenannten Schnepfenstrich, dem Balzflug, auf dem der Vogel geschossen wird, ist nicht gesichert.

Schnippelchen
Kleiner Penis, Kinderpenis.

Schnittling
Im Vokabular des Sadismus-Masochismus das Messer, der Dolch oder andere Schneidgeräte. Auch: *Schneidling*.

Schnuller
Eigentlich ein Saugpfropfen oder Sauglappen, insbesondere ein Gummisauger für Kleinkinder. Im übertragenen Sinne das männliche Glied.

Schnupfen
Tripper → Kavaliersschnupfen.

Schnur
Wie → Leine; Rotwelsch-Ausdruck für Strich.

schockeln oder **schö(c)keln**
Vom Jiddischen schogal abgeleitete Rotwelsch-Bezeichnung für die Ausübung von Geschlechtsverkehr.

Schonzeit
Menstruation.

Schosa
Rotwelsch-Bezeichnung für die weibliche Scheide.

Schoßhund
Im Sprachgebrauch der Zoophilie ein Hund, der auf sexuelle Kontakte mit einer Frau oder mit einem Mann abgerichtet ist.

Schott(e)
Niederdeutsches Wort der Seemannssprache für Scheidewand. Im obszönen Sprachgebrauch bedeutungsgleich mit → Klappe. *Schottenheini*: billiger Strichjunge, der in öffentlichen Toiletten Kunden sucht.

Schrank
Auch: *Kleiderschrank, Schrankkoffer, Kleiderständer* oder ähnlich. Ein großer muskulöser Mann, der oft sexuell leistungsfähiger aussieht als er ist.

Schraube
Die weibliche Scheide, eine Prostituierte oder eine sexuell reizlose Frau. Auch: *Schreckschraube, Schraubenmutter* oder *Schraubendampfer*.

Schreff
Mittelhochdeutsches Wort für Ritze. Im übertragenen Sinne die weibliche Scheide, eine Prostituierte oder auch ganz allgemein Frau oder Mädchen. *Schreffen* bedeutet ursprünglich ritzen. Heute mundartlich und im Rotwelschen die Ausübung von Geschlechtsverkehr. Im sadistisch-masochistischen Sprach-

gebrauch ist schreffen das körperliche Mißhandeln oder auch Schneiden und Stechen des Masochisten durch den Sadisten.

Schrippe
Berliner Mundart-Ausdruck für ein längliches Brötchen mit einem Längsschnitt, Ritze, auf der Oberseite. Das Wort geht auf das mittelhochdeutsche Wort → Schreff zurück und ist im obszönen Vokabular damit bedeutungsgleich. *Alte* Schrippe: ältere, verbrauchte Frau oder eine heruntergekommene Prostituierte. *Knusprige, leckere* Schrippe oder ähnlich: hübsches junges Mädchen. *Belegte* Schrippe: verheiratete Frau oder ein Mädchen mit einem festen Freund.

Schubfach, Schubkasten, Schublade
Wie → Karton, → Kasten oder → Kiste umgangssprachliche Tarnwörter für die weibliche Scheide, die Frau oder auch eine Prostituierte. In der Analerotik Bezeichnung für den After.

Schuhfreier
Prostituierten-Ausdruck für einen Schuh-Fetischisten.

Schulschiff
Eigentlich ein Schiff zur Nachwuchs-Ausbildung für die Kriegs- und Handelsmarine. Im übertragenen Sinne eine ältere, sexuell erfahrene Frau, bei der junge Männer etwas lernen und sexuelle Erfahrungen sammeln können.

Schürzenjäger
Volkstümliche Bezeichnung für einen Mann, den jede Schürze, jede Frau sexuell interessiert. Da die Schürze ein altes Symbol der Frau ist, hat Schürzenjäger die Bedeutung eines unbeständigen Mannes mit oft wechselnden Sexualpartnerinnen. Auch: *Schürzenjagd*.

Schuß
Siehe → schießen.

Schusterjunge
Das männliche Glied. *Schustern:* Geschlechts- oder auch Analverkehr ausüben.

schütteln
Selbstbefriedigung oder Partnermasturbation. Auch: einen *abschütteln, herunterschütteln* oder ähnlich. Wird vor allem für die Masturbation des Mannes, seltener für die Frau gebraucht.

Schützenloch
Die weibliche Scheide oder der After. Auch: *Schützengraben*.

schwach machen
Jemanden verführen oder sexuell vollständig befriedigen. Das *schwache Geschlecht:* die Frau.

Schwalbe
Prostituierte oder auch Mädchen, Frau.

Schwanz
Eines der umgangssprachlich am weitesten verbreiteten bildhaften Synonyme für Penis. *Schwanzbeißer, Schwanzkauer, Schwanzlutscher*

oder ähnlich: homosexueller Mann. *Schwanzlutscherin* oder ähnlich: eine Frau, die vorwiegend Fellatio ausübt. *Schwanzmasseur, Schwanzputzer* oder ähnlich: ein auf Selbstbefriedigung fixierter oder homosexueller Mann. *Schwanzmasseuse* oder ähnlich: eine Frau, die bevorzugt Partnermasturbation ausübt. *Schwanzklemme, Schwanzklammer, Schwanzfalle* oder ähnlich: die weibliche Scheide oder der After. *Schwanzfutteral*: Präservativ. *Schwanzgeld*: das Honorar für einen männlichen Prostituierten. *Schwanzparade*: nackte Männer beim Arzt, beim Militär, beim Gruppensex oder ähnlich.

Schwarm
Von schwärmen, verehren, abgeleiteter volkstümlicher Ausdruck für die Angebetete oder einen heimlich verehrten Mann.

Schwarzarbeit
Prostitution einer amtlich nicht Gemeldeten; geheime, inoffizielle Prostitution. Ein *schwarzer Freier* ist der Kunde einer Prostituierten, dessen Geld sie dem Zuhälter unterschlägt. In diesem Sinn wird manchmal auch der Ausdruck Schwarzarbeit gebraucht. Auch *Schwarzfick, schwarz vögeln* oder ähnlich.

Schweif
Siehe → Schwanz.

Schwein
Siehe → Sau.

Schweinigel
Harmloses Schimpfwort für einen Mann, der lüsterne Geschichten, zweideutige Anekdoten und obszöne Witze liebt und überhaupt in sexueller Hinsicht nicht prüde ist. Im Niederdeutschen *Swinegel*. Von der schweineähnlichen Schnauze des Igels im 17. Jahrhundert abgeleitete volkstümliche Bezeichnung für den Igel. Seit dem 18. Jahrhundert Schimpfwort. Auch: *schweinigeln*.

Schweißbrenner
Synonym für Penis.

Schwengel
Synonym für Penis.

Schwerenöter
Harmloses volkstümliches Schimpfwort für einen lebenslustigen, leichtsinnigen Mann und Schürzenjäger. Die Fallsucht, Epilepsie wurde im 17./18. Jahrhundert schwere Not genannt. Dementsprechend war ein Schwerenöter ursprünglich ein Mann, dem man wegen seines liederlichen Lebenswandels eine Krankheit wünschte.

Schwert
Synonym für das männliche Glied.

Schwester
Im Vokabular der männlichen Homosexualität ein femininer, passiver Homosexueller. Wird unter passiven homosexuellen Männern auch als Anrede gebraucht. Vergleiche → Trine. Im Rotwelschen ist Schwester ein homosexueller Mann ganz allgemein. *Schwesternheim*: ein Lokal für homosexuelle Männer.

schwuchteln
Eigentlich altes deutsches Wort für

schwanken, ausgelassen herumspringen, in den Hüften wiegen, tänzeln. Im Sprachgebrauch der männlichen Homosexualität ist damit das gekünstelte weibliche Benehmen und der trippelnde, wiegende Gang der femininen homosexuellen Männer gemeint. Ein in dieser Weise schwuchtelnder Homosexueller wird *Schwuchtel* genannt. Er ist der passive, »weibliche« Sexualpartner. Im Rotwelschen und in mitteldeutschen Mundarten bedeutet *schwuchten* oder *schwuchteln* links herum tanzen oder sich beim Gehen in den Hüften wiegen.

schwul
Im 17. Jahrhundert vom Niederdeutschen ins Hochdeutsche übernommenes Wort für drückend heiß. Im 18. Jahrhundert in schwül umgewandelt. Im 19. Jahrhundert wurde in der Berliner Mundart und im Rotwelschen die alte Form in Anlehnung an warm auf homosexuell übertragen. In dieser Bedeutung erfuhr der Ausdruck schwul weite Verbreitung und zahlreiche Abwandlungen. *Schwul sein:* homosexuell veranlagt sein. *Schwulen, herumschwulen,* jemanden *beschwulen* oder ähnlich: sich homosexuell betätigen. *Schwuler:* homosexueller Mann. *Schwule:* homosexuelle Frau. *Schwule Bande:* männliche Prostituierte oder auch homosexuelle Frauen. Schwule *Fahrt:* homosexuelle Prostitution. Schwuler *Laden, Schuppen, Stall* oder ähnlich: Lokal für homosexuelle Männer oder homosexuelle Frauen. Schwuler *Bruder:* homosexueller Mann. Vergleiche → warm.

segeln
Auf den Strich gehen, heterosexuelle oder homosexuelle Prostitution ausüben. *Segelboot* oder *Segelschiff:* Prostituierte. *Segeljacht:* teure Prostituierte, Edelhure. *Segler:* Strichjunge.

Seiche
Mittelhochdeutsches Wort für Harn, Urin. Auch: *Se(e)che. Seichen* oder *se(e)chen:* Harn lassen, urinieren. *Seichamsel* oder *Se(e)chamsel:* Schimpfwort für ein junges, sexuell noch unerfahrenes Mädchen oder eine Prostituierte. Vergleiche → pinkeln und → pissen.

Seitengewehr
Synonym für Penis.

Seitensprung
Vorübergehendes sexuelles Verhältnis eines verheirateten Mannes oder einer verheirateten oder fest befreundeten Frau.

Sekt
Tarnwort für Urin. Auch *Natursekt* oder *Pinkelsekt.*

Selbstbedienung
Männliche oder weibliche Selbstbefriedigung. Auch: *Selbsterzeugung, Selbsthilfe, Selbsttröstung, Selbstverbrauch, Selbstversorgung, Selbstverwaltung, Selbstwähldienst, Selbstzündung* oder ähnlich.

Sellerie
Siehe → Familienglücksalat.

Semmel
Siehe → Brötchen.

Sendepause
Vorübergehende Impotenz. Auch: *Sendestörung*.

Sender
Tarnwort für das männliche Glied. *Kurzwellensender:* kleiner Penis; *Mittelwellensender:* Penis von durchschnittlicher Größe; *Langwellensender:* großer Penis.

Senf
Tarnwort für Kot. *Senffaß, Senfglas, Senftopf* oder ähnlich: der After. Senf *lecken, naschen* oder ähnlich: Kot essen. Den Senftopf *rühren*: Analverkehr ausüben.

Sense
Mit Säge verwandtes Synonym für Penis. *Sensen* oder *absensen*: Geschlechts- oder Analverkehr ausüben. Da schneiden die Grundbedeutung von sensen ist, bezieht sich der Ausdruck im sadistisch-masochistischen Sprachgebrauch auf das Schneiden und Stechen des masochistischen Partners. *Senser* oder *Senserin*: männlicher oder weiblicher Messersadist.

servieren
Vom lateinisch-französisch-englischen Service für Bedienung, Kundendienst, abgeleitetes Wort für das Auftragen von Speisen bei Tisch oder bei anderen Gelegenheiten mit etwas bedienen. Im obszön übertragenen Sinne ist damit die sexuelle Befriedigung des Partners gemeint. *Abservieren*: ein Verhältnis beenden, einem Sexualpartner den Laufpaß geben.

Sexbombe
Umgangssprachliche Bezeichnung für eine attraktive, verführerische und sexuell leistungsfähige Frau.

Sexmuffel
Muffeln ist ein mit *mucken* verwandter umgangssprachlicher Ausdruck für verdrießlich, mürrisch sein, murren. Daher ist ein Sexmuffel oder auch *Sexmucker* ein Mensch, der an natürlicher, ungehemmter Sexualität keine Freude hat.

Sexprotz
Seit dem 19. Jahrhundert ist Protz eine allgemein gebräuchliche Bezeichnung für Angeber. Daher Sexprotz oder *Sexualprotz* für einen Mann, der mit seinen sexuellen Erfolgen und seiner Leistungskraft angibt. *Sexprotzerei*: sexuelle Angabe.

Sichel
Werkzeug mit stark gebogener Klinge zum Grasschneiden. Tarnwort für Penis. *Sicheln*: Geschlechts- oder Analverkehr ausüben.

Sicherung
Hymen bei der Frau; Präservativ beim Mann. *Durchgebrannte* Sicherung: Defloration oder fehlerhaftes Präservativ; seltener unerwünschte Empfängnis und Schwangerschaft.

Sirene
Verführerische, sexuell begehrenswerte Frau. Von den gleichnamigen dämonischen Zauberwesen der griechischen Mythologie abgeleitet, die auf einer sagenhaften Insel lebten und mit ihrem betörenden Ge-

sang vorüberfahrende Seeleute anlockten, um sie zu töten.

Sitte
Umgangssprachlich-verhüllende Abkürzung für Sittenpolizei. Im Prostituierten- und Zuhälter-Jargon *Sittenbulle* für Sittenpolizist und *Sittenkuh* für Sittenpolizistin. *Sittenherde*, *Sittenrudel* oder ähnlich: Streife der Sittenpolizei, Razzia.

Sittenstrolch
Volkstümliche Bezeichnung für einen Mann, dessen Sexualverhalten moralisch verurteilt wird.

sitzenlassen
Ein festes Verhältnis lösen, sich für den ehemaligen Partner oder die Partnerin sexuell nicht mehr interessieren; ihm oder ihr den Laufpaß geben.

Sitzfleisch
Volkstümliche Bezeichnung für Gesäß. Auch: *Sitzfett*, *Sitzleder*, *Sitzling*, *Sitzspeck* oder ähnlich.

Sitzung
Umgangssprachliches Tarnwort für Notdurft verrichten, Stuhlgang haben. *Sitzungssaal*, *Sitzungszimmer* oder ähnlich: WC.

Skandalnudel
Eine Frau, die aus Hysterie oder Berechnung in der Öffentlichkeit Szenen macht, Skandale verursacht; seltener ein Mann.

Sklave
Aus dem Lateinischen entlehntes mittelhochdeutsches Wort für einen entrechteten, unfreien, leibeigenen Menschen. Im Sprachgebrauch des Sadismus-Masochismus ein seinem sadistischen Herrn oder seiner Herrin sexuell höriger Masochist. Auch: *Sklavin*, *Sklavenfessel* oder *Sklavenkette*: Hand- und Fußfesseln aus Leder oder Eisen.

Soforthilfe
Männliche oder weibliche Selbstbefriedigung.

Soße
Im Vokabular des Sadismus-Masochismus das Blut. Außerdem auch die männliche Samenflüssigkeit. *Soßenlöffel*: Penis.

Spachtel
Eigentlich ein Werkzeug zur Oberflächenbearbeitung. Im übertragenen Sinne das männliche Glied. *Spachteln*: Geschlechts- oder Analverkehr ausüben. Da spachteln im Rotwelschen und mundartlich auch die Bedeutung von mit gutem Appetit essen hat, bezeichnet es im obszönen Sprachgebrauch auch die Ausübung oral-genitaler oder oral-analer Praktiken.

Spagat
Ableitung vom italienischen spago für Bindfaden, Schnur. Da im Rotwelschen und im Prostituierten-Jargon → Leine im Sinne von Strich gebraucht wird, wurde auch Spagat für Schnur in gleicher Bedeutung übernommen.

Spalt(e)
Wie → Rille und → Ritze weit verbreitete bildkräftige Bezeichnung

für die weibliche Scheide, seltener für den After. In der Analerotik ist eine *Zweispaltige* eine Frau, weil man mit ihr genital und anal verkehren kann. *Einspaltiger:* homosexueller, passiver Mann für den Analverkehr.

Spange
Im sadistisch-masochistischen Sprachgebrauch die Handschellen und Fußeisen.

spanische Stiefel
Prostituierten-Ausdruck für hohe, enge Schnürstiefel zur Bedienung masochistischer oder fetischistischer Kunden. *Spanischer Kragen:* Halseisen. *Spanisches Rohr* oder spanischer *Stock:* Rohrstock. Spanische *Leine:* Peitsche.

spannen
Wird mundartlich und im Rotwelschen in der Bedeutung von beobachten, aufpassen, belauern, sehen gebraucht. Im obszönen übertragenen Sinne ist damit die Beobachtung sexueller Handlungen anderer Personen gemeint. *Spanner:* Voyeur.

Spargelsalat
Siehe → Familienglücksalat.

Spargel
Volkstümliches Synonym für Penis. *Spargelkraut:* das männliche Schamhaar. *Spargelcreme* oder *Spargelsuppe:* die Samenflüssigkeit des Mannes.

Sparkasse
Auch: *Sparbüchse, Sparschwein* oder ähnlich: Zuhälter-Ausdruck für die Prostituierte.

Spätzünder
Ein Mann, der längere Zeit braucht, bis er erigiert oder ejakuliert. Auch: *Spätzünderin* und *Spätzündung.* Vergleiche → Frühstarter.

Spatz
Volkstümliche Bezeichnung für ein kesses junges Mädchen. Auch: *frecher* Spatz. Außerdem Synonym für das männliche Glied. Den Spatz *fliegen* oder *zwitschern lassen:* Sexualverkehr ausüben. Den Spatz *einfangen, in die Hand nehmen* oder ähnlich: Selbstbefriedigung oder Partnermasturbation.

Specht
Synonym für das männliche Glied. Den Specht *hacken lassen:* Sexualverkehr ausüben.

Speck
Umgangssprachlicher Ausdruck für Gesäß. *Speckjäger:* in der Analerotik Bezeichnung für einen auf Analverkehr fixierten Mann.

Speer
Synonym für das männliche Glied.

Spelunke
Im 15. Jahrhundert vom lateinischen spelunca für Höhle abgeleitet. Ein verrufenes Lokal, Gaunerkneipe, Prostituierten- und Zuhälter-Lokal oder auch eine billige Kneipe für Gäste mit besonderen sexuellen Neigungen.

Sperenzien, Sperenzchen
Aus dem Lateinischen abgeleiteter umgangssprachlicher Ausdruck für Schwierigkeiten, Umstände, Aus-

flüchte machen. Im obszön übertragenen Sinne falsche Scham, Prüderie, unnötige Ziererei.

Spiegel
Tarnwort für Gesäß. Den Spiegel *anhauchen:* oral-analer Kontakt. Den Spiegel *blank reiben, putzen* oder ähnlich: Analmasturbation oder auch Analverkehr.

Spiel
Sexualverkehr. *Spielalter:* Pubertät. *Spielautomat, Spielwaren* oder *Spielzeug:* Hilfsmittel zur Selbstbefriedigung. *Spielbank, Spieldose, Spielhöhle* oder ähnlich: die weibliche Scheide; in der Analerotik der After. *Spielbein* oder *Spielmann:* Penis. Außerdem ist der Spielmann auch ein auf Selbstbefriedigung fixierter Mann. *Spielen:* Selbstbefriedigung oder Sexualverkehr in beliebiger Technik ausüben. *Spielgefährte* oder *Spielkamerad:* Sexualpartner, Freund, Geliebter. Auch: *Spielgefährtin. Spielwiese:* Bett, Couch, Teppich oder ähnlich.

Spieß
Synonym für Penis. *Aufspießen* oder *spießen:* Geschlechtsverkehr ausüben. Den Spieß *umdrehen:* Analverkehr. *Spießgeselle:* die dritte Person bei Sexualverkehr zu dritt.

Spinatstecher
Rotwelsch-Bezeichnung für einen auf Analverkehr fixierten oder aktiven homosexuellen Mann.

Spinatwachtel
Volkstümliche Bezeichnung für eine hagere, sexuell reizlose Frau.

Spion
Voyeur. Auch: *Spionage* und *spionieren.*

spitz
Umgangssprachlich bedeutungsgleich mit → geil, sexuell erregt; seltener auch für sexuell erregend, geil machend. Der *Spitz* ist das männliche Glied. Auch *Spitzbein. Spitzen:* Sexualverkehr ausüben. *Anspitzen:* jemanden sexuell erregen oder auch Selbstbefriedigung. Der *Spitzer* ist ein auf Vergewaltigung fixierter Mann.

Spritze
Hat im obszönen Sprachgebrauch mehrfache Bedeutung. 1. die weibliche Scheide, 2. Mädchen, Frau, 3. Prostituierte, 4. das männliche Glied, 5. Messer oder Dolch. Die weibliche Scheide wird auch *Spritzdose, Spritzmuschel* genannt. Das männliche Glied ist die *Spritzdüse,* der *Spritzschlauch* oder ähnlich. *Abspritzen, anspritzen, bespritzen, spritzen* oder ähnlich: ejakulieren, schwängern, seltener deflorieren. Im Vokabular des Sadismus-Masochismus haben abspritzen und anspritzen oder ähnlich außerdem die Bedeutung von schneiden oder stechen. *Spritzenhaus:* Bordell.

Spucke
Umgangssprachlicher Ausdruck für Speichel. Im obszönen Sprachgebrauch das Ejakulat. *Spucken:* ejakulieren. Wenn jemandem die Spucke *wegbleibt,* dann ist er impotent. *Spucktuch:* Präservativ.

Spund

Eigentlich eine Öffnung in Fässern und Brunnenröhren sowie ein Zapfen, mit dem diese Öffnung verschlossen werden kann. Die Öffnung ist das *Spundloch;* der Zapfen ist der *Spundhahn* oder *Spundzapfen*. Im übertragenen Sinne ist das Spundloch die weibliche Scheide oder auch der After. Der Spundzapfen ist das männliche Glied. Ein *junger* Spund ist ein junger, sexuell unerfahrener Mann. Das Spundloch *bohren, ausschlagen* oder ähnlich: deflorieren oder auch vergewaltigen. Das Spundlich *ausputzen, ausloten,* im Spundloch *rühren* oder ähnlich: Geschlechts- oder Analverkehr ausüben. *Spundlochbohrer, Spundlot:* Penis. Das Spundloch oder den Spundzapfen *untersuchen, abtasten, prüfen* oder ähnlich: Selbstbefriedigung oder Partnermasturbation.

Stachel

Synonym für das männliche Glied. *Stachelhaut:* Präservativ mit Profil.

Stachelbeerbeine

Volkstümlich-bildhafte Bezeichnung für stark behaarte Beine.

Stall

Umgangssprachliche Bezeichnung für Familie und Elternhaus. Ein *guter, reiner, sauberer* Stall ist ein gutes Elternhaus. *Schmutziger* Stall: schlechte Kinderstube. Der *Hosenstall* ist der Platz für die Geschlechtsteile in der Männerhose. Die *Hosenstalltür* ist ein Schlitz oder eine Klappe. Seltener wird Stall für die weibliche Scheide oder den After gebraucht.

Stammschraube

Halbstarken-Jargon für feste Freundin. Auch: *Stammzahn*.

Stampe

Rotwelsch-Ausdruck für ein verrufenes Lokal. Vergleiche → Spelunke. In neuerer Zeit auch Halbstarken-Bezeichnung für ein Beatlokal.

Ständer

Weit verbreitetes Tarnwort für den erigierten Penis.

Standpauke

Volkstümliche Bezeichnung für eine Strafpredigt. Vergleiche → Gardinenpredigt.

Stange

Synonym für Penis. Die Redensart *eine Stange Wasser in die Ecke, an die Wand stellen* oder ähnlich bedeutet urinieren des Mannes. Die Stange *putzen, reiben* oder ähnlich: Selbstbefriedigung. Jemandem die Stange *halten:* Partnermasturbation. *Heiße* Stange: erigierter Penis, *kalte* Stange: schlaffer Penis; *warme* Stange: homosexueller Mann.

Stapellauf

Im Schiffsbau ist der Stapel eine Unterlage, ein Gerüst aus Blöcken. Beim Stapellauf gleitet der Schiffrohbau vom Stapel ins Wasser. Im übertragenen Sinne ist damit die Defloration gemeint.

Steckdose

Synonym für die weibliche Scheide. Außerdem eine Prostituierte. Der *Stecker* ist das männliche Glied. *Steckkontakt:* Geschlechtsverkehr.

Stehaufmännchen
Volkstümlich-scherzhafte Bezeichnung für Penis. Im Rotwelschen *Steigemännchen*. Außerdem ist ein *Steigauf* oder steigauf *machen* Geschlechts- oder auch Analverkehr.

stehen
In der Redewendung *auf jemanden stehen* soviel wie jemanden sexuell begehren. *Er steht ihm:* einen erigierten Penis, einen → Ständer haben.

Stegreifspiel
Männliche Selbstbefriedigung. Es *aus dem Stegreif machen:* Selbstbefriedigung ausüben.

Steifer
Erigierter Penis. Auch: *einen Steifen haben*. Bedeutungsgleich mit → Ständer.

Steiß
Eigentlich das Hinterteil bei Vögeln, aber auch das Gesäß ganz allgemein. In der Analerotik ist das *Steißbein* der Penis. *Steißtrommler:* eigentlich gehobene Form von → Arschpauker, im obszönen Sprachgebrauch ein Mann mit Vorliebe für Analverkehr oder ein Homosexueller. Auch: *Steißbeinakrobat*.

Stemmeisen
Synonym für Penis. *Stemmen:* Geschlechts- oder Analverkehr ausüben. Außerdem die körperliche Mißhandlung eines Masochisten durch den Sadisten.

Stempel
Synonym für Penis. *Stempeln:* Geschlechts- oder Analverkehr ausüben. Außerdem die körperlich-brutale Behandlung eines Masochisten.

Stengel
Synonym für Penis. *Grüner* Stengel: kleiner, jugendlicher Penis; *geknickter* Stengel: schlaffer Penis; *saftiger* Stengel: ejakulierender Penis.

Stenz
Vermutlich von stemmen und stützen abgeleiteter Rotwelsch-Ausdruck für Stock. *Stenzen* hat dabei die Bedeutung von schlagen oder auch von stehlen, denn stemmen bedeutet im Rotwelschen ebenfalls schlagen oder stehlen. Im obszön übertragenen Sinne ist Stenz ein grober eitler Bursche, ein Zuhälter.

Stepp
Vermutlich aus der Zigeuner-Sprache abgeleitetes Rotwelsch-Wort für Geschlechts- oder Analverkehr. *Einen Stepp machen:* Sexualverkehr ausüben.

Steppke
Ein frecher, kesser Junge. Im übertragenen Sinne ein kleiner, jugendlicher Penis.

Sterz
Altgermanisches Wort für Tierschwanz, insbesondere den Vogelschwanz, und für ein hervorstehendes Tier-Hinterteil. Im Niederdeutschen *Stert*. Im obszönen Sprachgebrauch sind Stert und Sterz Synonyme für das männliche Glied und das Gesäß. Vergleiche → Wippstert.

Steuer
Auch: *Steuerruder* oder *Steuerknüppel* für Penis. Das Steuer *in die Hand nehmen*: Selbstbefriedigung oder Partnermasturbation.

Stich
Geschlechts- oder Analverkehr mit Ejakulation. Drei Stiche sind ein Sexualverkehr mit drei Höhepunkten. Vergleiche → Nummer. Einen Stich *machen*: sexuell bis zum Orgasmus verkehren.

Stichling
Eigentlich ein Knochenfisch mit Stachelflossen. Im Vokabular des Sadismus-Masochismus eine Nadel, ein Messer oder Dolch.

Stiefelmädchen
Auch: *Stiefelfrau, Stiefelkatze, Stiefelnutte* oder ähnlich: Prostituierte für masochistische Kunden.

Stiel
Synonym für Penis. *Stielauge*: Voyeur.

Stier
Germanisches Wort für ein unverschnittenes, junges männliches Rind. Der ausgewachsene Stier ist der → Bulle. Das verschnittene, zur Fortpflanzung unfähige männliche Rind heißt Ochse. Im übertragenen Sinne ist ein Stier ein sexuell unverbrauchter, leistungsfähiger junger Mann.

Stift
Synonym für Penis, insbesondere für einen kleinen, jugendlichen Penis. Im Rotwelschen und in der Umgangssprache wird ein Junge oder Lehrling Stift genannt. Darauf bezieht sich der Ausdruck *Stiftbohrer* für einen homosexuellen Mann, der vorwiegend mit sehr jungen Männern und Knaben verkehrt.

Stock
Synonym für das männliche Glied.

stopfen
Umgangssprachlich weit verbreiteter Ausdruck für die Ausübung von Geschlechts- oder Analverkehr. Jemandem *den Mund* stopfen: oral-genitale Praktiken ausüben. *Stopfbüchse, Stopfhenne* oder ähnlich: Prostituierte, seltener die weibliche Scheide.

Stöpsel
Das männliche Glied. *Stöpseln*: Geschlechts- oder Analverkehr ausüben. *Stöpselfrau, Stöpselfräulein* oder ähnlich: Prostituierte. *Stöpselgeld*: das Honorar für die Prostituierte.

Stoß
Geschlechts- oder Analverkehr. *Stoßen*: Sexualverkehr ausüben. Auch: sich stoßen *lassen*. *Stoßbunker, Stoßburg, Stoßbude* oder ähnlich: Bordell. *Stoßbank, Stoßplatz* oder ähnlich: Bett, Couch. *Stoßflinte, Stoßkolben, Stoßstange, Stößel, Stößer*: Penis. *Stoßbrigade, Stoßtruppe*: in Gruppen beieinander stehende Prostituierte. *Stoßgeschäft, Stoßverkehr*: Prostitution. *Stoßgrube, Stoßloch, Stoßspalte* oder ähnlich: die weibliche Scheide oder der After.

streng
Sammelbegriff für das Verhalten eines männlichen oder weiblichen

Sadisten gegenüber einem masochistischen Sexualpartner. Auch: *strenge Erziehung*. Vergleiche → Disziplin, → Dressur und → Drill.

Strich
Seit dem 17./18. Jahrhundert das Gebiet, in dem die weiblichen und männlichen Prostituierten ihrem Gewerbe nachgehen, sowie die Kundensuche selbst. *Auf den Strich gehen:* das *Strichgebiet* nach Kunden absuchen oder an einem bestimmten festen Platz auf Kunden warten, sowie die Kundenbedienung selbst. *Strichbiene, Strichmädchen, Strichvogel, Stricherin* oder ähnlich: Prostituierte. *Strichbubi, Strichjunge, Stricher* oder ähnlich: männlicher Prostituierter. *Strichkoffer:* die Tasche in der die oder der Prostituierte alles dabei hat, was zur Ausübung des Gewerbes nötig ist. Vergleiche → Buko.

stricken
Sexualverkehr ausüben. Im Vokabular der männlichen und weiblichen Homosexualität auch schwatzen, klatschen, ratschen.

Strizzi
Vom italienischen strizzare für auspressen, erpressen abgeleitete Mundart-Bezeichnung, insbesondere in Wien, für Gauner, Zuhälter.

Strohfeuer
Sexuelle Lust oder Leidenschaft, die so schnell erlischt wie brennendes Stroh.

Strohwitwe
Eine Frau, deren Ehemann oder fester Freund für einige Zeit abwesend ist. Auch: *Strohwitwer*. Damit ist ursprünglich gemeint, daß die betreffende Person auf dem Bettstroh allein gelassen wurde.

Struller
Mundartlich-familiärer Ausdruck für Penis, vor allem für Kinderpenis. *Strullern:* urinieren.

Strumpf
Präservativ.

Stundenbraut
Auch: *Stundenfrau, Stundenmädchen* oder ähnlich: Prostituierte.

Stundenhotel
Absteigequartier für den Sexualverkehr mit einer Prostituierten, einem Strichjungen oder einer flüchtigen Bekanntschaft.

sturmfreie Bude
Das altgermanische Wort Sturm bedeutete nicht nur Unwetter, starker Wind, sondern auch Tumult, Kampf, Angriff, Störung. Darauf bezieht sich der ursprünglich studentische Ausdruck von der sturmfreien Bude. Ein möbliertes Zimmer in dem man ungestört zum »Angriff« auf ein Mädchen übergehen kann.

Stute
Frau. *Junge* Stute: Mädchen. *Warme* Stute: homosexuelle Frau.

suckeln
Mundartlicher Ausdruck für saugen. Im übertragenen Sinne: oralgenitale oder anal-orale Praktiken ausüben.

Sülze
Tarnwort für die männliche Samenflüssigkeit. *Sülzen:* ejakulieren oder auch jemandem den Hof machen.

Sumpfblüte
Auch: *Sumpfblume, Sumpfhuhn* oder ähnlich: eine Prostituierte oder ein leichtsinniges, heruntergekommenes Mädchen. Auch: *Sumpfhahn*. *Sumpfen:* ein leichtsinniges, liederliches Leben führen.

Sündenfall
Deflorieren.

Süppchen
Die männliche Samenflüssigkeit. Ein Süppchen *kochen:* Selbstbefriedigung oder Partnermasturbation bis zum Samenerguß.

Suppenhuhn
Verächtliche Bezeichnung für eine ältere, sexuell reizlose Frau. Auch: *altes* Suppenhuhn.

Süßer
Passiver, femininer homosexueller Mann.

T

Taillenweite
Siehe → Kragenweite.

tanken
Sexualverkehr ausüben. *Tank:* ein Mann oder der Penis. *Leerer* Tank: impotenter Mann, schlaffer Penis. *Voller* Tank: sexuell leistungsfähiger Mann, erigierter Penis. *Tankstelle:* eine Frau oder die weibliche Scheide.

Tante
Im Vokabular der männlichen Homosexualität ein femininer, passiver Homosexueller. Auch: *Tunte*.

tanzen
Sexualverkehr; vor allem sadistisch-masochistische Praktiken ausüben. *Tanz:* die körperliche Mißhandlung, insbesondere das Schlagen des masochistischen Sexualpartners. Jemanden tanzen *lassen:* einen Masochisten schlagen.

Tarnkappe
Im homosexuellen Sprachgebrauch das Ausgehen und öffentliche Zeigen eines homosexuellen Mannes mit einer Frau oder einer homosexuellen Frau mit einem Mann. Im ersten Fall ist die Frau die Tarnkappe, im zweiten der Mann.

Tasche
Die weibliche Scheide oder der After.

Taschenbillard
Mit der Hand in der Hosentasche mit Penis und Hoden spielen oder auch Selbstbefriedigung ausüben.

Taschenmesser
Das männliche Glied. *Aufgeklapptes* Messer: erigierter Penis; *zugeklapptes* Messer: schlaffer Penis; *feuchtes* oder *nasses* Messer: ejakulierender Penis. Das Messer *ablecken:* Fellatio ausüben.

tätscheln
Jemanden betasten, an die Geschlechtsteile greifen. Auch: *tatschen, betatschen, betätscheln*.

Tattergreis
Ein alter, sexuell verbrauchter Mann, der den Tatterich hat, zittert.

Täubchen
Junges, schlankes Mädchen. Auch: *sanftes* Täubchen oder *Taube*.

Taubenhaus
Bordell. Manchmal wird auch der Penis Taube oder Täubchen genannt. Dann ist der *Taubenschlag* oder das *Taubenhaus* der Hosenstall.

taufrisch
Unberührt, sexuell unerfahren, jungfräulich.

Techtelmechtel
Vermutlich vom italienischen teco meco, unter vier Augen, abgeleitete umgangssprachliche Bezeichnung für ein geheimes Liebesverhältnis.

Teehaus
Im Vokabular der Uromanie sowie der männlichen und weiblichen Homosexualität weit verbreitete Tarnbezeichnung für ein öffentliches WC. Vergleiche → Klappe.

Telephonmädchen
Auch: *Telephonbraut, Telephonfreundin, Telephonnutte* oder ähnlich: Callgirl.

Tempel
Siehe → Teehaus.

Thema eins
Sex; im engeren Sinne Geschlechtsverkehr.

Tiefbau
Tarnbezeichnung für anale Praktiken. *Hochbau* ist Oralverkehr. *Tiefbauingenieur:* ein Mann, der vorwiegend anale Praktiken ausübt oder ein Homosexueller. *Tiefbohrung:* Analverkehr.

Tiefkühltruhe
Eine gefühlskalte Frau. Auch: *tiefgekühlt*.

Tierfreund
Ein zoophiler Mann. Auch: *Tierfreundin*.

Tierliebe
Zoophilie, sexuelle Kontakte zwischen einem Mann oder einer Frau und einem Tier.

Tille
Auch: *Tülle*. Mundartliche Ausdrücke für eine Prostituierte oder auch für Mädchen, Sexualpartnerin.

Tingeltangel
Seit etwa 1872 lautmalende Berliner Mundart-Bezeichnung für ein zweifelhaftes Lokal mit Musik und Gesang. Im erweiterten Sinne ein Nachtlokal mit Animierdamen und billigem Show-Betrieb.

Tippelschickse
Von tippeln für gehen, laufen, wandern und von → tippen für Geschlechtsverkehr ausüben abgeleiteter Rotwelsch-Ausdruck für eine obdachlose Landstraßen-Prostitu-

ierte. Im weiteren Sinne eine Prostituierte ganz allgemein. Auch: *Tippelkatze, Tippelmädchen* oder ähnlich.

tippen
Rotwelsch-Ausdruck für Geschlechtsverkehr ausüben.

Titten
Derb mundartliche und Rotwelsch-Bezeichnung für die weiblichen Brüste. Eigentlich niederdeutsches Wort für Zitze. *Tittenfick:* Brustverkehr.

Töle
Eigentlich niederdeutsche Mundart-Bezeichnung für Hündin. In Beziehung zur läufigen Hündin ein verächtlicher Ausdruck für ein sexuell gieriges, geiles Mädchen oder auch für eine Prostituierte. Im Vokabular der männlichen Homosexualität geringschätzige Bezeichnung für einen triebhaften, femininen Homosexuellen. *Tölen:* sich weibisch und triebhaft benehmen.

Tomate
Volkstümlicher Ausdruck für Mädchen, Frau. Auch: *treulose* Tomate. Die Tomaten-Pflanze gehört zu den sogenannten Nachtschattengewächsen.

Topf
Synonym für die weibliche Scheide.

Topplude
Wie *Toppsau* eine Steigerungsform. Ein besonders übler Zuhälter.

Torpedo
Synonym für das männliche Glied.

Torpedieren: ejakulieren, schwängern oder auch entjungfern.

Torschlußpanik
Volkstümlicher Ausdruck für die Angst eines alternden Mädchens, keinen Mann mehr zu bekommen, unverheiratet bleiben zu müssen. Ist auch im homosexuellen Vokabular gebräuchlich.

Totenvogel
Nekrophiler Mann. Auch: *Aasgeier*.

Tour
Prostituierten-Ausdruck für Sexualverkehr oder für die Art der Kundenbedienung. Auch eine Verführungstechnik. *Harte, kesse, sanfte, süße, weiche, wilde* Tour oder ähnlich. Jemanden *auf Touren bringen:* sexuell erregen, geil machen. Auf Touren sein: erregt sein.

Trab
Strich. *Traben* oder *auf Trab sein:* auf den Strich gehen. *Traber:* Strichjunge. *Traberin:* Prostituierte.

Trampel
Schwerfällige, ungeschickte, tolpatschige Frau; seltener ein Mann. Auch: *Trampeltier*.

Tränensuse
Auch: *Tränenliese, Heulsuse* oder ähnlich. Sentimentales Mädchen oder ein Mädchen mit Liebeskummer.

Tranfunzel
Eigentlich volkstümlicher Ausdruck für eine finster brennende Öllampe. Im übertragenen Sinne ein langwei-

liger, temperamentloser Mensch.
Auch: Transuse.

Tranke
Rotwelsch-Wort für eine Prostituierte oder ein triebhaftes Mädchen.

Trauben
Mädchenbrüste oder Hoden. *Traubensaft:* die Samenflüssigkeit des Mannes.

Treiber
Zuhälter. *Treibherde:* die Prostituierten eines Zuhälters.

Treibhaus
Bordell.

Triller
Verführerischer Augenaufschlag. *Trillern:* Mit den Augenlidern blinzeln, klappern.

Trine
Eigentlich Abkürzung von Katharine. Im übertragenen Sinne Mädchen oder auch Prostituierte. Wird im Vokabular der männlichen Homosexualität wie → Schwester oder auch wie → Schwuchtel und → Töle gebraucht.

Trockengemüse
Ältere, sexuell reizlose Frauen oder impotente Männer.

Trommel
Die weibliche Scheide sowie der Leib oder auch eine schwangere Frau. Die Trommel *spannen:* schwängern. *Trommelschlegel:* das männliche Glied. *Trommeln:* Geschlechtsverkehr ausüben. *Trommelfeuer:* leidenschaftlicher Geschlechtsverkehr mit mehreren Höhepunkten. Vergleiche → Pauke.

Trompete
Synonym für das männliche Glied. Die Trompete *blasen* oder *spielen:* Fellatio ausüben. Mit der Trompete spielen: Selbstbefriedigung oder Partnermasturbation. *Trompetenbläser:* homosexueller Mann. *Trompetenbläserin:* eine Frau, die mit Vorliebe Fellatio ausübt. *Trompetenspieler:* ein Mann, der vorwiegend Selbstbefriedigung ausübt oder ein Homosexueller. *Trompetenspielerin:* eine Frau mit Vorliebe für Partnermasturbation. *Trompetensolo:* Selbstbefriedigung. *Trompetenduett:* gleichzeitige gegenseitige Masturbation homosexueller Männer.

Tropfenfänger
Präservativ.

Truhe
Synonym für die weibliche Scheide oder den After. Die Truhe *aufbrechen* oder *sprengen:* deflorieren oder vergewaltigen.

Truschel
Auch: *Trulle, Trutsche, Trumschel* oder ähnlich. Mundartliche Ausdrücke für eine liederliche, sexuell reizlose, langweilige Frau.

Tube
Synonym für das männliche Glied. *Ausgequetschte, leere Tube:* schlaffer Penis, impotenter Mann. *Volle* Tube: erigierter Penis. *Auf die* Tube *drükken:* Selbstbefriedigung oder Partnermasturbation.

Tucke
Auch: *tucken*. Wie Glucke oder Klucke und glucken oder klucken mundartliche Lautmalerei für die Lockrufe und das Gackern der Hennen. Im obszön übertragenen Sinne ist eine Tucke ein femininer homosexueller Mann. Tucken ist weibliches Gehabe. Vergleiche → Schwuchtel und → Töle.

Tunke
Umgangssprachliches Tarnwort für die männliche Samenflüssigkeit.

Tunnel
After. In den Tunnel *fahren* oder *einfahren*: Analverkehr ausüben.

Tunte
Sieh → Tante. *Tuntig*: sich weibisch wie eine Tunte benehmen.

tupfen
Sexualverkehr ausüben. *Tupfer*: Geschlechts- oder Analverkehr. Außerdem im sadistisch-masochistischen Sprachgebrauch Schläge, Hiebe, Stiche oder Schnitte. Gleichbedeutend ist *Tusch*. Auch: *tuschen* oder *tuschieren*.

Tür
Die weibliche Scheide oder das Jungfernhäutchen. Die Tür *aufbrechen, aufstoßen, aufstemmen* oder ähnlich: deflorieren oder vergewaltigen. Auch: *Tor*. In der Analerotik sind Tür und Tor Synonyme für den After. Wenn bei einer Frau Tür und Tor *offenstehen*, dann wünscht sie Geschlechts- und Analverkehr.

tuten
Siehe → blasen.

U

Überzieher
Präservativ.

Uhu
Wie Eule ein lichtscheuer Nachtraubvogel. Im übertragenen Sinne ein häßlicher, sexuell reizloser Mann. Auch: *alter* Uhu.

umbauen
auch *umbetten, umfrisieren, umfunktionieren, ummodeln* oder ähnlich. Einen heterosexuellen Menschen zur Homosexualität verführen oder einen homosexuellen Menschen zur Heterosexualität bekehren.

umlegen
Einen passiven weiblichen oder männlichen Sexualpartner benutzen.

Umstände
Ein Mädchen oder ein Frau in *andere* Umstände *bringen:* schwängern. *In anderen Umständen sein:* Schwangerschaft. *Umstandskleidung:* besonders weite Kleidung für Schwangere.

unbeschriebenes Blatt
Volkstümliche Redewendung für eine Jungfrau oder einen sexuell unerfahrenen jungen Mann.

Unschuldsengel
Jemand, der so unschuldig, naiv und unerfahren wie ein Engel tut, die *Unschuld vom Lande* heuchelt.

Unterarm
Synonym für Penis.

Unterbau
Siehe → Gangwerk.

unterentwickeltes Gebiet
Flache weibliche Brüste oder auch flaches Gesäß; seltener enge Scheide oder kleiner Penis.

Unterernährung
Unfreiwillige sexuelle Enthaltsamkeit. Auch: *unterernährt sein*.

unterkühlt
Langweilig, temperamentlos oder auch abweisend sein.

unwohl sein
Verhüllender volkstümlich-gehobener Ausdruck für das Menstruieren eines Mädchens oder einer Frau.

Urinpoesie
Umgangssprachliche Bezeichnung für die Kritzeleien in öffentlichen Toiletten, Graffitti.

V

Vamp
Ableitung von Vampir, einer Gestalt der slawischen Volkssage, die nachts Menschen das Blut aussaugt. Außerdem ist der Vampir eine südamerikanische, blutsaugende Fledermaus. Im übertragenen Sinne eine verwöhnte, anspruchsvolle Frau, kostspielige Geliebte, die die Männer ruiniert.

Vater, Vati
Im Sprachgebrauch der weiblichen Homosexualität die aktive, maskuline Sexualpartnerin. Auch: *kesser Vater*. Die *Vaterhand* ist im Vokabular des Sadismus-Masochismus der Stock oder auch die Peitsche.

Vatertaufe
In der Uromanie das Urinieren auf die nackte männliche Brust.

Venuspriesterin
Eine Prostituierte. *Venustempel:* Bordell.

Veranda
Siehe → Balkon.

Vergnügungssteuer
Die Alimentenzahlung für ein uneheliches Kind; auch eine Geschlechtskrankheit.

Vergolder
Homosexueller Mann. *Vergolden:* Analverkehr ausüben. Ableitung von Gold als Synonym für Kot.

vergöttern
Jemanden schwärmerisch verehren, anbeten.

verhutzelt
Mundart-Ausdruck für alt, runzlig, verlebt, impotent. Auch: *verschrumpelt*.

Verkehr
Umgangssprachliche Abkürzung von Geschlechtsverkehr oder Sexualverkehr in einer beliebigen Tech-

nik. *Verkehren:* Sexualverkehr ausüben. *Verkehrserziehung:* sexuelle Aufklärung. *Verkehrshindernis, Verkehrsstockung, Verkehrsstörung:* Menstruation oder Geschlechtskrankheit. *Verkehrsregelung, Verkehrsschutz:* Mittel und Methoden zur Empfängnisregelung. *Verkehrsunfall:* unerwünschte Schwangerschaft oder Ansteckung mit einer Geschlechtskrankheit. *Verkehrsgesellschaft* oder *Verkehrsverein:* Gruppensex.

verknallen
Sich in jemanden verlieben. Auch: *vernarren, verschießen,* oder in jemanden *vernarrt, verschossen* sein.

vernaschen
Wie → umlegen und → verzupfen umgangssprachliche Bezeichnung für die Verführung einer Frau oder auch eines Mannes zum Sexualverkehr.

verorgelt
Wird meistens in der Redewendung gebraucht: verorgelt sein und verorgelt aussehen. Sexuell verbraucht, überanstrengt, verausgabt, erschöpft sein. Vergleiche → Orgel.

verrostet
Impotent, frigid oder geschlechtskrank.

verrückt
Jemanden verrückt *machen*: geil machen, sexuell erregen. Verrückt sein oder nach jemandem verrückt *sein:* geil sein oder jemanden leidenschaftlich sexuell begehren.

Versager
Ein ungeschickter, sexuell leistungsschwacher oder impotenter Mann. Auch: *Versagerin.*

verschieben
Umgangssprachlich weitverbreitete Bezeichnung für die aktive Ausübung von Geschlechts-Analverkehr. Der Mann verschiebt die Frau; der aktive homosexuelle Mann verschiebt den passiven homosexuellen Partner.

verschwiemelt
Mundart-Ausdruck für erschöpft, übernächtigt, sexuell verausgabt sein oder aussehen. Vergleiche → verorgelt.

versetzen
Jemanden im Stich lassen, eine Verabredung nicht einhalten, einen Mann oder eine Frau sitzen lassen, sich nicht mehr für ihn oder sie interessieren.

verwackeln
Mundartlich im Sprachgebrauch des Sadismus-Masochismus für das sadistische Schlagen, Verprügeln oder auch Auspeitschen eines masochistischen Sexualpartners.

Verwandlungskünstler
Transvestit.

verzupfen
Eine Frau oder einen Mann zum Sexualverkehr verführen oder auch ein Mädchen entjungfern.

Vettel
Vom lateinischen vetula für altes

Weib abgeleitetes Schimpfwort für eine liederliche, verkommene alte Frau oder auch für eine Kupplerin oder heruntergekommene Prostituierte.

vier Buchstaben
Volkstümlich verhüllende Redewendung für Popo.

Vigeline
Rotwelsch-Ausdruck für eine Prostituierte.

Vogel
Synonym für die weibliche Scheide oder auch das männliche Glied. Außerdem ist Vogel oder *Vögelchen* auch ein Mädchen oder eine Prostituierte. Ein *lockerer* oder *loser* Vogel ist ein triebhaftes Mädchen oder ein leichtsinniger Mann. *Vogelbauer*, *Vogelkäfig* oder ählich: Bordell. *Vögeln* gehört wie → ficken zu den umgangssprachlich allgemein verbreiteten Synonymen für Sexualverkehr, insbesondere für Geschlechts- und Analverkehr.

Vogelscheuche
Eigentlich eine auf dem Feld, im Garten oder auf Bäumen aufgestellte menschenähnliche Gestalt in Lumpen, um die Vögel zu verscheuchen. Im übertragenen Sinne eine verwahrloste, häßliche, sexuell abstoßende und geschmacklos gekleidete Frau; seltener ein Mann.

Vorbau
Die Brüste und der Bauch, vor allem der Leib einer schwangeren Frau. Auch: *Vorgarten*, *Vorgebirge*.

Vorderlader
Synonym für das männliche Glied. Der *Hinterlader* ist ein auf Analverkehr fixierter oder homosexueller Mann.

Vorstand
Erigierter Penis. Auch: *Vorsteher*.

Wachtel
Eigentlich ein kleines Feldhuhn. Umgangssprachliche Bezeichnung für ein Mädchen oder eine Prostituierte. Vergleiche → Spinatwachtel.

Wackel
Strich. Auf den Wackel *gehen* oder *wackeln*: heterosexuell oder homosexuell auf den Strich gehen. Ableitung von wackeln, sich in den Hüften wiegen, mit dem Gesäß wackeln. *Wackelarsch*: Prostituierte oder Strichjunge. *Wackelbiene, Wackelmädchen, Wackelsuse* oder ähnlich: Prostituierte. *Wackelpeter, Wackeltante, Wackelbubi* oder ähnlich: Prostituierter.

Waldhorn
Synonym für Penis. Das Waldhorn *blasen* oder *tuten*: Fellatio ausüben.

Walküren
Nach der germanischen Mythologie und Richard Wagners »Ring des Nibelungen« kriegerische göttliche Jungfrauen, die im Kampfe gefallene Helden in die himmlische Götterburg Walhall bringen. Im übertragenen Sinne große, kräftige und streitbare Frauen.

Wammerl-Casanova
Süddeutsche mundartlich-scherzhafte Ableitung von Wamme oder Wampe für Bauchspeck beim Schwein. Giacomo Casanova war ein berühmter Abenteurer und Frauenheld des 18. Jahrhunderts. Dementsprechend ist ein Wammerl-Casanova ein zoophiler Mann, der sexuelle Kontakte zu Schweinen hat.

Wanderratte
Straßenprostituierte.

warm
Umgangssprachlich allgemein verbreitetes Synonym für homosexuell. Auch Rotwelsch-Ausdruck. Ein *Warmer, Wärmchen* oder *warmer Bruder*

ist ein homosexueller Mann. Eine *Warme* oder warme *Schwester* ist eine homosexuelle Frau. Eine warme *Bude, Scheune* oder ähnlich: Lokal für homosexuelle Männer oder Frauen. Warme *Wurst*: der Penis eines homosexuellen Mannes. *Warmes Würstchen*: homosexueller Minderjähriger.

Wärmflasche
Volkstümlicher Ausdruck für die Ehefrau oder den Ehemann, die Freundin oder den Freund.

Waschlappen
Volkstümliche Bezeichnung für einen Feigling und sexuell wenig leistungsfähigen Mann. Vergleiche → Pantoffelheld.

Wasserfall
Derb umgangssprachlicher Ausdruck für Beine; bezieht sich auf das Urinieren im Stehen. Wenn jemand lange Beine hat, dann ist der Wasserfall entsprechend hoch.

Wasserhahn
Im Sprachgebrauch der Uromanie das männliche Glied. Auch: *Wasserpfeife*.

Wasserkunst
Im Vokabular der Uromanie Orgasmustechniken.

Wasser lassen
Auch: Wasser *abschlagen, eine Stange Wasser an die Wand* oder *in die Ecke stellen* oder ähnlich: urinieren.

Wassermann
Ein Mann, der auf sexuelle Techniken der Uromanie fixiert ist.

Wassermühle
Im Vokabular der Uromanie die weibliche Scheide. Auch: *Wasserscheide* oder *Wasserwerk*.

Wasserschlange
Eine Frau, die vorwiegend sexuelle Praktiken der Uromanie ausübt.

Webfehler
Umgangssprachlicher Ausdruck für ungewöhnliche sexuelle Verhaltensweisen.

Wechselbalg
Siehe → Balg.

Wedel
Eigentlich ein Stiel mit einem Federbüschel oder einer Quaste oder auch ein Tierschwanz. Im übertragenen Sinne das männliche Glied. *Wedeln*: Sexualverkehr ausüben.

Weicher
Auch: *Weichling, Weichmann, Weichtier* oder ähnlich: femininer passiver homosexueller Mann.

Weißkäse
Mundartliche Bezeichnung für → Quark. Im obszönen Sprachgebrauch die talgartigen Drüsenabsonderungen in der weiblichen Scheide und an der Eichel des männlichen Gliedes, Smegma.

Wenzel
Eigentlich Wenzeslaus: ein häufiger Vorname in Böhmen und in der Tschechei. Außerdem der Bube im Kartenspiel. Im obszönen Vokabular das männliche Glied.

Wespe
Mädchen oder auch Prostituierte. Eigentlich ein räuberisches Hautflügler-Insekt mit faltbaren Flügeln und einem Giftstachel am Hinterleib.

Wetze
Mundartliche Bezeichnung für eine Prostituierte. *Wetzen:* Selbstbefriedigung, Partnermasturbation oder Sexualverkehr in einer beliebigen Technik. Auch: *abwetzen*, einen *herunterwetzen* oder ähnlich. Eigentlich altgermanisches Wort für schärfen, scharf machen, schleifen.

wichsen
Mittelhochdeutsches Wort für blank reiben, glänzend machen. Im obszönen Sprachgebrauch allgemein verbreitetes Synonym für Selbstbefriedigung oder heterosexuelle und homosexuelle Partnermasturbation. *Wichsbude:* Toilette. *Wichser:* ein Mann mit Vorliebe für Selbstbefriedigung oder Partnermasturbation, ein Homosexueller oder ein Strichjunge. Auch: *Wichserin.* Die Finger sind die *Wichsgriffel.* Eine *Wichskaserne* ist ein Internat, ein Kloster oder ähnlich. *Wichsmaschine:* Massagegerät, Vibrator. *Wichsvorlage:* Pornographie.

Wiesener
Im Wiener Rotwelsch ein nach der »Wiese« benannter Zuhälter. Die »Wiese« war im 19. Jahrhundert eine berüchtigte Wiener Vorstadt-Gegend.

Wilde
Prostituierten- und Rotwelsch-Ausdruck für eine amtlich nicht gemeldete Prostituierte.

Wildsau
Steigerung von → Sau.

Windhund
Volkstümliche Bezeichnung für einen unzuverlässigen, sexuell unbeständigen Mann.

Windmacher
Gesäß, After.

Wippstert
Eigentlich niederdeutscher Name für die Bachstelze, einen Singvogel mit langem wippenden Schwanz. Im obszön übertragenen Sinne eine Prostituierte. Vergleiche → Sterz.

Witwentröster
Umgangssprachliches Tarnwort für ein künstliches Glied, den sogenannten Godemiché.

Wollustbremse
Siehe → Liebestöter.

Wonnegebirge
Die weiblichen Brüste.

Wonnekleister
Das Ejakulat des Mannes.

Wonneschaukel
Bett, Couch.

Wonnepfropfen
Ein hübsches, sexuell reizvolles, sehr junges Mädchen oder auch das männliche Glied. Auch: *Wonneproppen.*

Wonnezapfen
Das männliche Glied.

Wrack
Ein verlebter, sexuell verbrauchter, heruntergekommener Mensch.

Wuchtbrumme
Im Halbstarken-Jargon ein hübsches, sympathisches junges Mädchen.

Wundertüte
Umgangssprachliches Synonym für die weibliche Scheide.

Wurst
Das männliche Glied oder der Mann ganz allgemein; seltener eine Frau. Durch entsprechende Beifügungen wird der Begriff auf- oder abgewertet. *Würstchen:* junger Mann oder jugendlicher Penis; seltener ein Mädchen. *Warme* Wurst: siehe → warm. Würstchen *mit Senf:* im Vokabular der Analerotik der Penis im After. *Wursthaut* oder *Wurstpelle:* Präservativ. Außerdem haben Wurst und Würstchen die Bedeutung von Kot. Eine Wurst oder ein Würstchen *machen:* Notdurft verrichten.

Wurzel
Tarnwort für Penis. Auch: *Lustwurzel, Wonnewurzel* oder ähnlich.

Z

Zacharias
Synonym für Penis. Im Vokabular des Sadismus-Masochismus der Stock oder die Rute.

Zagel
Mundartlicher Ausdruck für Schwanz. Im obszön übertragenen Sinne das männliche Glied.

Zahn
Teenager-Jargon für Mädchen. Der Begriff wird durch Beifügungen wie *fauler* Zahn für unzuverlässiges Mädchen, *scharf* für geil, *steil* für hübsch, reizvoll oder *stumpf* für langweilig, uninteressant entsprechend auf- oder abgewertet. Ein *Goldzahn* ist ein reiches, sympathisches Mädchen; ein *Stiftzahn* ein älteres Mädchen; ein *Unzahn* ein unsympathisches Mädchen; *Viertelzahn* eine Minderjährige; *Weisheitszahn* ein intelligentes Mädchen. Einen Zahn *anbohren*: deflorieren. Einen Zahn *plombieren*: schwängern. Einen Zahn *ziehen*: jemandem ein Mädchen ausspannen. *Zahnstocher*: Penis. Im Vokabular des Sadismus-Masochismus das Messer.

Zange
Tarnwort für die weibliche Scheide. Außerdem ein aggressives Mädchen oder eine Frau. Das altgermanische Wort bedeutete ursprünglich Beißerin. Vergleiche → Beißzange und → Keifzange.

Zapfen
Synonym für Penis. Das altgermanische Wort bedeutet eigentlich einen spitzen Holzpflock zum Verschließen und wieder öffnen eines Loches. *Zapfenstreich*: Deflorieren.

Zapfsäule
Synonym für das männliche Glied.

Zeisig
Eigentlich ein Finkenvogel. Im obszönen Vokabular ein leichtsinniges

Mädchen oder eine Prostituierte; seltener ein triebhafter Mann. Auch: *lockerer Zeisig*.

Zementständer
Eine starke Erektion des männlichen Gliedes.

Zepter
Eigentlich ein kunstvoll verzierter Stab als Symbol der Würde und Macht, besonders bei Kaisern und Königen. Im obszönen übertragenen Sinne das männliche Glied.

Zicke
Mundartliche Ableitung von → Ziege.

Ziege
Die Ziege ist ein altes Symbol für ein störrisches, eigensinniges Wesen. Daher als Schimpfwort für eine unverträgliche, launische und empfindliche Frau allgemein gebräuchlich. Auch: *Gewitterziege, Meckerziege, Zicke, Zimtzicke* oder ähnlich.

Zinken
Eigentlich soviel wie Zacke, Spitze. Im übertragenen Sinne das männliche Glied.

Zipfel
Volkstümlich-familiärer Ausdruck für Penis. *Zipfelchen:* Kinderpenis.

Zither
Eigentlich ein Saiteninstrument, das geschlagen oder gezupft wird. Im obszönen Sprachgebrauch die weibliche Scheide; seltener eine Prostituierte.

Zitzen
Eigentlich die Brustwarzen bei weiblichen Säugetieren. Derb umgangssprachliche Bezeichnung für die weiblichen Brüste. *Zitzenfick:* Brustverkehr.

Zucht
Im Vokabular des Sadismus-Masochismus bedeutungsgleich mit → Dressur, → Drill und → Disziplin.

Zuchtmeister
Männlicher Prostituierter für masochistische Kunden oder ganz allgemein ein Sadist. Auch: *Zuchtmeisterin*.

Zuckerpuppe
Volkstümliche Bezeichnung für ein hübsches, süßes Mädchen.

Zugvogel
Prostituierte oder auch Gammlerin.

Zuhälter
Der Geliebte, Beschützer und Kuppler einer oder mehrerer Prostituierten.

Zungenakrobat
Ein auf oral-genitale Praktiken spezialisierter Mann. Auch: *Zungenakrobatin*.

Zungenarbeit
Prostituierten-Ausdruck für Oralverkehr.

Zungengymnastik
Oralverkehr.

zupfen
Selbstbefriedigung.

Zupfgeige
Eine auf Selbstbefriedigung oder Partnermasturbation fixierte Frau oder eine Prostituierte die ihre Kunden mit der Hand bedient.

Zuzzel
Im Vokabular der Oralerotik das männliche Glied oder die weibliche Scheide, insbesondere der Kitzler. *Zuzzeln:* orale Praktiken ausüben. *Zuzzler:* ein Mann, der vorwiegend heterosexuelle oder homosexuelle orale Techniken anwendet. Auch: *Zuzzlerin.*

zweigleisig
Bisexuell. Auch: *zweischläfrig, zweispurig* oder ähnlich. Ein *Zweitakter, Zweiachser, Zweidecker, Zweispänner* oder ähnlich ist ein bisexueller Mann.

Zwetschge
Siehe → Pflaume.

Zwicke, Zwickerl
Von zwicken für einklemmen, kneifen abgeleitete mundartliche Bezeichnungen für die weibliche Scheide oder eine Prostituierte. Im Rotwelschen und im Sprachgebrauch des Sadismus-Masochismus hat *zwicken* die Bedeutung von quälen, foltern.

Zwirn
Eigentlich ein zweifach gedrehter, gedrillter Faden. Im Rotwelschen bedeutet jedoch Zwirn die sexuelle Leistungskraft, die männliche Potenz. Daher *zwirnen* im Sinne von Geschlechtsverkehr ausüben, schwängern. Da der Zwirn aus gedrillten Fäden besteht und drillen sadistische Praktiken bezeichnet, wird auch zwirnen oft in diesem Sinne gebraucht.

Zwitsche, Zwitschermädchen
Ein sexuell leichtsinniges Mädchen oder eine Prostituierte. *Zwitschern:* eigentlich einen feinen Laut von sich geben, leise zirpen; im obszönen Sprachgebrauch der Sexualverkehr in jeder beliebigen Technik.

Literaturnachweis

Deutsches Wörterbuch
    von Jacob Grimm und Wilhelm Grimm
    16 Bde
    Leipzig (S. Hirzel) 1854–1954,
    Neubearbeitung 1965 ff.

Trübners Deutsches Wörterbuch
    Begründet von Alfred Götze
    Herausgegeben von Walther Mitzka
    8 Bde
    Berlin (W. de Gruyter) 1939–1957

Deutsches Sprachatlas
    Auf Grund des von Georg Wenker begründeten Sprachatlas des Deutschen Reichs in vereinfachter Form begonnen von Ferdinand Wrede, fortgesetzt von Walther Mitzka und Bernhard Martin
    Mit Lieferung 22/23 vorläufig abgeschlossen
    Marburg an der Lahn (N. G. Elwert) 1926–1956

Der große Duden
    10 Bde
    Mannheim (Bibliographisches Institut) 1958–1971

Avé-Lallemant, Friedrich Christian Benedict
    Das deutsche Gaunerthum in seiner social-politischen, literarischen und linguistischen Ausbildung zu seinem heutigen Bestande
    4 Bde
    Leipzig (F. A. Brockhaus) 1858–1862

Bornemann, Ernest
    Sex im Volksmund
    Die sexuelle Umgangssprache des deutschen Volkes
    Reinbek bei Hamburg (Rowohlt) 1971

Dornseiff, Franz
    Der deutsche Wortschatz nach Sachgruppen
    5. Auflage
    Berlin (W. de Gruyter) 1959

Kluge, Friedrich
    Etymologisches Wörterbuch der deutschen Sprache
    Bearbeitet von Walther Mitzka
    19. Auflage
    Berlin (W. de Gruyter) 1963

Kluge, Friedrich
Rotwelsch
Quellen und Wortschatz der Gaunersprache und der verwandten Geheimsprachen
Nur Bd I erschienen: Rotwelsches Quellenbuch
Straßburg (K. J. Trübner) 1901

Ostwald, Hans
Rinnsteinsprache
Lexikon der Gauner-, Dirnen- und Landstreichersprache
Berlin (Harmonie Verlagsgesellschaft) 1906

Queri, Georg
Kraftbayrisch
Ein Wörterbuch der erotischen und skatologischen Redensarten der Altbayern
München (R. Piper) 1912, Faksimile-Druck 1970

Wolf, Siegmund Andreas
Wörterbuch des Rotwelschen
Deutsche Gaunersprache
Mannheim (Bibliographisches Institut) 1956

Wolf, Siegmund Andreas
Großes Wörterbuch der Zigeunersprache
Wortschatz deutscher und anderer europäischer Zigeunerdialekte
Mannheim (Bibliographisches Institut) 1960

Wolf, Siegmund Andreas
Jiddisches Wörterbuch
Wortschatz des deutschen Grundbestandes der jiddischen (jüdisch-deutschen) Sprache
Mannheim (Bibliographisches Institut) 1962

Synonym Lexikon

Abtreibung – Abtreiber
Auskratzung / Ausschabung / Engelmacherin / Schabung / Schaber, Schaberin

abtreiben
auskratzen / ausschaben / Kippe machen, kippen / kratzen / schaben

Analverkehr
Achterfick / Afterbrause / Afterspülung / Analvioline / Arschfick / Darmfick / Einlauf / Einmarsch / Einspritzung / Gang / Gegenverkehr / Hopser, Hupser / Hupfer, Hüpfer / Injektion / Kammermusik / Klistier / Mastdarmakrobatik / Nachtmusik / Nadelstich / Nahkampf / Nummer / Parterreakrobatik / Rammelei / Rückendeckung / Rückfahrt, Rückspiel, Rückstoß, Rückwärtsgang etc. / Schaukelei / Scheibenschießen, Scheibenstechen etc. / Steigauf / Steißbeinakrobatik / Stepp / Stich / Stoß / Tiefbau, Tiefbohrung / Tunnelfahrt / Tupfer, Tusch / Verkehr.

Analverkehr Ausübende
Aftergeiger / Afterhobler / Anlehner / Arschbohrer / Arschbügler / Arschbürster / Arschficker / Arschfiedler / Arschgeiger / Arschpauker / Arschpuderer / Arschspießer / Arschstecher / Aufhüpfer / (Rückwärts)bohrer / Darmstecher, Darmputzer, Darmrutscher, Darmstößer etc. / Darmakrobat, Darmakrobatin / Einführer / van Hinten / Hinterlader / Höhlenforscher / Kellermeister / Krötenstecher / Mastdarmakrobat, Mastdarmakrobatin, Mastdarmtourist, Mastdarmtouristin / Mistfliege, Mistkäfer / Oberfotzer / Scheibenstecher, Scheibenwischer etc. / Schinkenspezialist / Schlammwühler / Schlotfeger, Schlotputzer / Schmeißfliege / Speckjäger / Spießer / Steißtrommler, Steißbeinakrobat, Steißbeinakrobatin / Vergolder

anal verkehren
aftergeigen / anmauerln, anmäuerln / arschbohren / arschbügeln / arschbürsten / arschficken / arschfiedeln / arschgeigen / arschpauken / arschpudern / arschspießen / arschstechen / aufhupfen, aufhüpfen / aufspießen / ausloten / ausschleifen / bohnern / bolen / bügeln / bumsen / bürsten / buttern / durchziehen / eindrehen, einfädeln, einfahren, einführen / einhängen / einreiben / eintauchen, eintunken / fegen / fetzen / ficken / hineinhängen / hobeln / hopsen, hupsen / hupfen, hüpfen / impfen / klammern / klöppeln / knallen / knüppeln / lackieren / lochen / löten / mausen / meißeln / nageln / nähen / oberfotzen / pempern / pfeffern / pfeifen / pflügen / pimpern, pümpeln / pinseln / plätten / polieren / puffen / puhlen / pumpen, pompen / rammeln / raspeln / rasseln / (r)eindrehen, (r)einhängen, (r)einhauen, (r)einschlagen etc. / reiten / schaukeln / schieben / schießen / schustern / sensen / sicheln / spachteln / steigaufmachen / stemmen / stempeln / stopfen / stöpseln / stoßen / tanken / tanzen / tupfen, tuschen, tuschieren / vergolden / verkehren / verzupfen / vögeln / zwitschern

Bordell
Arbeitshaus / Atelier / Beskarge / Bestifle / Bienenhaus, Bienenkorb, Bienenstock etc. / Eroscenter / Fleischbank / Fotzenhaus / Fraueneck / Freudenhaus, Freudensilo etc. / Gestüt / Gonokokkenbunker / Imkerei / Katzenhaus / Knallhütte, Knallschuppen etc. / Laden / Liebeshaus, Liebesschuppen etc. / öffentliches Haus / Pflaumenhandlung / Pimperschuppen / Puff / Reitschule, Reitstall etc. / Schnallenbunker, Schnallenladen, Schnallensilo etc. / Spritzenhaus / Stoßbunker, Stoßburg etc. / Taubenhaus / Treibhaus / Venustempel / Vogelbauer, Vogelkäfig

Blähungen
Bremsen / Bums / Forz, Furz / Pups, Pup

Blähungen ablassen
bremsen / bumsen / fahren lassen, fliegen lassen / fichen, fiechen / fisten / forzen, furzen / pupsen, pupen / stänkern, stinken / streichen lassen

Brüste
Äpfel / Apfelsinen / Apparat / Armatur / Balkon / Ballon / Balustrade / Blasebalg / Bomben / Brötchen / Bügelbrett / Drüsen / Düsen / Dutten / Euter / Fallobst / Gewölbe / Halbkugel / Hängezitten / Hängedutten, Hängetitten, Hängezitten etc. / Haubitzen / Herz / Holz / Hügel / Karton / Kasten / Kiste / Klopse / Klöße / Knetgummi / Krapfen / Kürbis / Kurven / Linsen / Meierei / Milchfabrik, Milchgeschäft, Milchgeschirr, Milchladen etc. / Molkerei / Murmeln / Paradeäpfel / Pietz(e), Pietzen, Piez / Pudding / Quabbelbusen, Quabbelpudding / Scheinwerfer / Schläuche / Titten / Trauben / Veranda / Vorbau, Vorgarten, Vorgebirge / Wonnegebirge / Zitzen

Cunnilingus – Fellatio
Einlauf / Einmarsch / Einspritzung / Franzosenverkehr / Gaumenkitzel / Kammermusik / Kreisverkehr / Mundarbeit / türkische Musik / Nachtmusik / Neunundsechzig / Parterreakrobat / Zungengymnastik

Cunnilingus – Fellatio – Ausübende
Abbläser, Abbläserin / Abkauer, Abkauerin / Ablutscher, Ablutscherin / Abschmorer, Abschmorerin / Abschöpfer, Abschöpferin / Abstauber, Abstauberin / Ausbläser / Beutelschleckerin / Bläser, Bläserin / Daumenleckerin, Daumenlutscherin etc. / Eierschleckerin, Eierschlürferin / Feigenlecker, Feigenlutscher etc. / Fingerlutscherin, Fingerzuzzlerin etc. / Fotzenbürster, Fotzenmasseur etc. / Klarinettenbläserin, Klarinettistin / Lecker, Leckerin / Luller, Lullerin / Lutscher, Lutscherin / Nagetier / Parterreakrobat, Parterreakrobatin / Pfeiferin / Pflaumenesser, Pflaumenlecker etc. / Punzenlecker / Puster, Pusterin / Sauger, Saugerin / Schlammsauger, Schlammsaugerin / Schlecker, Schleckerin / Schlürfer, Schlürferin / Trompetenbläserin / Zungenakrobat, Zungenakrobatin / Zuzzler, Zuzzlerin

Cunnilingus – Fellatio ausüben
abblasen / abhusten / abkauen / ablutschen / abnuckeln / absaugen / abschlürfen / abschmoren / abschöpfen / abschütteln / abstauben / abzwitschern / ausblasen / ausfegen / aussaugen / blasen / bürsten / Daumen lekken, Daumen lutschen etc. / flöten / inhalieren / kauen / lecken / lullen, lullern / lutschen / pfeifen / polieren / pusten / saugen / schlecken / schlürfen / spachteln / suckeln / tuten / zuzzeln / zwitschern

Defloration
Anstich / Aufklärung / Einweihung / Entblätterung / Jugendweihe / Jungfernstich / Premiere / durchgebrannte Sicherung / Stapellauf / Zapfenstreich

deflorieren
anbohren / anbuffen / anbumsen / angeigen / anknallen / anpempern, anpimpern / anpuffen / anspritzen / anstechen / anstoßen / anzapfen / aufklären / aufknöpfen / aufmachen / aufreißen / aufschließen / aufspießen / ausspritzen / Backfisch angeln / bohren / brungern, anbrungern / Challe nehmen / einschneiden / entblättern / entern / entkorken / impfen / knacken / knicken / mausen / öffnen / Schloß aufbrechen / torpedieren / Tür aufbrechen, Tür aufstemmen, Tür aufstoßen etc.; Tor aufbrechen, Tor aufstemmen, Tor aufstoßen etc. / verzupfen

Ejakulat
Abgang / Aspik / Bananenmilch, Bananensaft / kalter Bauer / Eierlikör, Gurkenmilch, Gurkensaft / Ladung / Liebestrank, Liebestrunk / Männermilch / Majonäse, Mayonaise / Öl / Phantasie mit Schneegestöber / Pudding / Rotz / Rübensaft / Saft / Sahne / Schaum / Schlagsahne / Schlegelmilch, Schlegelsahne / Schleim / Schmalz / Schmant / Soße / Spargelbrühe, Sprargelcreme, Spargelsuppe / Spritzer / Spucke / Sülze / Sündenfall / Süppchen / Traubensaft / Tunke / Wonnekleister

Ejakulation
Abgang / Bauchschuß / Einlauf / Einmarsch / Einspritzung / Entladung / Entleerung / Schneegestöber / Pistolenschuß / Schuß

ejakulieren
abgehen / abregnen / abschießen / abschleudern / abspritzen / abstoßen / ausleeren / ausschleimen / ausspritzen / bauchlackieren, bauchspritzen etc. / entladen / entleeren / entsaften / es kommt, es kommt mir, mir kommts, kommen / kleistern / niesen / Öl verschütten / schießen / schleimen / schmalzen / spritzen / spucken / sülzen / Süppchen verschütten / torpedieren

Flirt – Verhältnis
Aiwo / Anhang, Anhängsel / Anschleiche / Anschluß / Anschmeiße / Bande, Bandel, Bändel / Blutgruppe / Bratkartoffelverhältnis / Brautschau / Eroberung, Errungenschaft / Feste, Fester / Flamme / Gspusi / Jahrgang / Knutscherei / Kragenweite / Kurschatten / Neubau, Neuerwerbung, Neuland etc. / Poussade, Poussage / Schäferstunde, Schäferstündchen / Schlepptau / Schmuserei / Seitensprung / Taillenweite / Techtelmechtel

flirten – Verhältnis haben
abblitzen / abfahren / abmelden / abservieren / abstoßen / anbandeln, anbändeln / anbeißen / angeln, an die Angel nehmen / anhimmeln / ankern, vor Anker gehen / anlachen / an Land ziehen / anpeilen / anschleichen / anschmeißen / anschwärmen / auern / aufgabeln / auflesen / aufreißen / auftun / Augen machen / ausspannen / ausrangieren / aussteigen / balzen / becircen / beschmusen / Cour machen, Cour schneiden / einkratzen / entern / fensterln / Feuer fangen / fremdgehen / girren, gurren / zum Hahnrei machen / Hörner aufsetzen / kaltstellen, kalte Schulter zeigen / lackmeiern / landen / Laufpaß geben / miteinander gehen, miteinander schlafen, etwas miteinander haben etc. / nachsteigen / poussieren / schäkern / schmusen / sitzenlassen / vergöttern / verknallen / verschießen / versetzen

Frau – Ehefrau
Amazone / Arche Noah / Backobst / Backpflaume / Ban / Beißzange / Besen / bessere Hälfte / Bißgurn, Bißgurre / Blaustrumpf / Bohnenstange / Bombe / Brauereipferd / Brillenschlange / Büchse / Bürste / Dampfer / Dampfnudel, Dampfroß, Dampfwalze etc. / Dille / Dörrfleisch, Dörrgemüse / Dose / Dotsch, Dotschen / Drache(n) / Dragoner / Drahtbesen, Drahtbürste / Dreckschleuder / Dschunke / Ehedrache(n), Ehekreuz / Eisberg / Ente / Entsafterin / Eule / Fätz / Faß / Fegefeuer / Feger, Fegerin / Feldwebel / Feuereisen / Fisswief / Flunder / Fregatte / Furie / Gans / Gefrierfleisch, Gefriertruhe etc. / Geier / Gemüse / Gewitterziege / Giftzange, Giftschleuder, Giftspritze / Gletscherspalte / Hafen / Hausdrache(n) / Henne / Hexe / Hopfenstange / Huhn / Hyäne / Ische / kalte Pracht, kalter Ofen, kaltes Aas / Katze / Keifzange / Kippe / Kiste / Klatschbase, Klatschmaul, Klatschweib / Koffer / Körper / Krähe / Krampfhenne / Krone der Schöpfung / Kröte / Küchendragoner / Kuh / Ladenhüter / Maus, Mäuschen / Megäre / Mumie / Mutterschiff / Niete / Nudel / Nummer / Ofen / Olle, Olsche / Pflaume / Plättbrett / Pute / Putzteufel / Quabbelfleisch / Rabenmutter / Rachaime / Rammlerin / Ratschbase / Reff / Reibeisen / Ruine / Salonschlange / Samenräuberin / Schabracke / Schachtel / Schaluppe / Scharteke / Schatulle / Schaukelpferd / Scherbe, Scherben / Schickse / Schlachtschiff / Schlampe, Schlampampe / Schlumpe / Schlange / Schleierente, Schleiereule / Schlitten / Schmachtfetzen / Schmeichelkatze / Schnecke / Schneegans, Schneehuhn, Schneekuh etc. / Schraube, Schraubendampfer, Schreckschraube etc. /

Schreff / Schrippe / Schulschiff / Sirene / Skandalnudel / Spinatwachtel / Spritze / Strohwitwe / Stute / Suppenhuhn / Tankstelle / Tiefkühltruhe / Tomate / Tonne / Trampel, Trampeltier / Tranfunzel / Trine / Truschel, Trulle, Trutsche, Trutschel etc. / Vamp / Versagerin / Vettel / Vogelscheuche / Walküre / Wärmflasche / Zange / Zicke, Ziege, Zimtzicke, Zimtziege

Freundin – Geliebte

Anhang, Anhängsel / Auheff / bessere Hälfte / Eroberung, Errungenschaft / Fester / Freizeitgestalter / Gspusi / Häuptling / Kerl / Knilch, Knülch, Behelfsknilch, Ersatzknilch / Kurschatten / Macker / Nebenfreund / Neubau, Neuerwerbung, Neuland / Oller, Olscher / Poussierstengel / Satellit / Schecks, Scheeks, Schicks, Schöcks etc. / Scheich / Schwarm / Strohwitwer / Wärmflasche

Freund – Geliebter

Anhang, Anhängsel / Auspuffzahn / bessere Hälfte / belegtes Brötchen / Entsafterin / Eroberung, Errungenschaft / Feste / Flamme / Freizeitgestalterin / Goldfisch / Gspusi / Ische / Kalle / Kebse, Kebsweib, Keibe / Kippe / Koffer / Kurschatten / Luxusbiene, Luxusdampfer, Luxuskörper, Luxusmädchen / Nebenfrau / Neubau, Neuerwerbung, Neuland / Olle, Olsche / Puppe / Rodelschlitten / Rutsche / Satellitchen / Schaukelpferd / Schickse / Schlitten / Schlunze / Schmeichelkatze / Schnecke / belegte Schrippe / Schwarm / Sexbombe / Spielgefährtin / Stammschraube, Stammzahn / Strohwitwe / Wärmflasche

Gesäß – After

Achenponim / Allerwertester / Apparat / arabische Fotze, arabische Möse etc. / Arm / Arsch / Arschfotze / Arschloch / Arschmöse / Arschmusch / Auspuff / Balalaika / Blanker / Blasröhre / Brauner / braune Kiste, braune Stube etc. / Butterfaß / Futteral / Gewölbe / Gurkenfaß / Halbkugeln / Halbmond / Hinterhaus / Hintern / Hinterteil, Hinterquartier, Hinterviertel etc. / Hügel / braune Kammer, dunkle Kammer, schwarze Kammer / Karton / Kasten / Kehrseite / Keller / Kerbe / Kiste / Kürbis / Kurven / Lehmkuhle / Mond / Ocher / Ofenloch, Ofenröhre, Ofentür / Öhr / Paradies / Pfefferbüchse, Pfefferdose / Pforzheim / Popo / Puhl / Rosette / Rückspiegel / Rückschlagventil / Rückstrahler / Sackgasse / Scharte / Schatzkästchen, Schatzkammer, Schatztruhe etc. / Scheibe / Scheinwerfer / Scheune, Scheunentor / Schießscheibe / Schinken / Schlammtüte, Schlammkanal, Schlammloch, Schlammnest etc. / Schlauch / Schlot / Schlüsselloch / Schmelzer / Schubfach, Schubkasten, Schubladen / Schützenloch, Schützengraben / Schwanzklammer, Schwanzklemme, Schwanzfalle etc. / Senffaß, Senfglas, Senftopf / Sitzfleisch, Sitzspeck etc. / Spalt, Spalte / Speck / Spiegel / Spielbank, Spieldose, Spielhöhle etc. / Spundloch / Stall / Steiß / Sterz, Stert / Stoßgrube, Stoßloch, Stoßspalte etc. / Tasche / Tunnel / Tor, Tür / vier Buchstaben / Windmacher

Geschlechtskrankheit
Betriebsunfall / Blumen / Franzosenkrankheit / Galanterie, große Galanterie, kleine Galanterie / Lustseuche / Malheur / Panne / Rosetten / Sand / Schnupfen / Vergnügungssteuer / Verkehrshindernis, Verkehrsstockung, Verkehrsstörung, Verkehrsunfall

Geschlechtskrankheit übertragen
anbeulen / anhängen / aufhängen / ansandeln / Blumen schenken

geschlechtskrank
blumig / heiß / pfeifenkrank / räudig / sandig / verrostet

Geschlechtsverkehr
Betthupferl / Chemle / Einakter / Einlauf / Einmarsch / Einspritzung / Feuchtlag / Gang / Glockengeläut, Glockenspiel / Hopser, Hupser / Hupfer, Hüpfer / Injektion / Kammermusik / Nachtmusik / Nadelstich / Nahkampf / Nummer / Rammelei / Schaukelei / Steckkontakt / Steigauf / Stepp / Stich / Stoß / Trommelfeuer / Tupfer, Tusch / Verkehr

Geschlechtsverkehr ausüben
abern / abladen / abstoßen / ackern / anbrunzen / angeln / anlehnen / anmauerln, anmäuerln / aufbügeln / aufhupfen, aufhüpfen / aufs Kreuz legen, aufs Kreuz nageln / aufspießen / ausfegen / ausloten / ausschleifen / bauchrutschen / belaxeln / beschlafen / bespringen / beschälen / besteigen / bimsen / Biwak reißen / bletzen / bocken / bohren / bolen / bügeln / bumsen / bürsten / chaumeln / decken / durchziehen / eindrehen, einfahren, einführen / einhängen / einreiben / eintauchen, eintunken / fegen / ficken / flippern / Hineinhängen / hobeln / hopsen, hupsen / hupfen, hüpfen / kegeln / klammern / klöppeln / knallen / knüppeln / lackieren / lochen / löten / mausen / meißeln / nageln / nähen / niesen / orgeln / pempern / pfeffern / pfeifen / pflügen / pfropfen, proppen / pimmeln / pimpsen / pimpern, pümpeln / pinseln / plätten / polieren / pudern / puffen / pumpen, pompen / punzen / quetschen / rachaimen / rammeln / raspeln / rasseln / (r)eindrehen, (r)einhängen, (r)einhauen, (r)einschlagen etc. / reiten / riegeln / rodeln / rubbeln / rutschen / schaukeln / schieben / schlafen / schnallen / schockeln, schöckeln / schreffen / schustern / sensen / sicheln / spachteln / steigaufmachen / stemmen / stempeln / stopfen / stöpseln / stoßen / tanken / tanzen / tippen / trommeln / tupfen, tuschen, tuschieren / verkehren / vernaschen / verzupfen / vögeln / zwirnen / zwitschern

Gruppensex
Blasorchester, Blasquartett / Fleischsalat / Gurkensalat / Rammelei / Ringelpietz mit Anfassen / Rudelbumsen / Schwanzparade / Verkehrsgesellschaft, Verkehrsverein

Hor᠎osexualität
anderer Bahnhof, anderer Bahnsteig, andere Fachschaft, andere Fakultät, anderes Ufer / drittes Geschlecht

homosexuell
anders, andersrum / halbseiden, halbzart / linksgestrickt, linksgewebt, linksrum / sanft / schwul / süß / warm / weich / zart

homosexueller Mann
Aftergeige, Aftergeiger / Afterhobler / Afterkönig / Anlehner / Araber / Arschäologe / Arschbohrer / Arschbügler / Arschbürster / Arschficker / Arschfiedler / Arschgeiger / Arschpauker / Arschpuderer / Arschspießer / Arschstecher / Arschwichser / Aufspießer / Ausbläser / Balaleikazupfer / Bauchbruder, Bauchfreund / Betthase, Betthupfer etc. / Beutelschlecker / Bläser / Blasmichel / (Rückwärts)bohrer / Bruder, schwuler Bruder, warmer Bruder / Bubi / Bussi / Darmakrobat / Darmstecher, Darmputzer, Darmrutscher, Darmstößer etc. / Daumenlecker, Daumenlutscher etc. / Eierschläger, Eierschlecker, Eierschlürfer etc. / Einführer / Entsafter / Fingerlutscher, Fingerzuzzler etc. / Fummeltante, Fummeltrine / Halbseidener, Halbzarter / van Hinten / Hinterlader / Hundertfünfundsiebziger, am 17.5. Geborener, am 17. Mai Geborener / Kellerbursche, Kellermeister / Klarinettenbläser, Klarinettist / Klötenbubi, Klötenheini, Klötenmasseur etc. / Kodesch / Lauer / Lecker / Linker, Lusch, Lusche / Lustknabe / Mädel, Mädi / Masseur / Mastdarmakrobat, Mastdarmtourist / Mausi / Melker / Mistfliege, Mistkäfer / Müllkutscher / Oberfotzer / Parterreakrobat / Pastorentochter / Pfeifer / Pforzheimer / Pupe / Putze / Reiber, Reibrat / Rohrputzer / Rosettenkrauler / Samenräuber / Samtbubi, Samthansi, Samtheini etc. / Sauger / Schaukelpferd / Scheibenstecher, Scheibenwischer etc. / Schellbube, Schellenbube, Schellenjunge etc. / Schinkenspezialist / Schlammsauger, Schlammwühler / Schleckerl / Schleimbubi, Schleimlecker etc. / Schleuderer, Schleuderakrobat / Schlotfeger, Schlotputzer etc. / Schmeißfliege / Schwanzbeißer, Schwanzkauer, Schwanzlutscher etc. / Schwester / Schwuchtel / Schwuler, schwuler Bruder / Speckjäger / Spießer / Spinatstecher / Steißbeinakrobat / Steißtrommler / Stiftbohrer / Süßer / Tante, Tunte / Tiefbauingenieur / Töle / Trine / Trompetenbläser, Trompetenspieler / Tucke / Vergolder / Warmer, Wärmchen, warmer Bruder / Weicher, Weichling, Weichmann, Weichtier / Zuzzler

homosexuelle Frau
Amazone / Baßgeige / Bauchfreundin, Bauchschwester / Bläserin / Bubi / Büchsenmasseuse / Dosenmasseure / Dragoner / Feigenleckerin, Feigenlutscherin etc. / Feigenmasseuse, Feigenzupferin etc. / Feldwebel / Fotzenbürste, Fotzenmasseuse etc. / Halbseidene, Halbzarte / Kellerboß, Kellermeisterin / kesser Bruder, kesser Vater / Leckerin / Linke / Lutscherin / Mandoli-

nenspielerin, Mandolinenzupferin / Mannweib / Masseuse / Melkerin / Mutti / Onkel / Parterreakrobatin / Pflaumenesserin, Pflaumenleckerin, Pflaumenschüttlerin etc. / Punzenleckerin / Reiberin, Frau Reibrat / Reiterin / Rohrputzerin / Saugerin / Schlammsaugerin / Schleckerl / Schwule / Süße / Vater, Vati / Warme, warme Schwester / Zuzzlerin

impotent
ab / abgebrannt / abgemeldet / abgemustert / abgenutzt / abgestoßen / abgewetzt / abgewichst / ausgebrannt / ausgedörrt / ausgeleiert / ausgelutscht / ausgemaust / ausgequetscht / baufällig / Fischblut in den Adern haben / halbmast / lahm / lasch / rostig / verhutzelt, verschrumpelt / verrostet

Kind
Balg / Bankert / Bastard / Kegel / Küken / Querschläger / Range / Steppke / Stöpsel / Wechselbalg

Kot
A-a / Afterschmalz / großes Geschäft / Gold / Haufen / Kacke, Kaktus / Mostrich / Müll / Scheibe, Scheibenhonig, Scheibenkleister etc. / Scheiße / Schmelze / Senf / Setzei / Wurst, Würstchen

Kot ausscheiden
A-a machen / Eier pflanzen, Eier setzen; ein Ei pflanzen, ein Ei setzen / Geschäft machen, großes Geschäft machen, Geschäft verrichten / Gold machen / kacken / einen Kaktus pflanzen, setzen / scheißen / schmelzen / Sitzung abhalten

Kuppler – Kupplerin
Balkenvater / Ballspieß / Bienenvater / Bolzenmeister / Feuchtlag / Koberin / Madam(e) / Puffmutter / Schadchen / Schlepper / Vettel

Liegestatt – Bett
Arbeitslager / Bastelwiese / Bügelbrett / Bumsbrett / Eheschaukel / Falle / Familienwiese / Hobelbank / Kahn / Kiste / Klappe / Knutschkiste, Knutschschlitten etc. / Körbchen / Liegewiese / Lotterbett / Lustwiese / Nahkampfplatz, Nahkampfarena etc. / Nest / Plättbrett / Pritsche / Rammelkiste, Rammelstall etc. / Rutsch'n / Spielwiese / Stoßbank / Wonneschaukel

Lust erregen – liebkosen
abknudeln, abknuddeln / abtatschen, abtätscheln / anheizen / ankurbeln / anlassen / aufganseln / aufgeilen / aufzäumen / befingern / befummeln / beschlafen / bespringen / betatschen, betätscheln / betatzen / Ei-ei machen, Eia-eia machen / einheizen / fingern / fummeln / griffeln / knudeln, knuddeln / knutschen / nudeln, nuddeln, nuggeln, nutteln etc. / schäkern /

schmaichen / schmusen / servieren / tätscheln, tatschen / auf Touren bringen / verkehren / verrückt machen

Lust haben – erregt sein
geil / heiß / läufig / mannstoll / rostig / scharf / spitz / auf Touren sein / verrücktsein

Mädchen
Backfisch / Backhendl / Ban / Besula / Betthase, Bettkatze etc. / Biene / Bohnenstange / Bolzen / Brillenschlange / Büchse / Bürste / Dampfer / Dille / Dose / Dotsch, Dotschen / Elefantenbaby / Ente / Eule / Falter / Faß / Flasche / Fliege / Fratz / Früchtchen / Gans / Gänseblümchen / Gänseklein / Gemüse / Goldfisch / Häschen / Hefekloß / Henne / Hexe / Hopfenstange / Huhn / Hummel / Ische / Käfer / Kalbfleisch / Kalle / Karbolmäuschen / Kätzchen / Kippe / Koffer / Körper / Krabbe / Kratzbürste / Kröte / Küchenfee / Küken / Landpomeranze / Maikäfer, Maikätzchen / Marienblume / Marzipanpuppe / Mauerblümchen / Mäuschen / Mensch / Mieze, Miezekatze / Motte / Möwe, Möwchen / Niete / Nudel / Nummer / Nymphe / Pflanze, Pflänzchen / (grüne) Pflaume / Pipimädchen / Pißnelke / Plättbrett / Porzellanfigur, Porzellanpuppe / Puppe / Pute / Rachaime / Radieschen / Range / Ratte / Salatschnecke / Säugling / Schaf, Schäfchen / Schickse / Schlitten / Schmeichelkatze / Schmetterling / Schnecke / Schreff / Schrippe / Schwalbe / Seichamsel / Se(e)chamsel / Sexbombe / Sirene / Skandalnudel / Skihase / Spatz / Spritze / Taube, Täubchen / Tomate, treulose Tomate / Trampel, Trampeltier / Tränensuse, Tränenliese / Trine / Truschel / Trulle, Trutsche, Trutschel etc. / Vogel, Vögelchen / Wachtel / Wespe / Wonnepfropf, Wonnepfropfen, Wonneproppen / Wuchtbrumme / Zahn / Zange / Zeisig / Zicke, Ziege, Zimtzicke, Zimtziege / Zuckerpuppe

Mann – Ehemann
Ammenmacher / Auerhahn / Backfischangler / Balhei / Balzhahn / Begatterich / bessere Hälfte / Bevölkerungsrat / Blaubart / Blindgänger / Bock / Bohrmaschine / Bomber / Bulle / Chaumler / Dachs / Decker, Deckhengst / Dördriever / Drohne / Düsenjäger / Eber, Ehekrüppel / Eisbein, Eiszapfen / Fatzke / Flasche / Gatterich / Gefrierfleisch / Gigel, Gigerl / Hahn, Hahnrei / Hammel / Hase / Haustyrann / Hecht / Hefekloß / Heini / Hengst / kalter Hund / Kapaun / Kater / Kerl / Klopfhengst / Knilch, Knülch / Knochen / Krafthuber, Kraftmeier, Kraftprotz etc. / Krüppel / Lackaffe / Lustgreis, Lustmolch / Macker / Niete / Nummer / Oller, Olscher / Pantoffelheld, Pantoffelritter / Pascha / Pflaume / Poussierstengel / Premierentiger / Rabenvater / Rammler / Rittmeister / Salonlöwe / Schäker / Scheich / Schmachtfetzen / Schmuser, Schmuspeter / Schrank / Schürzenjäger / Schweinigel, Swinegel / Schwerenöter / Sexmuffel, Sexprotz / Sittenstrolch / Stenz / Stier / Strohwitwer / Sumpfhahn / Tank / Tranfunzel / Uhu / Versager / Vogel / Wärmflasche / Waschlappen / Windhund

Menstruation
Bahnhofsperre / Besonderssein / Besuch, Besuch haben / Betriebsstörung / Hanide / Periode / Regel / Schonzeit / Tage, Tage haben / Unwohlsein / Verkehrshindernis, Verkehrsstockung, Verkehrsstörung

Penis – männliche Geschlechtsorgane
Aal / Abrahamshaut / Achse / Aftergeige / Afterhobel / Ahle / Alimentenkabel / Amor, Amur / Analvioline / Angel / Angelhaken / Anglersgare / Antenne / Apparat / Arm / Arschfiedel / Arschgeige / Arschspieß / Ast / Bachwalm / Backenzahn / Bajonett / Banane / Barre / Bauchwärmer / Bein / Bettzipfel / Beutel / Bevölkerungsflöte / Billardkugeln, Billardstange / Bimbam / Bimmel / Blanker / Blankmichel / Blasröhre / Bletzer / Blunze / Blockflöte, Blockpfeife / Bocksbeutel / Bockwurst / Bohrer / Bolzen / Bonbon / Breitschwanz / Britsche / Bruder / Brunger / Bubi / Büchsenöffner / Bügeleisen / Bürste / Buschmesser / Butzemann / Charo / Cheref / Colt / Currywurst / Daniel / Daumen, Däumchen / Deichsel / Dicker, Dickmann / Distelstecher / Docht / Dosenöffner / Drillbohrer / Drüsen / Düsenputzer / Eberborsten, Eberschwanz / Eichelmast / Eierbecher, Eiersack / Eisbein, Eiszapfen / Fahne / Familienstrumpf, Familientröster / Feuerspritze, Feuerlöscher / Fidibus / Fiedelbogen / Finger, Fingerkuppe, Fingerspitze / Fisel / Flaschenöffner / Flinte / Flöte / Fotzenhobel, Fotzenkeil, Fotzensäge etc. / Gari / Gaumenkitzler / Gehänge / Geigenbogen / Bemächt, Gemächte / Gewehr / Gießkanne / Girigari / Glockenschwengel, Glockenklöppel / Gluden / Glücksfinger / Griffel / Gurke / Hängemann, Hänger / Hannewackel / Harter, Hartmann / Haspel / Haubitze / Heimtreiber / Hobel / Horn / Hugo / Injektionsnadel / Johannes, Johannis / Kabel / Kanone, Kanonenkugel / Käsestange / Kaspar, Kasper, Kasperl / Kater / Kinderarm / Klarinette / Klinge / Klinke / Klöppel / Klöten, Kloote, Knackwurst / Knecht / Knochen / Knüppel / Kofferschlüssel / Kolben / Kopf / Kriegsbeil / Krötenspieß, Krötenstecher / Lackierer / Ladebaum, Lademast, Ladestock / Ladenschwengel / Lanze / Lanzette / Lappen / Latte / Lauf / Liebesdolch, Liebesknochen, Liebesstampfer, Liebeswurzel etc. / Liebstöckel / Lochbohrer, Lochputzer, Lochschleifer etc. / Lötkolben / Lunte / Lutschbonbon / kleiner Mann / Mast / Maus, Mäuschen / Meißel / Messer / Mörser / Mundstück / Murmeln / Muskete / Nadel / Nagel, Nagelkopf, Nagelkuppe etc. / Nase / Nasenspitze / Nieswurz / Nille, Nülle / Ofenkehrer, Ofenreiniger / Ölbohrer / Opferstock / Palme / Paradiesschlüssel / Petschaft / Pfahl / Pfefferstreuer, Pfeffernüsse / Pfeife, Pfeifenkopf / Pfeil / Pflock / Pflug, Pflugschar / Pfropf, Pfropfen, Proppen / Piedelmann / Piephahn / Piepmatz / Pimmel, Pimpf, Pimps / Pinsel / Pint / Pistole / Pistolenkugeln / Plätteisen / Platter / Pori / Puderquaste / Pumpenschwengel / Punze / Quarkstange, Quarkstengel / Quaste / Raspel / Rassel / Riegel / Riemen / Rillenputzer, Rillenschleifer etc. / Ritzenhobel / Rohr, Röhrchen, Röhre etc. / Roter König / Rotschwanz, Rotschwänzchen / Rübe / Ruder / Rührer / Rute / Säbel / Sack / Saftschleuder, Saftspritze, Saftengel etc. / Salzstange /

Schaumschläger / Schelle, Schellen, Schellenbeutel / Schieber / Schießling / Schlagbolzen / Schaumlöffel, Schaumrührer etc. / Schlappschwanz / Schlauch / Schlegel / Schleifstein / Schlips / Schlüssel / Schlitzmesse, Schlitzputzer / Schnippelchen / Schnuller / Schusterjunge / Schwanz / Schweißbrenner / Schwengel / Schwert / Seitengewehr / Sender, Kurzwellensender, Mittelwellensender, Langwellensender / Sense / Sichel / Soßenlöffel / Spachtel / Spargel / Spatz / Spätzchen / Specht / Speer / Spielbein, Spielgefährte, Spielkamerad, Spielmann / Spieß / Spitz / Spitzbein / Spritze, Spritzdüse, Spritzschlauch etc. / Spundhahn, Spundlochbohrer, Spundlot, Spundzapfen etc. / Stachel / Ständer / Stange / Stecker / Stehaufmännchen, Steigemännchen / Steifer / Steißbein / Stemmeisen / Stempel / Stengel / Steppke / Sterz, Stert / Steuer, Steuerruder, Steuerknüppel etc. / Stiel / Stift / Stock / Stöpsel / Stoßflinte, Stoßkolben, Stoßstange, Stößel, Stößer / Struller / Tank / Taschenmesser / Torpedo / Trauben / Trommelschlegel / Trompete / Tube / Unterarm / Vorderlader / Vorstand, Vorsteher / Waldhorn / Wasserhahn, Wasserpfeife / Wedel / Wenzel / Wonnepfropf, Wonne pfropfen, Wonneproppen / Wonnespender / Wonnezapfen / Wurst, Würstchen / Wurzel / Zacharias / Zagel / Zapfen / Zapfsäule / Zementständer / Zepter / Zinken / Zipfel / Zuzzel

Prostitution
Abfertigung / Angelplatz, Angelsteg / Anhalterstrich / Anschaffe / Arbeit / Autobahnstrich / Autostrich / Baby-Strich / Bannmeile / Bediene, Bedienung / Brautschau / Damm / Dreiminutennummer / Ecke, scharfe Ecke, scharfes Eck / Fünfminutennummer / Geschäft / Gunstgewerbe / Horizontalgewerbe / Imbiß / Jagdgebiet, Jagdrevier / Kietz, Kitz / Koberpreis / Laufbahn, Laufgeschäft / Leine / Liebeslaufbahn / Liebesmarkt etc. / liegendes Gewerbe / Mundarbeit / Nachtarbeit / Pflaumenallee / Revier / Schicht / Schnallenrennen, Schnallenritt / Schnellfick, Schnellimbiß / Schnur / Schwarzarbeit, Schwarzfick etc. / schwule Fahrt / Spagat / Stoßgeschäft, Stoßverkehr / Strich / Tour / Trab / Wackel / Zungenarbeit

Prostituierte
Aftervermieterin / Amsel / Arbeitsbiene, Arbeitsmotte / Arche Noah / Armeematratze / Asphaltantilope, Asphaltbiene, Asphaltblume, Asphaltlilie, Asphaltmotte, Asphaltpflanze, Asphaltschwalbe, Asphaltwanze etc. / Aufgeilerin / Autohure, Autonutte etc. / Bachstelze / Bahnhofshure, Bahnhofsmieze etc. / Bajadere / Barmherzige Schwester / Basmeloches / Bauchfreundin, Bauchschwester / Bein, Beinl / Benzinbiene, Benzinmotte etc. / Biene / Blaue / Blechtute / Bolzen / Bordsteinschleiferin, Bordsteinschwalbe etc. / Chausseeblume, Chausseewanze etc. / Chonte / Dammkuh, Dammkalb / Dampfer / Darmakrobatin / Dille / Dirne / Dockschwalbe / Dohle / Eckensteherin / Entsafterin / Erosmieze, Erosnutte etc. / Fensterblume, Fensterlilie etc. / Fetze / Flitsche, Flittchen / Flutter / Fose / Frau Fick, Fräulein Fick /

Freiberufliche, Freischaffende etc. / Freudenmädchen / Geige / Gelbseidene / Girlitz / Glid, Glidd / Goldamsel / Gonokokkenmutterschiff / Gunstgewerblerin / Hanide / Hauptberufliche / Horizontalgewerblerin / Hübschlerin / Hupfdohle / Hure / Imme / Kalle / Kamel / Katze / Kdesche / Kebse, Kebsweib, Keibe / Kietzmieze, Kietzschnecke etc.; Kitzmieze, Kitzschnecke etc. / Kilometerschlange, Kilometerschnecke etc. / Klatte, Klemse, Klonte, Klumse, Klunte etc. / Koberin / Kontrollmädchen / Konzessionierte / Ladenmädchen, Ladentochter / Laufkatze, Laufmieze etc. / Läuferin / Laura / Legitimierte / leichtes Mädchen / Lerche / Liebesamsel, Liebesdienerin, Liebesvogel etc. / Lizenzierte / Lochsuse, Lochvogel etc. / Lustschlampe, Lustschnecke, Lustvögelchen etc. / Madam(e) / Mamsell / Masseuse / Mastdarmakrobation, Mastdarmtouristin / Matratze, Matraß, Matroß / Maulbiene, Maulschwalbe, Maultier etc. / Maus, Mäuschen / Mensch / Metze / Mieze, Miezekatze / Möwe, Möwchen / Mülleimer / Mumie / Nachtamsel, Nachteule, Nachtfalter etc. / Nachtwandlerin / Nafke, Nefke / Nagetier / Nährfrau, Nährmutter, Nährschwester etc. / Nebenfrau / Nelke / Neppe / Nummernmädchen / Nutte / Ofen / Öffentliche / Offizielle / Offiziersfose, Offiziersmatratze, Offiziersrutsche etc. / Parterreakrobatin / Peitschfose, Peitschnutte etc. / Pferd, Pferdchen / Pflastertreterin / Pißnelke / Pritsche / Professionelle / Profitkatze, Profitschlampe etc. / Puffhäschen, Puffmäuschen, Puffschnecke etc. / Rammlerin / Regimentstocher / Registrierte / Reitpferd, Rennpferd / Rinnsteinschnecke, Rinnsteinblume, Rinnsteinschleiferin etc. / Rutsche / Salatschnecke / Schaukelpferd / Schichtarbeiterin, Schichtmädchen etc. / Schickse / Schlachtschiff / Schlitten / Schlitze, Schlitzerl, Schlitzamsel etc. / Schnalle / Schnecke / Schnepfe, Schneppe / Schraube, Schraubendampfer / Schreff / Schrippe / Schulschiff / Schwalbe / Segelboot, Segeljacht, Segelschiff etc. / Seichamsel, Se(e)chamsel / Sparkasse, Sparbüchse, Sparschwein etc. / Spritze / Steckdose / Stiefelmädchen, Stiefelnutte etc. / Stopfbüchse, Stopfhenne etc. / Stöpselfrau, Stöpselfräulein etc. / Strichbiene, Stricherin, Strichmädchen, Strichvogel etc. / Stundenbraut, Stundenfrau, Stundenmädchen etc. / Sumpfblüte, Sumpfhuhn etc. / Telefonmädchen, Telefonnutte etc. / Tille, Tülle / Tippelschickse / Töle / Traberin / Tranke / Trine / Venuspriesterin / Vettel / Vigeline / Vögel, Vögelchen / Wachtel / Wackelarsch, Wackelmädchen, Wackelsuse etc. / Wanderratte / Wespe / Wetze / Wippstert / Zeisig / Zugvogel / Zupfgeige / Zweispaltige / Zwicke, Zwickerl

Gelegenheits-Prostituierte

Aftzger / Amateuse / Animierbiene, Animiermädchen, Aniemiermotte etc. / Asphaltpflanze / Aufgeilerin / Autobahnsirene, Autobahnmotte, Autobahnpflanze etc. / Barfliege, Barmieze, Barmotte etc. / Benzinbiene, Benzinmotte etc. / Biene / Blechtute / Bolzen / Callgirl / Chausseeblume, Chausseewanze etc. / Dohle / Edelhure, Edelnutte etc. / Fiedel-Else / Riegeline / Flitsche, Flittchen / Flutter / Fose / Freiberufliche, Freischaffende etc. / Geheime / Illegale / Lazarettmatratze / leichtes Mädchen / Lerche / Lusch, Lusche / Maultier / Maus, Mäuschen / Mensch / Mieze, Miezekatze / Möwe, Möwchen / Ofen / Pflanze, Pflänzchen / Pißnelke / Pritsche / Rammlerin / Rutsche / Schabracke / Schaukelpferd / Schickse / Schlampe, Schlampampe, Schlume / Schlitten / Schlunze / Schnecke / Schnepfe, Schneppe / Schreff / Schrippe / Schwalbe / Spritze / Sumpfblüte, Sumpfhuhn etc. / Tille, Tülle, Tranke / Trine / Vogel, Vögelchen / Wachtel / Wilde / Zeisig / Zweispaltige / Zwitsche / Zwitschermädchen

Prostituierter

Achtgroschenjunge, Aftervermieter / arabische Fotze, arabische Möse / Ballonfahrer / Bauchbruder, Bauchfreund / Bordsteinschleifer / Bubi / Darmakrobat / Dille / Dockschwanz / Dreigroschenjunge / Einspaltiger / Entsafter / Fiesel / Fosenhahn, Fosenjunge / Kellerbursche / Kietzbubi, Kietzjunge etc.; Kitzbubi, Kitzjunge etc. / Klötenbubi, Klötenheini, Klötenmasseur etc. / Läufer, Laufbursche, Laufjunge etc. / Lochbubi, Lochjunge etc. / Lustknabe / Masseur / Mastdarmakrobat, Mastdarmtourist / Maulesel, Maulhengst, Maulwurf etc. / Maus, Mäuschen, Mausi / Müllheimer / Nachtarbeiter / Nachtwandler / Nagetier / Nebenfreund / Nutter / Parterreakrobat / Pastorentochter / Pflastertreter / Pißbudenlude / Pupenjunge / Putze, Putzenjunge / Säugling / Schaukelpferd / Schellbube, Schellenbube, Schellenjunge / Schichtarbeiter, Schichtjunge etc. / Schleimbubi, Schleimlecker etc. / Schlurre / Schmeißfliege / Schottenbubi, Schottenheini etc. / Segler / Strichbubi, Stricher, Strichjunge / Traber / Wackelarsch, Wackelbubi, Wackelmausi, Wackelpeter, Wackeltante etc. / Zipfelvermieter

sich prostituieren

abfertigen / abgrasen / abklappern / abrammen / abschleppen / ankobern / an Land ziehen / anreißen / aufreißen / bedienen / bolen / dackeln / auf den Damm gehen / fetzen / kobern / laufen / Leine ziehen / nachtwandeln / nafkenen / neppen / pflastertreten / Schnur ziehen, auf der Schnur gehen / segeln / auf den Strich gehen / traben / auf den Wackel gehen, wackeln

Sadismus – Masochismus

Praktiken: Dab / Dachtel / Disziplin / Dressur / Drill / Erziehung / Inne / Kandare / Lackierung / Markierung / Massage / Rosenkranz / strenge Erziehung / Tanz / Tupfer, Tusch / Zucht

Werkzeuge: Acht / Amor, Amur / Armband / Armspange / Augustflinte / Barsel / Beißblatt, Beißgrün, Beißkraut / Blankmichel / Brezeln / Bruder / Eisen / Kitzler / Kneip, Kneif / Knicker / Krawatte / Michel / Ochsenschweif / Schlangen / Schnapper / Schneidling, Schnittling / Sklavenfessel, Sklavenkette etc. / Spange / Spanische Stiefel, Spanische Leine, Spanischer Kragen, Spanisches Rohr etc. / Spritze / Stichling / Vaterhand / Zacharias

Sadist – Masochist

Abstauber, Abstauberin / Anklitscher, Anklitscherin / Aufschlitzer, Aufschlitzerin / Bimser, Bimserin / Dompteur, Dompteuse / Eierschleiferin / Feger, Fegerin / Fetze, Fetzer / Fleischhauer, Fleischhauerin / Kneiper, Kneiperin / Kneter, Kneterin / Knetfleisch / Kratzbürste / Lackierer, Lackiererin / Lehrer, Lehrerin / Mannweib / Masseur, Masseuse / Pauker, Paukerin / Peitschkatze, Peitschmieze etc. / Quetscher, Quetscherin / Ritzer, Ritzerin / Schaf, Schäfchen / Senser, Senserin / Sklave, Sklavin / Zuchtmeister, Zuchtmeisterin

sadistisch – masochistisch betätigen

abfetzen / abrebeln, abrebbeln / abringeln / abschwarten / abstauben / anklitschen / anpumpen / aufschlitzen / aufzimbeln / ausfetzen / bimsen / dachteln / disziplinieren / dressieren / drillen / einheizen / einreiben / erziehen / fegen / fetzen / fleischhauen / häuten / hobeln / kitzeln / kneipen / kneten / knüppeln / kratzen / lackieren / markieren / massieren / nadeln / pauken / pfeffern / polieren / quetschen / rebeln, rebbeln / ritzen / Rosenkranz beten / schlauchen / schleifen / schreffen / sensen / Soße verspritzen / spritzen / stemmen / stempeln / stenzen / tanzen, tanzen lassen / tupfen, tuschen, tuschieren / verwackeln / zwicken / zwirnen

Scheide – weibliche Geschlechtsorgane

Acker / Apparat / Armatur / Backpflaume / Balaleika / Benfeigen / Basmeichel / Beff, Befze / Blasröhre / Bletz, Bletze / Bohrloch / Bonboniere / Brunzbusch, Brunzbuschen / Büchse / Bunze / Busch, Buschen / Dattel / Dille / Distel / Dose / Dotsch, Dotschen / Düse / Faß / Feige / Fleischtopf / Flöte / Fose / Fotze / Fud, Fut / Futteral / Gefriertruhe / Geige / Girlitz / Gitarre / Gletscherspalte / Glocke / Grotte / Haartruhe / Harfe / Hauptportal, Haupteingang, Haupttür etc. / Höhle / Hummel / Humse / Kammer / Käsetasche / Katze, Kätzchen / Keller / Kerbe / Kippe / Kiste / Klatte, Klemse, Klonte, Klumse, Klunte etc. / Koffer / Laden / Liebesgrotte, Liebeshöhle, Liebesmuschel etc. / Loch / Mandoline / Maus, Mäuschen / Mieze, Miezekatze / Mörser / Möse, Meese, Mosch, Musch etc. / Muff / Muschel / Muschi / Napf, Näpfchen / Ofen, Ofenloch, Ofenröhre, Ofentür etc. / Öhr / Opferstock / Orgel / Paradies, Paradiesharfe / Passionsblume / Pfanne / Pfefferbüchse, Pfefferdose / Pflaume / Pimpel, Pimperl, Pimperle, Pumpel, Pümpel etc. / Pletsche / Pritsche / Puderdose / Pumpe, Pombe, Pumperl, Pümperl etc. / Punze / Quarkkuchen, Quarktasche / Quetsche / Rachaime / Rille / Ritze / Rutsche / Sackgasse / Saftpresse / Schachtel / Scharte / Schatulle / Schatzkästchen, Schatzkammer, Schatztruhe etc. / Scherbe, Scherben / Scheune, Scheunentor / Schiene / Schießscheibe / Schlammtüte, Schlammkanal, Schlammloch, Schlammnest etc. / Schlitz / Schloß / Schlüsselloch / Schnalle / Schnecke / Schosa / Schraube / Schreff / Schubfach, Schubkasten, Schublade etc. / Schützenloch, Schützengraben / Schwanzklammer, Schwanzklemme, Schwanzfalle etc. / Spalt, Spalte / Spielbank, Spieldose, Spielhöhle etc. / Spritze, Spritzdose, Spritzmuschel etc. / Spundloch / Stall / Steckdose / Stoßgrube, Stoßloch, Stoßspalte etc. / Tankstelle / Tasche / Tiefkühltruhe / Topf / Trommel / Truhe / Tor, Tür / Wassermühle, Wasserscheide, Wasserwerk / Wundertüte / Zange / Zither / Zuzzel / Zwetschge / Zwicke, Zwickerl

Schwangerschaft
Anstich / Betriebsunfall / Brot im Ofen / Einspritzung / Geschwollene / Kurzschluß / Malheur / Pauke / durchgebrannte Sicherung / Trommel / andere Umstände / Verkehrsunfall / Vorbau, Vorgarten

schwängern
anbohren / anbuffen / anbumsen / angeigen / anknallen / anpempern / anpimpern / anpuffen / anspritzen / anstechen / anstoßen / anzapfen / ausspritzen / belabern / bespringen / beschälen / decken / dick machen / impfen / niesen / pattersch machen / säen / spritzen / torpedieren / trommeln / in andere Umstände bringen / zwirnen

schwanger
angebumst, angestoßen / angezapft / auseinandergegangen / bari, bari sein / Brot im Ofen haben / dick / es hat gefunkt / geschwollen / kabni / pattersch / in anderen Umständen sein

Selbstbefriedigung – Partnermasturbation
Alleinunterhaltung / Bimbam / Büchsenmassage / Dosenmassage / Eigenbau / Faustball, Faustkampf / Fingerspiel, Fingerübung / Flötensolo / Handarbeit, Handbetrieb, Handwerk etc. / Handball / Händedruck / Heimarbeit / Kindermord / Klarinettensolo / Massage / Pistolengriff / Reiberei / Schaumschlägerei / Schleuderakrobatik / Selbstbedienung, Selbsterzeugung, Selbsthilfe, Selbsttröstung, Selbstverbrauch, Selbstversorgung, Selbstverwaltung, Selbstzündung etc. / Soforthilfe / Spiel / Stegreifspiel / Taschenbillard / Trompetensolo / Wichserei

Selbstbefriedigung – Partnermasturbation Ausübende
Abzupfer, Abzupferin / Alleinunterhalter, Alleinunterhalterin / Büchsenmasseur, Büchsenmasseuse / Dosenmasseur, Dosenmasseuse / Eiermasseur, Eiermasseuse, Eierschleuderer, Eierschläger, Eierschlägerin / Faustballspieler, Faustballspielerin, Faustballkämpfer, Faustballkämpferin / Feigenmasseur, Feigenmasseuse, Feigenzupfer, Feigenzupferin / Handarbeiter, Handarbeiterin / Handballer, Hanballerin / Heimarbeiter, Heimarbeiterin / Mandolinenspieler, Mandolinenspielerin, Mandolinenzupfer, Mandolinenzupferin / Masseur, Masseuse / Melker, Melkerin / Pflaumenschüttler, Pflaumenschüttlerin / Reiber, Reiberin / Rohrputzer, Rohrputzerin / Schaumschläger, Schaumschlägerin / Schleuderer, Schleuderakrobat, Schleuderakrobatin / Wichser, Wichserin

masturbieren
abbürsten / abfetzen / abklavieren / abrebeln, abrebbeln / abreißen / abschleudern / abwetzen / abwichsen / abzupfen / abzwitschern / basteln / Billard spielen / bimmeln / bürsten / Daumen drehen, Daumen halten etc. / fetzen / fingern / flippern / griffeln / hobeln / kegeln / krabbeln / massieren / melken / opfern / rebeln, rebbeln / reiben / reißen, am Riemen reißen / rubbeln / runterholen, runterjubeln, runterzittern etc. / schleudern / schütteln / spielen / Süppchen kochen / wetzen / wichsen / zupfen

Toilette
Aufreißbude / Balkanloge / Befreiungshalle / Donnerbalken / Klappe / Knatterbalken / Liebeskammer, Liebestempel / Onkel Otto / Pißbude / Scheißhaus / Schott(e) / Sitzungssaal, Sitzungszimmer etc. / Teehaus / Tempel / Wichsbude

Unreife
Backfisch / Balg / Dachs / Elefantenbaby / Fratz / Früchtchen / Gänseblümchen / Grünschnabel / Krabbe / Küken / Marienblume / Mauerblümchen / Milchreisbubi / Pipimädchen / Pißnelke / Range / Riesenbaby / Säugling / Schaf, Schäfchen / Seichamsel, Se(e)chamsel / Spund / Steppke / Stift / Stöpsel / unbeschriebenes Blatt / Unschuld vom Lande

unreif
Eierschalen hinter den Ohren haben / grün / naß / taufrisch / unbedarft

Urin
Geschäftchen, kleines Geschäft / Luller / Natursekt / Pinkelsekt / Pipi / Pisse / Pißpott / Schiffe, Schiffersekt / Seiche, Se(e)che / Sekt / Stange Wasser / Wasserfall

urinieren
abregnen / anbrunzen / bacheln, bächeln / Brünneli machen / brunzen / kleines Geschäft machen, Geschäftchen machen, Geschäft verrichten / lullen, lullern / Lullu machen, Lulu machen / pieseln / pinkeln / Pipi machen / pissen, pisseln / pullern / schiffen / seichen, se(e)chen / Stange Wasser an die Wand stellen, Stange Wasser in die Ecke stellen / strullen, strullern / Wasserabschlagen, Wasserlassen

Verhütungsmittel – Präservativ
Bananenschale / Bevölkerungsbremse / Däumling / Fingerhut / Futteral / Galanteriewaren / Gummi, Gummihandschuh, Gummihaut, Gummimantel etc. / isoliertes Kabel / Kindermord / Nahkampfmittel, Nahkampfsocken / Overall / Pariser / Pfeifenpullover / Regenmantel / Rückzieher / Schlafsack / Schwanzfutteral / Schwanzetui / Spucktuch / Stachelhaut / Strumpf /

Tropfenfänger / Überzieher / Verkehrsregelung, Verkehrsschutz / Wursthaut, Wurstpelle

Voyeur
Äuger, Äugerin / Astlochastronom, Astlochastronomin / Beäuger, Beäugerin / Begucker, Beguckerin / Blickschieber, Blickschieberin / Fenstergucker, Fensterguckerin / Fernseher, Fernseherin / Fickspion, Fickspionin / Glupscher, Glupscherin / Gucker, Guckerin / Kiebitz / Kieker, Kiekerin / Kuckuck / Linser, Linserin / Luger, Lugerin / Lurer, Lurerin / Spanner, Spannerin / Spion, Spionin / Stielauge

voyeuristisch betätigen
äugen, äugeln / anlinsen / beäugen / blickschieben / fernsehen / glupschen / kiebitzen / kieken / kiken / linsen / lugen / luren / spannen / spionieren / Stielaugen machen

Zuhälter
Alphons / Apache / Atze / Bärenfänger, Bärenführer, Bärentreiber / Beißer / Bolzenmeister / Bräutigam / Bruder / Dammhirsch / Drohne / Fiesel / Fleischhändler / Fosenhahn, Fosenjunge / Imker / Kameltreiber / Kappelbua, Kappelbube, Kappler / Kietzgeier, Kietzlude etc.; Kitzgeier, Kitzlude etc. / Koberer / Loddel / Louis / Ludwig / Lude / Manager / Mitesser / Offizier / Pemp / Pißbudenlude / Sauhirt, Sautreiber / Schani / Scheich / Schlurf / Schnallentreiber / Stenz / Strizzi / Topplude / Treiber / Wiesener

Zweifelhaftes Lokal
Abschleppkeller, Abschleppschuppen etc. / Abstaube / Absteige / Aufreißhalle etc. / Bums, Bumsbude, Bumscafé, Bumskneipe, Bumslokal etc. / Dragonerkaserne, Dragonerkneipe / Fallbeisel / Kaschemme / Nahkampfdiele, Nahkampfschuppen etc. / Pinte / Preßluftkeller, Preßluftchuppen etc. / schwule Bude, schwüle Bude / Spelunke / Stampe / Stundenhotel / Tingeltangel / Wärmehalle / warme Küche, warmer Schuppen etc. / Zangenkeller

❧ Exquisit Bücher
Galante Werke der Weltliteratur

*Eine Buchreihe, die sich die Aufgabe gestellt hat,
Kostbarkeiten der amourösen Dichtung aller Zeiten,
seltene Werke der galanten und erotischen Literatur
in modernen Taschenbuchausgaben
zugänglich zu machen*

E 112 Marquis de Sade
Philosophie im Boudoir

E 113 Richard Werther
Beichte eines Sünders

E 114 Anonymus
Frivole Geschichten

E 115 E. und Ph. Kronhausen
Erotische Exlibris

E 116 Anonymus
Komtesse Marga

E 117 Andréa de Nerciat
Der Teufel im Leibe

E 118 Pierre Jean Nougaret
*Die Schwachheiten
einer artigen Frau*

E 120 Friedrich S. Krauss
*Das Geschlechtsleben
des deutschen Volkes*

E 122 Ferrante Pallavicini
Alcibiades als Schüler

E 124 Edith Cadivec
*Bekenntnisse
und Erlebnisse*

E 126 Andréa de Nerciat
Liebesfrühling

E 131 August Maurer
Leipzig im Taumel

E 132 Anonymus
Nächte der Leidenschaft

E 134 Edward Sellon
Der große Genießer

E 137 Felicité Comtesse de
Choiseul-Meuse
Julie – die ewige Jungfrau

E 139 John Cleland
*Die Memoiren
des Scholaren*

E 141 Anonymus
Die Freuden der Liebe

E 144 Frank Francis
Verbotene Früchte

E 146 Fougeret de Montbron
Margot, die Flickschusterin

E 148 Comte de Mirabeau
*Die Bekenntnisse
des Abbés*

WILHELM HEYNE VERLAG
TÜRKENSTRASSE 5–7
8000 MÜNCHEN 2

Jeden Monat mehr als dreißig neue Heyne-Taschenbücher

HEYNE BÜCHER

... ein vielseitiges und wohldurchdachtes Programm, gegliedert in sorgfältig aufgebaute Reihen aller Literaturgebiete: Große Romane internationaler Spitzenautoren, leichte, heitere und anspruchsvolle Unterhaltung auch aus vergangenen Literaturepochen. Aktuelle Sachbuch-Bestseller, lebendige Geschichtsschreibung in den anspruchsvollen „Heyne Biographien", Lehr- und Trainingsbücher für modernes Allgemein- und Fachwissen, die beliebten Heyne-Kochbücher und praxisnahen Ratgeber. Spannende Kriminalromane, Romantic Thriller, Kommissar-Maigret-Romane und Psychos von Simenon, die bedeutendste deutschsprachige Science-Fiction-Edition und Western-Romane der bekanntesten klassischen und modernen Autoren.

Ausführlich informiert Sie das Gesamtverzeichnis der Heyne-Taschenbücher. Bitte mit nebenstehendem Coupon anfordern!

Senden Sie mir bitte kostenlos das neue Gesamtverzeichnis

Name
PLZ/Ort
Straße

An den
Wilhelm Heyne Verlag
8000 München 2
Postfach 201204